Yoani Sánchez

CUBA LIBRE

Von der Kunst,
Fidel Castro zu überleben

Übersetzt von Bruno Genzler

HEYNE ‹

Die Originalausgabe erschien 2009 unter dem Titel
Cuba libre. Vivere e scrivere all'avana
bei RCS Libri S.p.A., Mailand.

Verlagsgruppe Random House FSC-DEU-0100
Das für dieses Buch verwendete
FSC-zertifizierte Papier *Munken Premium Cream*
liefert Arctic Paper Munkedals AB, Schweden.

Deutsche Erstausgabe 02/2010

Copyright © 2009 by RCS Libri S.p.A., Mailand
Copyright © 2010 der deutschsprachigen Ausgabe
by Wilhelm Heyne Verlag, München,
in der Verlagsgruppe Random House GmbH
Redaktion: Dr. Ulrike Schimming
Umschlaggestaltung: yellowfarm gmbh, S. Freischem
Satz: C. Schaber Datentechnik, Wels
Druck und Bindung: GGP Media GmbH, Pößneck
Printed in Germany 2010

ISBN: 978-3-453-16737-7

www.heyne.de

Yoani Sánchez

CUBA
LIBRE

Inhalt

Die verordnete Utopie	7
Einführung	9
Die zwei Seelen Kubas	37
Die Kultur	83
Schwarzmarkt	109
Information und Gegeninformation	129
Sprachwissenschaft und Rhetorik	167
Die Kunst des Überlebens	203
Anmerkungen	239

Die verordnete Utopie

Ich lebe eine Utopie, die nicht die meine ist. Eine Utopie, für die meine Großeltern ihr Leben gegeben und meine Eltern ihre besten Jahre geopfert haben. Für mich ist sie eine Last, sie drückt mich nieder, aber ich weiß nicht, wie ich sie abschütteln soll.

Manch einer, der diese Utopie nicht erlebt hat, will mir einreden, dass man sie bewahren muss. Aber solche Leute können eben nicht ermessen, wie unfrei es macht, die Träume anderer mit sich herumzuschleppen und mit Illusionen zu leben, die einem eigentlich fremd sind.

All denen, die mir – ohne mich zu fragen – dieses unselige Trugbild verordnet haben, sei es gleich gesagt: Ich denke gar nicht daran, es auch noch meinen Kindern zu vermachen.

Einführung

Es ist April, und ich habe nicht viel zu tun, außer vom Balkon meines Wohnblocks zu schauen und mal wieder festzustellen, dass alles so ist wie im Februar oder März. Die Plaza de la Revolución mit dem Memorial José Martí – ein Denkmal auf sternförmigem Grundriss, das wie ein abgebrochener Riesenlutscher aussieht – beherrscht den Blick. Direkt vor mir erhebt sich das Ministerio de la Agricultura, das Landwirtschaftsministerium, mit seinen achtzehn Betonstockwerken. Seine imposanten Ausmaße verhalten sich genau umgekehrt zur Produktivität unserer kubanischen Landwirtschaft. Diesen interessanten Widerspruch habe ich mir dann mit dem Fernglas genauer angeschaut, die zerbrochenen Fensterscheiben und leeren Etagen. Da ich im sogenannten »Regierungsviertel« wohne, kann ich die trutzigen Gebäude in aller Ruhe beobachten, in denen die Maßnahmen und Verordnungen für das ganze Land beschlossen werden. Und wenn ich so durch mein Fernglas schaue, denke ich mir:»Gut, ihr belauert mich, aber ich lasse euch auch nicht aus den Augen.« Allerdings muss ich zugeben, dass das bisher noch nicht viel gebracht hat. Nichts als Lethargie strahlen diese leeren Fensterreihen aus, die sogar den Beton meines Wohnblocks »Modell Jugoslawien« durchdringt.

Ich sehe Menschen, die zum Markt unterwegs sind, mit leeren Plastiktüten in der Hand, die sie nur allzu häufig leer wieder zurücktragen. Auch ich ziehe mit einer Plastiktüte zum Einkaufen los, stecke sie aber immer zusammengefaltet in die Jackentasche, damit man nicht gleich erkennt, wie zermürbt auch ich vom ständigen Schlangestehen bin, von der Jagd nach Lebensmitteln, von den Gerüchten und Enttäuschungen: Auf dem Markt soll's heute Huhn geben. Hoffentlich komme ich nicht wieder zu spät ... Genau wie alle anderen bin ich meistens wie besessen hinter einem bestimmten Produkt her, aber ich gebe mir Mühe, es nicht offen zu zeigen. Mit Bezugsscheinen kam ich zur Welt, und aufgewachsen bin ich unter den Bedingungen des *Período Especial*[1]. Deshalb ist Essen für mich zu einer Art Zwangsvorstellung geworden, die mein Denken beherrscht. Ich will das nicht ausweiten und verkneife es mir, von der unterdrückten Fresslust zu erzählen, die ich häufig auch in den Mienen meiner Freunde erkenne.

Während ich mir die Zeit damit vertreibe, die Kondore zu zählen, die den »Riesenlutscher« umschweben, und darüber nachzudenken, wie ich meine Plastiktüte voll bekomme, reift in mir die riskanteste Idee meines bisherigen Lebens. Vielleicht liegt es an der feuchtschwülen Aprilluft, an der ungesunden, beklemmenden Atmosphäre dieses Frühlings: Jedenfalls nähern sich meine Finger der Tastatur des altertümlichen Notebooks, das ich sechs Monate zuvor erstanden habe. Von einem Kubaner, der für die Flucht über das Meer unbedingt einen Chevrolet-Motor brauchte. Die Überfahrt dieses Amateurseefahrers nahm kein gutes Ende, aber da war der Computer bereits in meinen Besitz übergegangen, und dort ist er auch geblieben. Jedenfalls beginne ich zu schreiben. Ich schreibe einen Text, der irgendwo zwischen einem Hilferuf und einer großen Frage anzusiedeln ist, ohne mir darüber bewusst zu sein, dass dies mein erster Blog-Eintrag, mein erstes Posting, sein wird. Die Szene ist rasch skizziert: Eine machtlose, aller Träume beraubte Frau hört auf, nur zu beobachten, sondern geht dazu über, das zu beschreiben, was in den Medien ihres Landes schlichtweg nicht vorkommt. Bevor ich meine desillusionierten Bestandsaufnahmen der kubanischen Wirklichkeit veröffentliche, bin ich hin und her gerissen zwischen zwei warnenden Stimmen: der Stimme der Apathie auf der einen Seite, die mir zuflüstert, dass sich auf diese Weise auch nichts ändern wird. Auf der anderen Seite die Stimme der Angst, die mich an meinen zwölfjährigen Sohn erinnert und all die Nachteile, die ihm in Zukunft durch die Entscheidung seiner Mutter entstehen könnten. Ich höre auch die Stimme meiner eigenen Mutter: »Aber Kind! Was hast du dir denn da eingebrockt?«, und male mir schon aus, dass mir der Vorwurf, eine Agentin zu sein – entweder der CIA oder der Staatssicherheit –, gewiss nicht erspart bleiben wird. Die Wächterin der Vernunft hinter meiner Stirn hat meistens Recht, aber die Verrückte, mit der sie dort zusammenlebt, will nicht auf sie hören. So stelle ich also meinen ersten Eintrag fertig, und damit setzen sie sich endgültig durch: die leeren Plastiktüten, das unproduktive Ministerium in seinem mächtigen Betonklotz, die Angst vor dem Hunger und das Floß, das im Golf von Mexiko treibt.

Es sind nur ein paar Zeilen, doch damit bin ich nun eine Bloggerin. Und ich verspüre eine Erregung, wie sie vielleicht typisch ist, wenn man gleichzeitig sein eigener Verleger, Chefredakteur und Lektor ist. Nur wenige Monate ist es her, dass ich zum ersten Mal ein Blog gelesen habe, von einem Landsmann, der unter dem Namen »Ein Inselkubaner« schreibt. Seine Beobachtungen treffen so genau auch meinen Alltag, dass ich manchmal denke, mein Nachbar hätte sie geschrieben. Aber das kann nicht sein. Der gehört nämlich der Kommunistischen Partei an und beherrscht nur ein »literarisches« Genre: Berichte über Aktivitäten illegal Gewerbetreibender.

Generación Y nenne ich meinen neuen Freiraum, ein Blog, inspiriert von den Erfahrungen meiner Generation. Leute, die im Kuba der siebziger und achtziger Jahre aufgewachsen sind und von Schulen und Arbeitseinsätzen auf dem Land geprägt wurden, von russischen Matroschkapuppen, Fluchtversuchen, geplatzten Illusionen ... und vor allem eins gemeinsam haben: Fast alle unsere Namen beginnen oder enthalten ein »Y«. In diesen Jahrzehnten strenger Überwachung bewahrte man sich einen letzten Rest von Freiheit durch die Möglichkeit, selbst zu entscheiden, wie die eigenen Kinder heißen sollen. Und so erlaubten sich unsere uniformierten Eltern – in ihren Hemden und Hosen im Einheitsschnitt der staatlichen Produktion – den Spleen, uns, ihren Kindern, exotisch klingende Fantasienamen zu verpassen. Obwohl durch dieses Y vereint, besteht meine Generation aus extrem unterschiedlichen Menschen: Polizeibeamte gehören ebenso dazu wie »Gigolos« auf der Suche nach Touristen, denen sie ihr Geld abnehmen können. Was uns darüber hinaus aber verbindet, ist ein ganz eigener Zynismus, der notwendig ist, um in dieser Gesellschaft leben zu können. Einer Gesellschaft, in der sich die eigenen Träume überlebt haben und die Zukunft verspielt wurde, bevor sie überhaupt beginnen konnte. Der zweitletzte Buchstabe des Alphabets ist das Kennzeichen einer Generation von Kubanern, die in die Pubertät kamen als die Berliner Mauer schon gefallen und von der Sowjetunion nicht mehr geblieben war als der Name einer Illustrierten, die in den Regalen verstaubt. Wir sind wie ein abgemähtes Feld, haben keine Utopien mehr, an die wir uns klammern könnten, und sind immun gegen alle Träume, die gesellschaftliche Gleichheit versprechen.

Kaum habe ich diese wenigen Beobachtungen, die mir danach harmlos und langweilig vorkommen, im Internet veröffentlicht, ist die Grenze überschritten. Unzählige Male dachte ich später, wenn ich mich an meine frühere Untätigkeit erinnerte, wie bequem es doch gewesen wäre, einfach den Mund zu halten und so weiterzumachen wie bisher. Von nun an würde ich nie mehr ein so ruhiges Leben wie etwa meine Nachbarin Caridad führen können, die anders als ich niemals der Gefahr ausgesetzt ist, manipuliert, instrumentalisiert oder niedergemacht zu werden. Sie hat sich in einem Zustand idyllischer Selbstkontrolle eingerichtet und äußert sich zu nichts mehr. Und da ist sie nicht die Einzige: Millionen von Kubanern verharren in ähnlichem Schweigen, so als hätten sie immer gewusst, was ich erst einige Monate nach meinem ersten Eintrag erkannt habe: Wer eine Meinung äußert, macht sich angreifbar.

In den ersten Wochen weiß ich noch nicht einmal, ob ich überhaupt gelesen werde: Meine Webseite ist extrem rudimentär und bietet noch nicht einmal die Funktion, die Einträge zu kommentieren. Daher sind meine Texte anfangs noch nicht den Angriffen und der Kritik der Leser ausgesetzt und wirken – verglichen mit späteren Seiten, die für Kommentare Platz bieten – im Nachhinein öde. Mit der Zeit werden sich die regelmäßigen Leser meines Blogs sicher auch einmal diese ersten Einträge anschauen und hoffentlich der Yoani vom Frühjahr 2007 bestätigen, dass es sich gelohnt hat. Damals habe ich nicht einkalkuliert – jedenfalls nicht bewusst –, wie viele Angriffe ein paar veröffentlichte Kilobytes provozieren können, wie viele Feinde man sich machen kann, wenn man über seinen Alltag schreibt. So habe ich mit dem Bloggen begonnen, ohne mir darüber im Klaren zu sein, dass auch der harmloseste Mensch in manchen Situationen schon ein Seebeben auslösen kann, wenn er nur den Finger ins Wasser hält. Die vom Blog *Generación Y* erzeugten Wellen erfassen in erster Linie mich selbst, letztendlich aber auch alle, die sich auf mich einlassen.

Die Veröffentlichung meiner Postings im Netz läuft über eine technische Ausrüstung, die mit einer sowjetischen Waschmaschine vergleichbar ist. Anders als andere Blogger kann ich nicht hochaktuell sein oder über Tagesereignisse informieren. Ich stelle Texte ins Netz, die von Dingen erzählen, die nicht so schnell überholt sind, und Denkanstöße geben sollen. Der Schreibstil ist daher auch eine Folge der schwierigen Umstände, unter denen die Zeilen entstanden sind, der wackligen Internetverbindungen und fehlenden -zugänge, die in diesem Land genauso beschnitten sind wie Toleranz und Meinungsfreiheit. Dafür gibt es genügend Leute, die sich den Kopf darüber zerbrechen, wie es dieser jungen Frau bloß gelingt, ins Netz zu kommen. Wer an Breitband und privaten Internetzugang gewöhnt ist, macht sich nicht klar, dass die Verbindung nicht unbedingt perfekt sein muss, um im Netz präsent zu sein. Manchmal reicht ein Winken, um zu zeigen, dass man da ist.

Ich habe schon immer im technologischen Mittelalter gelebt. Das hat mich zur Expertin im Umgang mit den seltsamsten Kommunikationsmitteln gemacht. Erst mit zweiundzwanzig hatte ich zum ersten Mal einen Telefonanschluss, und so war der Apparat mit Hörer und Tasten nicht das erste technische Gerät, das mich mit anderen verband. Davor hatte ich bereits einen Computer. Grund war einer dieser merkwürdigen technologischen Entwicklungssprünge, die man auf unserer so besonderen Insel öfter erlebt. So gab es zum Beispiel DVD-Player, ohne dass zuvor in irgendeinem kubanischen Geschäft Videokassetten angeboten worden wären. Jedenfalls habe ich mich mit der Sturheit, die mir mit achtzehn schon eigen war, daran gemacht, den Umgang mit Maus und Tastatur zu lernen. Auf manchen Feldern bin ich tatsächlich eine richtige Pionierin, während ich auf anderen völlig im Dunkeln tappe. Vielleicht bin ich so etwas wie eine Mischung aus Hackerin und Sprachwissenschaftlerin (wüssten meine Semantik- und Phonologieprofessoren von meiner Vorliebe für Stromkreise, sähen sie sich wohl in ihren trüben Prognosen hinsichtlich meiner akademischen Laufbahn bestätigt). Alle meine »Frankensteins« habe ich mir selbst aus irgendwo organisierten Einzelteilen zusammengebastelt. In aller Herrgottsfrühe habe ich an meinen Schöpfungen herumgewerkelt und Motherboards, Prozessoren und Stromquellen aneinandergekoppelt. Als ich dann beschloss zu bloggen, hatte ich den Rausch des Computerzusammenbaus schon hinter mir und war damit beschäftigt, die Festplatte mit eigenen Texten zu füllen.

Es war ein heißer Hochsommertag 2007 zwischen elf Uhr vormittags und drei Uhr nachmittags. Unten auf der Straße schmolz der Asphalt. Ein Jahr war es da schon her, dass Fidel Castros Ärzte seine Erkrankung – und seine darauf folgende Verabschiedung von der Macht – bekanntgegeben hatten. Damit war neue Hoffnung aufgekommen. Um den Machtwechsel zu nutzen, waren wir zu allem bereit, sogar dazu, einen fünfundsiebzigjährigen Raúl Castro als neuen starken Mann zu akzeptieren. Einen Mann, der das wirtschaftliche und gesellschaftliche Desaster, das auch heute noch nicht überwunden ist, mit verursacht hat.

Die ersten vorsichtigen Schritte meines Blogs verliefen parallel zu diesen Hoffnungen und Erwartungen, die, ähnlich wie die unzähligen halbfertigen Sites in der unendlichen Weite des Internets, nur von kurzer Dauer sein werden. Nicht nur ich erwachte damals aus einer Art Trance, die mich hatte stumm werden lassen. Nein, eine ganze Insel atmete auf. Dieser Mann, der mit seiner persönlichen Tagesplanung das Leben einer ganzen Nation bestimmt hatte, hatte zugeben müssen, schwer krank zu sein. Von diesem Tag an ging es bei den kubanischen Hausfrauen wieder etwas entspannter zu, denn nun wurden auch die brasilianischen Telenovelas wieder zu zivilen Zeiten gesendet, ohne die üblichen Verspätungen, die die Ansprachen des »Großen Redners« verursachten. Auch die Sportler reagierten erleichtert, denn nun blieben ihnen seine »Ratschläge« erspart, während die Meteorologen noch manchmal erschraken, wenn sie beim Heraufziehen eines Hurrikans plötzlich merkten, dass ihnen die »unanfechtbaren« Prognosen ihres »Chefexperten« fehlten. Verunsichert waren auch die Minister. Sie wussten nicht, ob sie nun allein entscheiden sollten oder Raúl Castro alle Geschäftsbereiche seines Bruders mit übernommen hatte. Doch für all diese Leute war die olivgrüne[2] Last auf ihren Schultern nun leichter zu tragen. Auch ich ging in meinen Texten weiter, als ich es unter dem strengen Blick Fidel Castros gewagt hätte, befreit von dem gefürchteten Finger, der auf unsere Verfehlungen hinwies.

Die Jungs vom Überwachungsapparat schliefen wohl noch oder waren sich einig, dass dieses magere Persönchen, das ein Blog begonnen hatte, schon nach kurzer Zeit wieder aufgeben würde. Eine krasse Fehleinschätzung, verfehlter sogar noch als die Strategie, die sie danach verfolgten, als das weltweit mediale Interesse *Generación Y* zu einem Phänomen machte, das meine kühnsten Erwartungen übertraf.

Würdest du nicht auf Kuba leben, erklären mir manche Leute voller Hohn, würde sich kein Mensch für die Dinge interessieren, über die du schreibst. Wären deine Veröffentlichungen nicht gegen die Regierung gerichtet, nähme niemand Notiz von dir, behaupten die bösesten Zungen. So als könnte sich jemand, der an einem bestimmten Ort lebt, von den Bedingungen dieses Ortes befreien und sich wie eine von der Wirklichkeit isolierte Laborratte verhalten. Es stimmt schon: Ich schreibe mein Blog weder aus Bolivien noch aus Kanada, meine Füße haben nie australischen Boden berührt und meine Wissenslücken in Geografie sind ausgeprägter als meine Kenntnisse des Stadtplans von Havanna. Aber die Kritiker, die mich mit dem Argument, anderswo seien die Lebensumstände doch noch schlechter, dazu ermahnen, wieder einzuscheren, muss ich doch fragen: Wieso schreibt ihr nicht selbst ein Blog und legt dar, wie ihr die Sache seht? Diesen Leuten, die es angeblich nur gut mit mir meinen, mir aber am liebsten einen Maulkorb verpassen würden, kann ich versichern, dass ich von überall her bloggen würde, selbst aus dem ruhigen Stockholm.

Meine ersten Einträge veröffentliche ich von einem Hotel aus, das ich eigentlich gar nicht betreten dürfte. Doch mein heller Teint ermöglicht es mir, die Angestellten an der Rezeption zu täuschen. Sie halten mich für eine ausländische Touristin und fragen mich, zu wem ich möchte, worauf ich mit einem deutsch klingenden »Entschuldigung, ich spreche kein Spanisch« antworte. Ich habe einen USB-Stick mit meinen neuesten Texten in der Tasche und fünfzehn Minuten Zeit: Länger kann ich mir die saftigen Preise für die Internetverbindung nicht leisten. *Generación Y* auf dem neuesten Stand zu halten, ist purer Stress, teuer und gefährlich. Um mich herum bemerke ich einige Kubaner, die sich ebenfalls als Ausländer tarnen und diesen Service auf die gleiche Weise nutzen wie ich. Sie sind überwiegend jung und so versiert mit dem Computer, dass sie ihre Online-Zeit optimal nutzen und alle Tricks kennen, am billigsten wegzukommen. Leider sind unter denen, die etwas zu sagen haben, aber auch blutige Anfänger, die im Kampf gegen die Uhr den Kürzeren ziehen. Zögert man zu lange vor dem nächsten Klick, wird die Verbindung gekappt und das Konto ist leer.

Damals habe ich mir einiges einfallen lassen müssen, um mich in die eigentlich den Touristen vorbehaltenen Orte zu schleichen. Keiner ahnte, dass die Regierung nur einige Monate später das Ende der ungleichen Behandlung von Kubanern und Touristen ankündigen würde, und der Kauf eines Computers nun ebenso gestattet sein sollte, wie das Buchen eines Hotelzimmers (wobei unklar bleibt, mit welchem Gehalt wir Kubaner die gesalzenen, in konvertibler Währung verlangten Preise für manche Serviceleistungen eigentlich bezahlen sollen)[3]. Dank eines blühenden Schwarzmarkts für Computerteile und -zusatzgeräte musste ich nicht warten, bis diese Maßnahme endlich beschlossen wurde.

Viele der Angriffe, die mich in den Monaten nach dem Start meines Blogs in jenem April erreichten, entzündeten sich an der technischen Ausrüstung dafür. Exilkubaner, die in den siebziger oder achtziger Jahren ausgewandert waren, konnten nicht verstehen, wie ich um alles in der Welt einen Computer besaß. Es war sinnlos, ihnen klarmachen zu wollen, dass es uns gelungen war, die Mauern des Überwachungsstaats ein wenig auszuhöhlen. Dies wollten viele nicht hören. Der Besitz eines Computers war für sie der eindeutige Beweis für meine Verbindung zum kubanischen Geheimdienst. Und meine Freunde, ebenfalls am Computer tätig und von ihm abhängig, gerieten gleich mit in den Verdacht »virtuelle Söldner« der Regierung zu sein. Aber was sollte ich tun? Es war zu riskant, vor Dutzenden von Journalisten einzuräumen, dass ich ein Notebook besitze, da doch jeder weiß, dass so etwas in meinem Land nur illegal zu haben war. Ich lief Gefahr, dass mein Computer beschlagnahmt wurde. Dennoch schienen mich meine öffentlichen Auftritte eher zu beschützen als in Gefahr zu bringen. Das Blogger-Phänomen war neu, selbst für die Zensurbehörde, die sich tatsächlich auch als unfähig erwies, ihm zu begegnen.

Seit mein Leben immer transparenter wurde und Menschen in allen Teilen der Welt begonnen haben, sich für mich und mein Befinden, meine Ängste und Sorgen zu interessieren, hat jeder Versuch, mir den Saft abzudrehen und mich zum Schweigen zu bringen, nur zu immer mehr Klicks auf meinem Blog geführt. Die Zeiten haben sich geändert, und die alten Kontrollmechanismen können mit der technologischen Entwicklung nicht mehr mithalten.

Die von der offiziellen Presse verschwiegenen Nachrichten erreichen die Insel nun über illegale Satellitenantennen, die zahlreiche Familien unter einem Leintuch, hinter einem Taubenschlag oder Wassertank verstecken. Viele Menschen, die mich auf der Straße erkennen, haben mein Gesicht in Fernsehprogrammen gesehen, die aus Mexiko oder Miami ausgestrahlt werden. Sie wissen nicht, was ein Blog ist und sind nie im Internet gesurft, aber mein Gesicht steht für sie für etwas Verbotenes, das immer schon reizvoller war als das Erlaubte. War ich früher irgendeine Frau, die nicht groß auffiel, muss ich heute eine Sonnenbrille aufsetzen, um mein Gesicht wenigstens teilweise zu verbergen und nicht ständig angesprochen zu werden.

Diese bizarre Verknüpfung von Erniedrigung auf der einen und Popularität auf der anderen Seite sorgte während dieser turbulenten Monate für groteske Situationen: Ausgerechnet an dem Tag, an dem CNN ein bei mir zu Hause gedrehtes Interview sendet und in der ganzen Welt in Großaufnahme zu sehen ist, wie meine Finger über die Computertastatur fliegen, schleppe ich mich zu Fuß durch halb Havanna, weil mir die vierzig Cent für den Bus fehlen. Solche Streiche spielt mir das Schicksal immer wieder, wahrscheinlich damit ich nicht vergesse, dass ich trotz der Aufnahme in die Liste der zehn einflussreichsten Intellektuellen Lateinamerikas durch die Zeitschrift *Foreign Policy* auch weiterhin die Flure vor meiner Wohnungstür selbst putzen muss. Schrubber und Putzlumpen scheinen nicht ganz passend für das Bild der »zarten Denkerin«, das manch einer von mir zeichnet. Doch ich versuche, auch das als Auszeichnung zu nehmen, unter diesen berühmten Persönlichkeiten die Einzige zu sein, die den Boden selbst schrubbt, auf dem sie herumläuft.

Das notwendige Programm, damit mein Blog wirklich als Internetseite funktioniert, erhielt ich erst Mitte November, also schon eine ganze Weile nachdem die Nachrichtenagentur Reuters zum ersten Mal meine Aktivitäten erwähnt hatte. Aufgrund des eingeschränkten Internetzugangs war es sehr kompliziert, das neue Programm »Wordpress« als Plattform zu installieren, denn dazu brauchte ich eine Anlaufstelle außerhalb von Kuba. So entstand der erste Knotenpunkt eines Netzes von Privatpersonen, die mich unterstützen, ohne dass sie damals ahnen konnten, was für ein Ausmaß das Ganze einmal annehmen würde.

Von Oktober an kam ich mir wie auf einem Surfbrett vor. So ein Ritt auf dem Wellenkamm ist eine heikle Sache, denn links und rechts geht es tief hinunter. Auf der einen

Seite die ständige Gefahr von Repressalien, auf der anderen das ebenfalls nicht zu unterschätzende Risiko, die Privatsphäre zu verlieren, dass also die Seifenblase platzt, die sich in den Jahren des Schweigens und des Rückzugs um mich herum gebildet hat. Dennoch ist mir völlig klar: Nur indem ich meine Anonymität aufgebe und meine Texte verbreite, kann ich verhindern, von einer Maschinerie verschlungen zu werden, der schon viele Kubaner zum Opfer gefallen sind. Da diese Menschen mit weniger öffentlichen Mitteln als dem Internet ihr Missfallen kundtaten, konnte der Staat sie zum Schweigen bringen, ohne dass die Welt davon Notiz genommen hätte. Jahrzehntelang sahen sich Regimekritiker, gegen die die Regierung mit aller Härte vorging – entweder mit jahrelanger Haft oder erzwungenem Exil – einer internationalen Gleichgültigkeit gegenüber. Immerhin demonstrierte die internationale Öffentlichkeit im Frühjahr 2003, trotz des Medienfokus auf den beginnenden Irakkrieg, lautstark gegen den Schlag vom 18. März und die Verhaftung von fünfundsiebzig regimekritischen Journalisten und Mitgliedern von Oppositionsgruppen. Durch die Veröffentlichung ihrer Namen in der internationalen Presse und die Proteste westlicher Regierungen wurde schließlich die Freilassung einiger Gefangener erreicht. Doch andere, wie Adolfo Fernández Saínz etwa, sitzen heute noch hinter Gittern. Wie der Dichter Eugenio Florit richtig sagt, sind es Menschen wie er, denen wir unser Überleben verdanken. Denn ohne ihren erfolgreichen Einsatz gegen die scharfe Anwendung des *Ley Mordaza* (»Knebelgesetz«)[4], könnte sich die kubanische Regierung weiter wie ein Kerkermeister aufführen, der seine Gefangenen in finsteren, modrigen Verliesen zugrunde gehen lässt. »Wer ist gestorben, damit ich leben kann?«, fragt Florit in seinem Gedicht *El ausente* (Der

Abwesende), und auch ich frage mich: »Wie viele Menschen haben ihre Freiheit geopfert, damit ich diese Beiträge schreiben kann?«

Ich bin keine leidenschaftliche Surferin, habe das Internet nie so intensiv genutzt wie manche Leute, die ständig auf dem Informationsozean herumsegeln. Aber mittlerweile bin ich ganz gut darin, mir die Informationen, die ich brauche, aus dem Netz herauszufischen. Wir Kubaner sind keine offiziell registrierten Websurfer, denn unsere Vorstöße aufs Internetterritorium sind illegal. Schon wenn wir auf dem Schwarzmarkt eine Prepaid-Karte für den Internetzugang erwerben, verstoßen wir gegen Gesetze, und ebenso, wenn wir eine Verbindung dazu nutzen, an Informationen zu gelangen, die als »geheim« eingestuft wurden. Selbst wenn wir die Wahnsinnspreise für den Internetzugang eines Hotels bezahlen, machen wir uns strafbar. Dann besteht das Vergehen nämlich darin, wie wir überhaupt an das Geld gekommen sind. Ich persönlich gehöre zu der letzten Kategorie von Kriminellen. Denn seit sieben Jahren verdiene ich meinen Lebensunterhalt als Spanischlehrerin und Touristenführerin in Havanna, ohne dafür eine Genehmigung zu besitzen. Nur so konnte ich mir die finanzielle Eigenständigkeit erarbeiten, die mir die Veröffentlichung meiner vom Staat unabhängigen Positionen erlaubt. Glücklicherweise scheint der Überwachungsapparat nicht in der Lage, einzelne Heckenschützen, anders als ganze Gruppen, daran zu hindern, ihre Pfeile abzuschießen. Dazu fehlt es ihm an der technischen Ausrüstung, und so schafft er es nicht, solche Verrückten wie mich, die alleine arbeiten, mundtot zu machen.

Erst nachdem mich das *Time Magazine* bereits in die Liste der hundert einflussreichsten Personen des Jahres

2008 aufgenommen hatte, ließ sich der Comandante zu einem ersten Angriff auf mich herab. Im Vorwort seines Buches über die Solidarität mit Bolivien schrieb er: »Einige junge kubanische Staatsbürger sind wie Sonderberichterstatter, die mit subversiven Machenschaften, im Auftrag der alten Kolonialmacht Spanien, den Aufbau einer neokolonialen Presse betreiben.«
Ich gehöre auf jeden Fall nicht zu denen, die sich wünschen, einmal den Máximo Líder zu treffen. Weder habe ich mir Argumente überlegt, um ihn von seinem Kurs abzubringen, noch eine Problemliste erstellt, die ich ihm bei dieser Gelegenheit präsentieren würde. Stattdessen hoffe ich, ihm nie leibhaftig zu begegnen. Im Gegensatz zu vielen anderen Kubanern, die sich danach sehnen, ihn plötzlich einmal vor sich zu haben, und so der Macht ganz nah zu sein. Die Vorstellung, mit ihm zu diskutieren, reizt mich nicht. Ich ziehe es vor, ihn keiner Antwort zu würdigen, diesen Menschen, der mein Leben lang allgegenwärtig war, mit seinen Fotos, seiner olivgrünen Uniform, seinen endlosen Reden. Wie könnte ich den Vorwurf, »den Aufbau einer neokolonialen Presse im Auftrag der alten Kolonialmacht Spanien zu betreiben« besser widerlegen als durch Gleichgültigkeit? Indem ich ihm zeige, wie egal er mir ist. So habe ich diesen Ball, wie bei einem richtigen Fußballspiel, meinem Ehemann Reinaldo Escobar zugespielt, der für mich darauf geantwortet hat. Denn im Gegensatz zu mir gehört er einer Generation von Kubanern an, die schon immer auf eine Gelegenheit gewartet haben, dem Máximo Líder Kontra zu geben.

Generación Y stand bereits einen Monat lang im Netz, als mir ein Artikel von Andrew Sullivan mit dem Titel »Wieso ich blogge« in die Finger kam. Beim Lesen wurde mir klar, dass die übliche Definition von Blog für mein Internettagebuch nicht zutraf. So war es mir nicht möglich, täglich einen Eintrag zu veröffentlichen oder brandaktuell zu erzählen, was sich unten auf der Straße zutrug. Noch nicht einmal zu den Kommentaren, die meine Texte provozierten, konnte ich Stellung beziehen oder auf die Fragen der Leser antworten. Das konnten viele nicht verstehen. Weil ihnen meine Lage als Bloggerin mit nur eingeschränktem Internetzugang nicht bewusst war, wurden sie ungeduldig, wenn sie nach ein paar Tagen noch keine Antworten von mir auf irgendwelche Einwände erhalten hatten. Mit der Zeit fand *Generación Y* immer mehr regelmäßige Leser, die mein Blog auch zu ihrer Plattform machten und zu einem festen Kreis zusammenwuchsen, dessen Hauptanliegen es ist, über Kuba zu diskutieren. Allerdings kommen einige Kommentatoren, die sich selbst »wahre Kubaner und Freunde der kubanischen Regierung« nennen, häufig nicht ohne ungerechte Beschuldigungen, Beleidigungen und Verleumdungen aus. Was sind das für Leute? Angesichts der hohen Kosten für den Internetzugang würde sich kein normaler Kubaner derart engagieren, um einen ideologischen Kampf auszutragen und im Internet die Dinge nachzubeten, die in den offiziellen Medien, in Presse und Fernsehen, ohnehin täglich verbreitet werden. Es sei denn, er handle im Auftrag einer staatlichen Institution. Das steckt hinter dem mit Parteiparolen gespickten Protestgeschrei, das sich immer wieder gegen mein Blog *Generación Y* erhebt. Diese Kommentatoren erfüllen im Internet eine ähnliche Aufgabe wie die zivilen Regierungsmilizen, die sogenannten »Brigaden der schnellen Antwort«, mit ihren Steinen und Schlagstöcken auf den kubanischen Straßen. Unter dem Deckmantel »jubelndes Volk« agieren beide Gruppen auf Anweisung von ganz oben und terrorisieren alle Kubaner, die sich eine andere Meinung erlauben. In meinem Blog bezeichne ich diese virtuellen Besucher nur noch als »Brigaden der Cyber-Antwort«. Leider müssen wir auf Kuba mit dieser Sorte »Befehlsempfänger« leben, auch wenn wir uns in den Auseinandersetzungen schon mal eine blutige Nase holen. Die »Trolle« wiederum sind eine spezielle Variante der »Brigaden der Cyber-Antwort«. Durchgeknallte Typen, die gar nicht erst zu heucheln versuchen, sie würden sich für eine bestimmte politische Idee einsetzen. In ihren Kommentaren fand ich schon das erste Kapitel des *Kapitals* von Karl Marx, aber auch das Telefonbuch von Sydney. Einige dieser Internetfabelwesen haben sich *Generación Y* als Plattform ausgesucht, um »sich auszudrücken«, wohl wissend, dass ich ihre Kommentare nicht filtern oder bearbeiten kann.

Häufig kommentiert, nicht nur von »Trollen«, wurde mein Entschluss, nach Kuba zurückzukehren. 2002 war ich in die Schweiz ausgewandert und ging zwei Jahre später nach Kuba zurück. Und das können viele nicht verstehen. Ja, ich selbst kann es mir schlecht erklären. Ich weiß nicht, was mich dazu veranlasst hat, meine Koffer wieder zu packen, meinem Sohn »die Zukunft zu verbauen« und in ein Land zurückzukehren, dem alle entfliehen wollen. Eine Entscheidung, genauso unergründlich wie die, *Generación Y* ins Leben zu rufen. Dabei waren die familiären Gründe – die Erkrankung meines Vaters sowie die schmerzliche Trennung von meinen Freunden auf Kuba – im Grunde bloß ein Vorwand. Über längere Zeit wiederholte damals beharrlich eine Stimme in meinem Kopf: »Du bist abgehauen. Sie haben es geschafft, dich zu vertreiben.« Vielen von uns ergeht es ja so: Nachdem man eine Weile die Insel nur aus der Ferne betrachtet hat, beschleicht einen immer stärker der Gedanke, dass es doch möglich sei, zurückzukehren und die Verhältnisse zu verändern. Eine Illusion, die schnell verfliegt, wenn einen der Offizier beim Zoll mit strenger Miene fragt: »Was haben Sie auf Kuba vor?« In diesem Augenblick wird man sich bewusst, dass man zwar gerade in der Heimat gelandet ist, aber am besten gleich wieder kehrtmachen sollte. Doch du beißt die Zähne zusammen und antwortest, du möchtest deine Familie besuchen. Triffst du dann die Menschen, an die du oft so wehmütig gedacht hast, fällt dir auf, wie sie sich verändert haben. Und du selbst auch. Du möchtest erzählen, wie das so war, dieses Leben im Ausland, aber sie hören dir gar nicht zu, reden nur über die eigenen Probleme und bitten dich, die Stimme zu senken, wenn du sie aufforderst, sich nicht mehr alles gefallen zu lassen.

Erst ein paar Monate nach meinem ersten Beitrag haben auch die auf Kuba akkreditierten ausländischen Journalisten meinen Internetauftritt entdeckt. Anfangs stand mein Telefon nicht mehr still. Als dann aber das Internationale Pressezentrum der Hauptstadt – angeblich zur Unterstützung von Journalisten aus anderen Ländern eingerichtet, in Wahrheit aber ein Kontrollinstrument – sie warnte, dass ich nur ein Geschöpf einschlägiger Medien oder vielleicht sogar eine CIA-Agentin sei, verstummte mein Telefon von einem auf den anderen Tag. In diesem Moment wurde mir klar, dass ich trotz meines grauen Reisepasses – der auf jedem Flughafen der Welt misstrauische Blicke hervorruft – und obwohl mir viele Grundrechte verweigert werden, doch souveräner bin als all diese Medienvertreter, die sich von meiner vermeintlichen Gefährlichkeit haben einschüchtern lassen. Mir kann man die Erlaubnis, mich hier in diesem Land aufzuhalten, nicht entziehen, denn vertreiben lasse ich mich nicht. Auch mein Haus kann man mir nicht nehmen, denn ich habe nie eins besessen, es sei denn das, das ich, von meiner Haut umschlossen, schon mein Leben lang in mir herumtrage. Nein, im Gegensatz zu diesen Journalisten aus dem Ausland habe ich nicht viel zu verlieren. Noch nicht mal meine Freiheit, jenes Gut, das man mir hier am konsequentesten vorenthält.

Mag ich noch so oft klarstellen, dass ich wie ein »freies Elektron« bin, es wird immer wieder Leute geben, die die Verleumdungen, die in die Welt gesetzt werden, um mich auszuschalten, für wahr halten. Da heißt es dann, ich sei von der CIA ausgebildet worden oder hätte mich instruieren lassen von Carlos Alberto Montaner[5] – einem Schriftsteller, von dem ich alles lese, was ich nur bekommen kann, den ich aber nie persönlich getroffen habe, auch nicht heimlich in der Wartehalle irgendeines Flughafens. Auf anderen Websites werde ich auch gerne als eine Art James-Bond-Karikatur hingestellt, ich hätte ein Pokerface und würde von den großen Medienkonzernen unterstützt, und mein Haar sei vom Dollargeruch durchtränkt. Nun ist die Realität so meilenweit von diesem Bild entfernt, dass ich mich genauso wenig darüber aufgeregt habe wie über die Unterstellung: »Yoani, ein Werkzeug des US-Imperialismus«. Solche Anklagen lösen bei mir eher Heiterkeit aus. Wenn alle Stricke reißen, bietet meine Geschichte so wenigstens noch den Stoff für einen Agententhriller, mit einer Art weiblichem »Rambo der Karibik« in der Hauptrolle.

Seit das *Wall Street Journal* im Dezember 2007 einen langen Artikel über mich veröffentlichte, bin ich wie von einer radioaktiven Aura umgeben. Ängstlich, so als hätten sie es mit einer Straftäterin oder einer ansteckenden Kranken zu tun, haben sich manche Personen von mir zurückgezogen. Ihre Anrufe blieben aus, und wenn ich sie zufällig auf der Straße traf, wurde nur über die Familie und die Kinder geredet. Andere haben die Verbindung zu mir länger gehalten, bis auch ihnen die Ansteckungsgefahr schließlich zu groß erschien. Eine Freundin erzählte mir, entrüstet und betrübt, ihre Mutter habe ihr verboten, mich anzurufen. Ihr älterer Bruder bewarb sich um eine Stelle im Tourismus, und die übereifrige Mutter fürchtete wohl, die Telefonnummer der Familie könne auf der gewissenhaft geführten Liste auftauchen, auf der alle Verbindungen meines Anschlusses verzeichnet sind. Kurze Zeit später, in jenem furchtbaren Mai, verschwand auch diese Freundin aus meinem Leben. Wieder eine Schulter weniger, auf die ich mich stützen konnte.

Am leichtesten fällt mir das Schreiben spätabends, wenn mein Sohn im Bett liegt und aus der Nachbarschaft weniger Lärm zu uns dringt. Reinaldo macht uns noch einen Tee, und dann suche ich mir aus all den Bildern und Eindrücken des Tages die Schnipsel heraus, die am nächsten Tag veröffentlicht werden sollen. Dabei bin ich weder so objektiv wie ein politischer Beobachter, noch beherrsche ich das Handwerk eines ausgebildeten Journalisten, und am allerwenigsten bin ich auf ausgleichende Distanz bedacht wie ein Akademiker. Meine Texte sind impulsiv und radikal subjektiv: Ich bin so frei, in der ersten Person Singular zu schreiben, und meine Leser merken sofort, dass ich nur von Dingen erzähle, die ich am eigenen Leib erlebt habe. Niemand hat mir beigebracht, wie man Informationen aufbereitet, doch mein Studium der Sprachwissenschaft war nun doch zu etwas nütze: Dort habe ich gelernt, Sätze ohne allzu viele Fehler zu formulieren.

Als ich für mein Blog im Mai 2008 den spanischen Journalistenpreis »Ortega y Gasset« bekam, war ich im Grunde weder »echte« Journalistin noch Informatikerin. Aber die sieben Jahre, die ich da schon Touristen durch meine Heimatstadt führte und ihnen meine rätselhafte Insel näher zu bringen versuchte, waren ein ideales Training für meine desillusionierten Notizen zu allem, was ich um mich herum wahrnahm. Versucht man anderen eine Realität zu erklären, die man selbst nicht ganz versteht, stellen sich einem selbst auch ganz neue Fragen. Wer täglich zwischen den baufälligen Häusern unterwegs ist, die das Bild von Havanna prägen, dem fallen irgendwann die schief hängenden Balkone gar nicht mehr auf oder die Schlammpfützen, durch die man ständig watet. Für mich sind es die Augen der ausländischen Studenten, durch die ich jene Dinge neu entdecke, die aus meiner Wahrnehmung verschwunden waren. Aus diesem Grund spricht aus meinen Texten auch oft die Fremdenführerin, die den Philosophen herumführt und die kühnen Beobachtungen begierig aufnimmt, die diesem dank seiner größeren Distanz zu den Dingen noch möglich sind.

Für mein Blog gibt es auch einen Korrektor, der meine Texte nicht nur schonungslos kritisiert, sondern auch sehr gut Teller und Töpfe zu spülen versteht. Als mein Mann Reinaldo einmal von einem Freund gefragt wurde, ob er angesichts des Erfolgs meines Blogs eher Stolz oder Neid empfinde, war er, wie üblich, um eine schlagfertige Antwort nicht verlegen: »Neid, reiner Neid. Würde ich ›Stolz‹ antworten, könnte man den Eindruck gewinnen, ich hätte auch irgendeinen Verdienst an ihrem Triumph. Aber das ist nicht der Fall.« Bescheidenheit ist sicher nicht der auffallendste Charakterzug meines Mannes, doch hier hat er seinen großen Anteil am Entstehen des Blogs vollkommen unterschlagen. Wegen seiner kritischen Artikel wurde er vor langer Zeit aus der Redaktion der Tageszeitung

Juventud Rebelde gefeuert und ist heute ein großer Unterstützer von *Generación Y*. Aber nicht der Einzige: So kann ich mich auf einen Kreis von Übersetzern stützen, die meine Texte in über vierzehn Sprachen übertragen. Leute, die mir eines Tages einfach gemailt haben und denen ich – wie unter freien Menschen üblich, die keinen Grund haben, sich zu misstrauen, auch wenn man sich noch nie zuvor gesehen hat – mein Passwort gegeben habe, damit sie ihre englischen, französischen, italienischen oder finnischen Übersetzungen meiner Texte ins Netz stellen können. So hat sich die Reichweite meines Blogs um ein Vielfaches vergrößert, und man kann meine Texte mittlerweile sogar auf Japanisch lesen. Als in den Hotels und Internetcafés der Zugang zu meiner Internetseite gesperrt wurde, musste ich mir eine Alternative einfallen lassen, um meine Texte ins Netz zu stellen. Und so überließ ich mich den Händen meiner in der virtuellen Welt bewanderten Freunde, die prompt dafür sorgten, dass mein Internetauftritt nicht in der Versenkung verschwand. Ich wurde zu einer »Blind-Bloggerin«, die ihre eigene Site nicht mehr verwalten kann. Gerade das war einer der Gründe, weshalb ich umso beharrlicher weiterschrieb.

Während ich Freunde in der realen Welt verliere, knüpfe ich im Cyberspace immer neue Freundschaften, die für meine Veröffentlichungen mittlerweile unverzichtbar und der effektivste Schutz gegen mögliche Repressalien sind. Bei der Erinnerung an den Jubel, als man im Museum für Kommunikation in Berlin *Generación Y* zum besten Weblog ausrief, wird der weltweiten Bloggerszene noch lange ein Schauer über den Rücken laufen. Seite an Seite sind wir damals einen imaginären Strand entlangspaziert und genossen, dass mein – unser – Blog, den ersten »Deutsche Welle Blog Award« gewonnen hatte.

Als kleines Mädchen war ich eine »junge Pionierin«, die man darauf abgerichtet hatte, irgendwelche Parolen nachzuplappern, und entwickelte mich dann zu einer in sich gekehrten Jugendlichen, die alle esoterischen Bücher verschlang, die ihr in die Finger kamen. Diese Auskünfte zu meiner Person reichen aber vielen nicht, die nach einer Geschichte verlangen, die meine Persönlichkeit besser beschreibt. Aber ich bin wirklich nur eine normale Dreißigjährige, die gerne auf ihrer Tastatur herumtippt und von den Dingen erzählt, die ihr täglich begegnen. Wie bei vielen populär geschriebenen Biografien würde man gern von mir hören, dass ich immer schon einen rebellischen Charakter hatte. Aber damit kann ich nicht dienen. *Generación Y* ist wirklich mit Abstand das Riskanteste, was ich in meinem bisherigen Leben unternommen habe, und nicht zufällig haben mir, als ich mit dem Bloggen begann, häufig die Knie gezittert.

Zu den treffendsten Definitionen von »Meinungsfreiheit« zählt für mich, was mir einmal ein Freund erklärte: »Meinungsfreiheit herrscht in einem Land, wenn man sich an einer Straßenecke aufbauen und ungefährdet rufen kann: ›Hier gibt es keine Meinungsfreiheit.‹« Als ich das hörte, bekam ich Lust, mich auf die Straße zu stellen und irgendetwas vor mich hin zu murmeln, als Demonstration, dass man bei uns häufig noch nicht einmal dazu kommt, einen Satz zu beenden. Für mich als Sprachwissenschaftlerin, deren Metier Worte sind, ist es besonders frustrierend, sie nicht frei in allen Bedeutungen und allen Kombinationen zusammenfügen zu können.

Es geht mir nicht darum, meine sprachlichen Fähigkeiten besonders zur Schau zu stellen. Während meiner Schul- und Studienzeit habe ich ausgiebig damit herumgespielt und kenne die Tücken verbaler Arroganz. Deshalb versuche ich, einfach so zu schreiben, dass mich alle verstehen, jedoch mit der Sorgfalt, die mein eigener Anspruch bei jedem Satz von mir verlangt. Da bin ich ähnlich wie ein Zeichner, der eines Tages seinen Stift zur Hand nimmt und plötzlich feststellt, dass seine Hand zu keinem undurchdachten Strich mehr fähig ist. Ein Sprachwissenschaftler nimmt Wörter zu wichtig, als dass er einfach drauflos schreiben könnte. Und doch schafft er es idealerweise, seine Texte frisch und ungekünstelt wirken zu lassen. Aus diesem Grund antworte ich gerne auf die häufige Bemerkung, ich könne gut schreiben, mit dem lapidaren Satz: »Tut mir leid, das lässt sich nicht vermeiden, eine Art Berufskrankheit.«

Der Kampf, der gegen mich geführt wird, findet weniger im konkreten Alltag als in der virtuellen Welt statt, in der auch meine Texte entstehen. Körperliche Schläge habe ich nicht einzustecken, dafür umso mehr Verleumdungen. Der erste Schritt gegen mich bestand in dem Ausreiseverbot nach Spanien, um den »Premio Ortega y Gasset« in Empfang zu nehmen. Bis dahin hatten mich die kubanischen Behörden bloß mit Nichtbeachtung gestraft. Ich wandte mich also an einen Anwalt, um eine Rücknahme des gegen mich verhängten Reiseverbots zu erreichen. Er riet mir, Briefe an die maßgebenden Institutionen des Landes zu schreiben, mit der Bitte, meinen Fall noch einmal zu überprüfen. Um mir Mut zu machen, erzählte er mir von seinem langen Kampf gegen die Machthaber, die er so lange mit Briefen und Appellen bombardiert habe, bis man ihm schließlich ein Visum erteilte. Dazu muss ich klarstellen: Auch wenn ich die direkte Konfrontation nicht suche, bin ich aber auch nicht darauf aus, rehabilitiert zu werden. Ich möchte gar nicht, dass mir eines Tages jemand die

Hand auf die Schulter legt und sagt: »Tut uns leid. Wir haben uns in dir geirrt. Du kannst jetzt ausreisen.« Nein, wofür ich mich einsetze ist, erst gar nicht um Ausreiseerlaubnis bitten zu müssen.

Schon kurz nach meinen ersten Einträgen wurde mir klar, mit wie vielen Hindernissen ich zu kämpfen habe und wie schwer sie zu überwinden sind. Das größte ist die Gleichgültigkeit, das Schulterzucken, die ernüchternde Frage: »Warum machst du das eigentlich?« Viele Freunde, die mich als eine verantwortungsvolle, um das Wohl ihrer Familie besorgte Frau kennengelernt haben, glauben inzwischen, dass ich nicht mehr alle Tassen im Schrank habe.

Die Mehrheit der Kubaner hofft auf eine »biologische« Lösung: dass die Regierungstruppe der Siebzig- und Achtzigjährigen irgendwann stirbt, um endlich wieder frei in einem Land leben zu können, das uns allen gehört. Ich selbst habe noch nie darauf spekuliert, besonders alt zu werden, und deshalb will ich auch nicht so lange warten, bis eine Ideologie, die das Leben meiner Eltern verschlungen und auch viele meiner Jahre an sich gerissen hat, mit ihren Vertretern friedlich entschlummert ist. Seit ich blogge erhalte ich Mails, in denen gefragt wird, ob es mich tatsächlich gibt. Offenbar scheint es völlig unglaublich, dass es auf dieser Insel, in diesem Kommunikationsloch, jemanden gibt, der die kubanischen Verhältnisse in einem Blog öffentlich macht. Da es über das Internet unmöglich ist, meine Existenz zu beweisen (wer kann schon beweisen, dass es ihn tatsächlich gibt), stelle ich meinen Personalausweis ins Netz, um die ärgsten Zweifel zu zerstreuen. Aber was erreiche ich damit? Genau das Gegenteil: Plötzlich unterstellt man, *eine* Yoani Sánchez gebe es nicht, es seien mehrere Personen, die sich zu einer Gruppe zusammengetan hätten. Ein schlechter Witz, und ich weiß nicht, ob ich mich ärgern oder geschmeichelt fühlen soll. Sicher weiß ich nur: Dies ist lediglich der erste Wurf einer Steinigung, die niemals enden wird.

Um weiteren Kreuzigungen oder potenziellen Vergötterungen zuvorzukommen, stellte ich hiermit klar, dass *Generación Y* nur mein persönliches Engagement dokumentiert. Und das schließt alles ein, auch meine Feigheit. Denn wer sich in einem Land, in dem sich viele als Helden aufspielen, dann aber unauffindbar sind, wenn man sie am dringendsten braucht, schon von vorneherein zu seiner Angst bekennt, ist fast zu ehrlich, um noch ernst genommen zu werden. Und das schützt mich auch nicht vor den Angriffen von Leuten, die ihre Nase in meine Angelegenheiten stecken und zu dem Ergebnis kommen: »Die wagt etwas, weil sie Schutz genießt.« – »Die handelt im Auftrag bestimmter Kreise.« – »Die ist eine Handlangerin der Raúl-Regierung.« Natürlich würden sie es nicht verkraften, dass ich ganz allein, ein fünfzig Kilo schweres Persönchen, hinter diesem Wahnsinn stecke. Ohne eine Regierung, einen Geheimdienst oder meinen Mann im Hintergrund, die mich unterstützen und mutig sein lassen. Ich meine die Macho-Typen, die mir offen sagen: »Mit Frauen diskutiere ich nicht.« Oder die meinen Mut nach dem Klang meiner Stimme bemessen. Für diese Typen manifestiert sich Mut allein in sichtbaren Spuren des Kampfes, in jahrelangen Haftstrafen oder schmerzenden Narben, nicht aber in dem ruhigen Gesicht einer Frau, die ihre Wut nicht herausbrüllt, sondern einfach nur Fragen stellt. Oft genug appellierte man an mich, mich wieder in friedliches Schweigen zu hüllen, zur sanften Gleichgültigkeit zurückzukehren. Wie oft bin ich gewarnt worden vor dem gefährlichen Justiz- und Polizeiapparat, der mit dem Vorwurf »feindliche Propaganda« zu betreiben, einer »fünften Kolonne« anzugehören, »Söldnerin des US-Imperialismus« oder – in weniger dramatischen Fällen – eine »ideologische Abweichlerin« zu sein, schnell bei der Hand ist. Andere rieten mir zur Flucht und Emigration als den schnellsten Weg zur Veränderung. Doch anstatt den Seeweg nach Florida zu nehmen, habe ich mich auf einem virtuellen Floß in die Welt hinausgewagt. Und als ich Kuba damals verließ, bin ich nicht vor meinem Land davongelaufen, sondern vor der Überwachung und dem Konformismus. Ich wollte die Angst hinter mir lassen.

Häufig fragt man mich, ob ich denn Opfer von Repressalien wurde, so als würden mich nur körperliche Schläge glaubhaft machen, und als wäre die Opferrolle notwendige Voraussetzung, um Gehör zu finden. Blutergüsse kann ich nicht vorweisen – nur einmal, als junges Mädchen, habe ich mir etwas gebrochen –, und in all den Jahren hat auch niemand an meine Tür geklopft, um mir zu drohen. Da hat der Machismo für mich auch eine gute Seite: Vor die Frage gestellt, wen sie nun verhaften sollen, sind sie dann jedes Mal wegen Reinaldo gekommen. Ein Teil der für Kuba typischen Frauenverachtung ist so für mich sogar zum Schutzschild geworden. Im Dezember 2008 habe ich zum ersten Mal das Gesicht von »Fantômas«[6] gesehen. Da flatterte mir eine Vorladung ins Haus, und auf einem schäbigen Polizeirevier warf man mir vor, nun »jede Grenze überschritten« zu haben.

Generación Y wird es so lange geben, solange sich die Zustände nicht ändern und ich den Kampfgeist nicht verliere. Noch gibt es kein Gesetz, das einem kubanischen Staatsbürger verbietet, seine Meinung im Internet kundzutun. Sollte es schlecht laufen und eines Tages doch solch ein Gesetz in Kraft treten, werde ich notgedrungen auf andere

Kommunikationsformen zurückgreifen müssen. Vielleicht mache ich mich dann mit Rauchzeichen bemerkbar oder lasse am Strand Drachen steigen, um meine Botschaften in die Welt hinauszutragen. Aber zuerst müssten sie dieses Gesetz mal machen, unterzeichnen und dann auch die volle Verantwortung dafür übernehmen.

Fast zwei Jahre sind seit jenem April nun vergangen, und verstummt bin ich immer noch nicht. Mit *Generación Y* habe ich die Maske abgelegt, die ich früher trug, und ein neues Gesicht bekommen, das jeder anders wahrnimmt. Die Frau, die anfangs so schüchtern ihre ersten Schritte im Internet wagte, hat den Blick geweitet und dabei auch viel Unerfreuliches gesehen. Was ich in meinem Blog veröffentliche, ist weder der Bericht eines Opfers noch der einer Anklägerin, sondern es sind die Gedanken einer Frau, die sich einfach verantwortlich fühlt. Das Blog hat mir Gegner und Unterstützer beschert, Schlaflosigkeit und inneren Frieden, die ständige Angst, bespitzelt zu werden, und die Gelassenheit eines Menschen, der nichts zu verbergen hat. Man hat mir das Schild »Feindin der kubanischen Regierung« angeheftet. Und das kann mir niemand abnehmen. Dabei sehe ich mich selbst nur als eine normale Bürgerin dieses Landes. Denn gerade auch das Bloggen in den vergangenen beiden Jahren hat mir gezeigt: Nicht wir lehnen uns gegen etwas auf, sondern die kubanische Realität selbst steht unseren Bedürfnissen entgegen, ist in hohem Maße »oppositionell«. Und jeder meiner Texte belegt es.

Die zwei Seelen Kubas

Eine Metapher für unsere Zeit

Der Wohnblock im »jugoslawischen Stil«, von dem ich hier erzählen will, wurde in den achtziger Jahren von begeisterten *microbrigadistas*[1] errichtet. Neu waren nicht nur ihre Wohnungen, die sie dann stolz einweihten, sondern auch die Erfahrungen, die sie mit ihrem neuen Status als Hauseigentümer, mit dem Gefühl, ein eigenes Dach über dem Kopf zu haben, verbanden (von der *Generación Y* haben nur wenige ein solches Gefühl schon einmal erlebt). Um eine solche Wohnung zu bekommen, mussten die Amateur-Bauarbeiter zunächst einen bestimmten Betrag bezahlen, der sie nach zwanzig Jahren zu rechtmäßigen Besitzern machte, und zwischen vier und sieben Jahren hart schuften.

Heute sind in diesem Gebäude, in dem auch ich wohne, alle Familien Eigentümer ihrer Wohnungen, wobei ihr Traum, Bauherr zu sein und ein eigenes Dach über dem Kopf zu haben, längst Ernüchterung gewichen ist, weil die Verfügungsgewalt über das Eigentum stark eingeschränkt ist. Was einmal beispielhaft für den versprochenen Bauboom stehen sollte, wirkt heute wie eine neuzeitliche Ruine, ein Sinnbild für den Stillstand und Verfall unserer Zeit.

Seit vier Jahren ist die Stelle des Hausmeisters unbesetzt, und auch eine Reinigungskraft fehlt, denn die Bezahlung ist äußerst bescheiden, und die vierzehn Stockwerke mit den langen Fluren und Treppen sauber zu halten, ist viel zu viel Arbeit für so wenig Geld. Der Fahrstuhl funktioniert auch nur noch dank der technischen Kenntnisse einiger Hausbewohner, die in den vergangenen Jahren vor der Wahl standen, sich entweder mit der Fahrstuhltechnik zu befassen oder die Treppen immer zu Fuß gehen zu müssen. Sogar für die Wasserpumpe ist mittlerweile ein eigenes Klempnertrüppchen zuständig, das die Pumpe repariert, sobald sie wieder einmal streikt. Nur dieser Form der Selbstverwaltung ist es zu verdanken, dass das Haus noch nicht völlig verfallen ist. Aber in einem wirklich guten Zustand ist es auf diese Weise nicht.

Aufgrund der Nähe zur Plaza de la Revolución liegt unser vierzehnstöckiger Wohnblock in einer Art »Sperrgebiet«, mit der Folge, dass frei werdende Wohnungen immer von Angehörigen der Fuerzas Armadas Revolucionarias (FAR, »Bewaffnete Revolutionäre Streitkräfte«) oder Regierungsbeamten bezogen werden. Die anderen Hausbewohner ziehen sich mehr und mehr zurück, und nur einige Nachbarn haben sich darauf geeinigt, die Flure auf ihrem Stockwerk und die wenigen Quadratmeter vor ihren Wohnungstüren abwechselnd zu putzen. Die gemeinschaftlich genutzten Bereiche werden mit der Gleichgültigkeit behandelt, die allen Dingen zuteil wird, deren Besitzverhältnisse nicht klar geregelt sind. Theoretisch gehören diese Gemeinschaftsbereiche allen, tatsächlich aber kann diese Hausgemeinschaft aus einundvierzig Wohnungen nicht frei darüber entscheiden.

So dürfen wir zum Beispiel kein Café aufmachen, obwohl wir damit Geld verdienen würden, das wir für Renovierungsarbeiten im Haus gut verwenden könnten. Genauso unmöglich ist es uns, in einem Großhandel die hundert Meter Rohrleitung einzukaufen, die wir aber dringend bräuchten, um die ständigen Wasserschäden zu beheben. Stattdessen muss die Hausgemeinschaft darauf warten, dass die für unseren Wohnblock zuständige Behörde Gelder für die dringend notwendigen Instandsetzungen locker macht.

Eingezwängt in ein streng bürokratisches System müssen die einst begeisterten *microbrigadistas* machtlos mit ansehen, wie ihr Traum zerbröselt, der Putz von den Wänden abblättert, Träger und Stützpfeiler vor sich hin rosten und die Farben verdrecken und verblassen. Ihre Kinder, die noch gar nicht auf der Welt waren, als die Häuser gebaut, oder genauer, aus Fertigteilen zusammengesetzt wurden, stehen den »Sorgen der Alten« gleichgültig gegenüber. Die Jüngsten lachen, wenn die Eltern mal wieder ihre Anekdoten aus der Zeit der Kräne und Gerüste zum Besten geben, und fragen nur achselzuckend, mit dem typischen Pragmatismus ihrer Generation: »Dafür habt ihr euch geopfert?«

Ein Shakespeare-Drama

Havanna ist eine Stadt extrem langsamer oder aber übereilter Lösungen. Leben Menschen nur noch in Provisorien, hat Hilfe scheinbar endlos Zeit und der Bau des notwendigen Wohnraums verzögert sich um Jahrzehnte. Geht es jedoch darum, etwas zu schließen, einzuschränken oder zu verbieten, sind die dafür notwendigen Mitteln überraschend schnell verfügbar, und von heute auf morgen wird das Problem gelöst. So stellten wir eines Morgens fest, dass man rund um den Parque Maceo in unserer Nachbarschaft, nicht weit vom Malecón, der Strandpromenade Havannas, eine Mauer aus Jaimanita-Stein[2] hochgezogen hatte, die den Bereich schützen sollte – sogar vor uns Anwohnern. Die hundert Sack Zement, die dafür verschwendet wurden, hätte man besser für den Bau von Wohnungen für die Bewohner des berühmten *solar*[3] *Romeo y Julieta* an der Ecke Calle Belascoaín und Calle Concordia genutzt, der vor kurzem eingestürzt ist.

Nun döst die Statue des *Titán de Bronce*[4] (»Bronzetitan«) im Park vor sich hin, allein gelassen von den Pärchen, die dort sonst im Schutz der Dunkelheit auf den Bänken schmusen, oder dem Betrunkenen, der dort üblicherweise seinen Rausch ausschläft. Die Bewohner des eingestürzten *solar* aber schlafen nun auf der Straße unter den Arkaden, suchen Unterschlupf in den Marktständen oder hausen in Zelten, die sie sich unter den misstrauischen Blicken der Polizei aufgebaut haben, die seit fünfzehn Tagen die Straße zwischen Neptuno und San Lázaro gesperrt hat.

Ihre Tragik scheint noch größer als die der Familien Montague und Capulet, und sie erleben, dass über ihr Schicksal an einer sehr viel höheren Stelle entschieden wird. Verschwindend gering sind ihre Chancen, ihrer Zukunft, so wie sie sich jetzt abzeichnet – geprägt von Gemeinschaftsunterkünften und Versprechen der *microbrigadistas* –, eine andere Richtung zu geben. Wie in dem berühmten Shakespeare-Drama ist ihr Schicksal bereits besiegelt, trägt den Stempel des *Instituto Nacional de la Vivienda* (Wohnungsamt) und ist gezeichnet von der Tinte einer Bürokratie, die kein Happy End kennt.

Sich anpassen oder etwas verändern

Im sowjetischen Fahrstuhl unseres Hauses, der noch aus der Breschnew-Ära stammt, tröpfelt in letzter Zeit Öl vom Notausstieg in der Decke herab. Dieser anhaltende Nieselregen passt zum Allgemeinzustand des Gebäudes, den zerschlissenen Fußböden, den obszönen Wandschmierereien und dem schauerlichen Kreischen, das die Türangeln von sich geben. Einigen Hausbewohnern hat das Öl bereits die Klamotten oder die Frisur versaut. Doch bis jetzt ist uns noch keine andere Lösung eingefallen, als dem fallenden Tropfen einen Platz im Fahrstuhl zuzugestehen. So dürfen seit ein paar Monaten nicht mehr als fünf Personen auf einmal in das beschädigte Gefährt einsteigen, damit er ungehindert fallen kann.

Genauso wie wir vor dem hartnäckigen Öltröpfeln zurückweichen, nehmen wir hin, dass in einem Kino mit sechs schönen Glastüren nur eine geöffnet ist. Wir sind so konformistisch, dass wir uns nach Filmschluss klaglos durch nur einen Türflügel drängeln. Genauso nehmen wir hin, von den Verkäufern unfreundlich behandelt zu werden, und geben uns mit gepanschten Produkten zufrieden oder mit Toiletten, die schon nach der Installation nicht mehr richtig funktionieren. An all das haben wir uns gewöhnt, mit der gleichen Fügsamkeit, mit der wir auch die Beschneidung unserer Rechte hinnehmen.

Trägheit ist hier gerade sehr in Mode. Deshalb sagen wir uns im Haus mittlerweile, dass das Öl vielleicht unseren Haarwuchs fördert und die Flecken auf der Kleidung elegant aussehen. Der Tropfen in meinem sowjetischen Fahrstuhl kann beruhigt sein: Wir werden nichts gegen ihn unternehmen und ihn in Frieden vor sich hin tröpfeln lassen. Wer will sich schon dem Spott der anderen aussetzen, wenn er versucht, etwas zu ändern?

Rauf und runter

Zwanzig Jahre lang haben wir jetzt an dem sowjetischen Fahrstuhl herumgeflickt und uns mit Treppensteigen fit gehalten. Doch das scheint nun ein Ende zu haben. Für unser Haus wurden gerade zwei funkelnagelneue Aufzüge russischer Herkunft geliefert, die die überholte sowjetische Technologie ersetzen sollen. Bis es so weit war, musste allerdings eine Reihe von Bedingungen erfüllt sein: Die uralte Anlage musste zu einer echten »Lebensgefahr« für die Hausbewohner werden, alle Nachbarhäuser, die von Militärangehörigen bewohnt werden, ihre Priorität in Sachen Fahrstuhlaustausch ausgeschöpft haben und die kubanisch-russischen Beziehungen wieder aufgeblüht sein.

Ich bin froh, dass Reinaldo nicht mehr so viel Zeit für die Reparaturarbeiten an dem vorsintflutlichen Fahrstuhl aus Armenien aufbringen muss. Die Hausbewohner müssten eigentlich den Leuten dankbar sein, die ihm vor zwanzig Jahren die Arbeit in seinem erlernten Beruf unmöglich machten. Denn so wurde aus dem Journalisten ein Mechaniker, der wegen seiner Wohnung im vierzehnten Stock großes Interesse an einem funktionierenden Fahrstuhl im Haus hatte. Nur durch das Engagement Einzelner wurde die Lebensdauer eines Fahrstuhl ständig verlängert, der eigentlich schon Jahre zuvor hätte ersetzt werden müssen. Solch praktische Lösungen werden auf Kuba ja gerne als »Erfolge des Systems« dargestellt, während sie in Wahrheit nichts anderes sind als die verzweifelten Versuche, irgendwie über die Runden zu kommen.

Zehn Jahre lang haben wir uns an einem der Fahrstühle »vergangen«, haben ihn Stück für Stück ausgeschlachtet, um mit seinen Einzelteilen den anderen zu reparieren. Und jetzt endlich sollen beide ausgetauscht werden. Das wird wahrscheinlich weitere vier Monate dauern. In dieser Zeit werde ich ordentlich Kilokalorien verbrennen auf den 232 Treppenstufen, die zwischen uns und dem Erdgeschoss liegen. Aber dieses Sportprogramm schreckt mich nicht. Was habe ich nicht alles schon die vierzehn Stockwerke hinaufgetragen? Mein Fahrrad auf der Schulter, eine sperrige Matratze und unzählige Male meinen Sohn. Aber nun nehme ich die Stufen in der Vorfreude, dass wir bald zwei neue Fahrstühle benutzen können. Sie werden weder sowjetisch, noch billigster Machart sein, sondern – und die Unterscheidung ist wichtig – ganz einfach »russisch«.

Fluch und Segen

Haus- oder Wohnungseigentümer zu sein, ist nicht immer schön. Auch wenn einem die Wohnräume gehören, man aber weder Materialien hat, um sie instand zu halten, noch konvertible Pesos für nötige Wandfarbe, Zement oder Kacheln, ist man kein stolzer Eigentümer, sondern hat ein Problem in Gestalt einer Wohnung. Die Kubaner, die am Stadtrand in illegal zusammengezimmerten Baracken hausen, können natürlich nur davon träumen, sich mit solchen Problemen herumschlagen zu müssen. Dennoch ...

Im Laufe der Jahre erlebt man mit, wie der Putz von der Fassade blättert, der Balkon zu wacklig wird, um ihn noch betreten zu können, und die Fliesen der Treppenstufen unter den Stößen der Wassereimer zerspringen. All das beobachtet man von einer doppelten Warte aus, nämlich als Eigentümer und als »Enteigneter«: Denn es gibt dermaßen viele Vorschriften, Verbote und Einschränkungen, dass man das Gefühl hat, über kaum etwas, was den eigenen

Wohnraum betrifft, selbst entscheiden zu können. Für alles wird eine Genehmigung verlangt.

Das eigene Heim, in das man so viel investiert hat, Arbeit, Ersparnisse oder auch Zeit während des makabren Wartens, dass ein Verwandter stirbt, in dessen Wohnung man ziehen kann, ist einem Fluch und Segen zugleich. Man kann zwar Freunde einladen und mit ihnen unter dem eigenen Dach zusammen sein. Aber ihnen die Wohnung überlassen oder sie verkaufen, an wen man möchte, darf man nicht. Und selbst wenn man eine »Auszeit« im Ausland nehmen darf, reißt einen nach elf Monaten die drohende Beschlagnahmung aus allen Urlaubsträumen[5].

Unter diesen Umständen ist die eigene Wohnung weniger eine Zuflucht, sondern viel mehr ein Klotz am Bein.

Gut, denkt man sich, vermiete ich eben Zimmer an Touristen, vielleicht lässt sich so der Verfall in Grenzen halten. Aber leider werden, wie man nun erfährt, seit Jahren keine Genehmigungen mehr dafür erteilt. Also überlegt man, die Wohnung aufzugeben und in eine andere zu ziehen, die zwar kleiner, aber besser in Schuss ist. Doch ein Freund schüttelt den Kopf und warnt: Wenn das staatliche Wohnungsamt dahinterkommt, dass du am Umzug in eine kleinere Wohnung sogar noch etwas verdienst, dürften sie dir sogar dein Wohneigentum entziehen.

So findet man sich schließlich damit ab, Tag für Tag mit anzusehen, wie das Haus verkommt. Immerhin hat man ja noch seine Besitzurkunde, mit der man sich beruhigend Luft zufächeln kann, wenn man gerade wieder ein neues Loch entdeckt hat.

Kinder der Hoffnung

Vor einigen Tagen stand in der Tageszeitung *Granma*, dass die kubanische Bevölkerung schrumpfe. Im Vergleich zum Vorjahr habe es 2006 in Havanna 4300 Einwohner weniger gegeben. Mir war schon klar, dass die Regel, höchstens zwanzig Schüler in einer Grundschulklasse zu unterrichten, mehr in der demografischen Entwicklung begründet liegt, als auf einem neuen pädagogischen Ansatz. Andererseits erlebe ich in meiner Generation einen echten Boom von Schwangerschaften, nachdem der Kinderwunsch bei vielen Paaren lange Zeit wegen fehlenden Wohnraumes, Auswanderungsplänen oder der finanziellen Lage wegen auf Eis lag. Mittlerweile sind diese Eltern dreißig geworden und haben gespürt, dass es irgendwann für Kinder zu spät sein könnte. Dabei hatten sich meine Freunde die Lebensumstände ihres Nachwuchses doch etwas anders vorgestellt. Vor deren Geburt träumten sie noch davon, dass dann die Wohnungsprobleme der Vergangenheit angehören würden. Einige hatten sich auch als Väter Schlitten fahrender und zweisprachig aufwachsender Kinder gesehen. Andere hatten darauf vertraut, mit dem Gehalt, das sie hier im Land beziehen, dann Wegwerfwindeln, Fläschchen und Geschenke zum Heiligen-Drei-Königs-Fest kaufen zu können. Das Leben aber hat diese Hoffnungen Lügen gestraft. Meine Freundinnen stehen jetzt kurz vor der Entbindung oder halten ihre Babys schon im Arm, während sich ihre Männer den Kopf darüber zerbrechen, wie der wenige Platz, der ihnen in der Wohnung der Großeltern zur Verfügung steht, am besten genutzt werden kann. Dazu schmieden sie Pläne, die mit ihren beschämend niedrigen Gehältern ohnehin nicht zu verwirklichen sind.

Gebärstreik

Gea sollte sie heißen und Teo die Bürde nehmen, als Einzelkind aufzuwachsen. Ihretwegen hätte ich mir nochmal die Mühe gemacht, *Malanga*-Brei[6] zuzubereiten, Fläschchen auszukochen und bis spät in die Nacht Berge von Windeln zu waschen. Schließlich blieb Gea aber nur ein Name, der für den Wunsch stand, ein zweites Kind zu bekommen. Ein Kind, das ich dann nie zur Welt gebracht habe. Ich habe lange über die Entscheidung nachgedacht. Dabei stellte ich mir mein Leben in zwanzig Jahren vor, mit den gleichen Wohnungsproblemen wie heute und zwei verheirateten Kindern, die dann mit ihren jeweiligen Partnern bei uns angefragt hätten, ob sie nicht weiter bei uns wohnen könnten. Anfangs hätten sich alle drei Paare bemüht, harmonisch miteinander auszukommen, aber früher oder später wären Reibereien und Streitigkeiten unvermeidlich geworden.

Unsere Wohnung hätte so ausgesehen wie viele andere, in denen verschiedene Generationen zusammenwohnen und sich täglich ein stiller Kampf abspielt. Der Kühlschrank wäre in drei Fächer aufgeteilt und die drei Paare hätten, in Anbetracht der anderen Betten in nächster Nähe, nur ganz leise miteinander geschlafen und alle Laute dabei unterdrückt. Dann wären die Enkelkinder zu Welt gekommen, hätten das Zimmer mit den Großeltern geteilt – in unserem Fall also mit Reinaldo und mir – und uns immer mehr das Gefühl gegeben, für die jungen Leute eine Last zu sein. Aufgrund des Platzmangels hätten die Kinder die meiste Zeit im Hausflur oder auf der Straße gespielt. So wären sie zu Jugendlichen herangewachsen, hätten sich irgendwann verlobt mit Partnern, die damit auch potenzielle Mitbewohner geworden wären in einem Haus, das immer mehr herunterkommt.

Bevor die Hurrikans Gustav und Ike zwischen Ende August und Mitte September 2008 so verheerend über Kuba hinwegzogen, musste meine Generation, und auch noch die von Teo, über vierzig Jahre warten, um an eine Wohnung zu kommen. Mittlerweile hat die Wartezeit die menschliche Lebenserwartung überschritten. Der Traum von einem Dach über dem Kopf ist mit den Ziegeln und Fenstern davongeweht. Wir leben in einem Land, dem die Mittel fehlen, Verlorenes zu ersetzen. Worauf soll da jemand hoffen, der noch gar nichts besessen hat?

Ohne Wehmut habe ich Gea dann endgültig aus meinem Leben verabschiedet. Jetzt wäre hier erst recht kein Platz für sie.

Dem Erdboden gleichgemacht

Ich war noch auf der Rückfahrt von Pinar del Río, als es in Havanna schon die Hurrikanwarnung gab. Noch nie habe ich mich so gefreut, die aufragenden Brücken zwischen der Calle 100 und dem Viertel Boyeros zu erblicken, nachdem ich im Westen unserer Insel schon an so vielen zerstörten Gebäuden und Anlagen vorbeigefahren war. An beiden Straßenseiten, genau zwischen Los Palacios und San Diego, erkannte ich die Schneise, die die Stürme mit ihren über zweihundert Stundenkilometern gerissen hatten. Die verdorrten Pflanzen waren in Sturmrichtung abgeknickt, und bei Hunderten von Häusern standen nur noch die Mauern ohne Dach. Sogar die unverwüstlichen *Marabú*-Sträucher[7] hatten unter dem Wirbelsturm mehr gelitten als unter allen staatlichen Maßnahmen, dieser Plage Herr zu werden.

Viele weinende Menschen standen vor ihren dem Erdboden gleichgemachten Häusern und hielten die vom Regen durchweichten Fotos ihrer Kindheit in Händen. Ein Fahrradtaxifahrer musste seine Töchter zu einer Tante geben, weil er die 9,70 Pesos pro Eternitdachziegel nicht aufbringen konnte, die den Betroffenen zustehen. Um mich herum ist nichts als Zerstörung, Hoffnungslosigkeit angesichts einer Zukunft, die bereits vor der Katastrophe düster aussah und sich nun in einem hässlichen Ocker zeigt. Die Ernte ist vernichtet, und keine Versicherungsgesellschaft wird für den Schaden aufkommen. Die Gerätschaften, die auf dem Schwarzmarkt erstanden wurden, können noch nicht einmal als verloren gemeldet werden, weil es sie offiziell natürlich nie gegeben hat.

Die Hilflosigkeit der Menschen angesichts solcher Naturkatastrophen ist niederschmetternd. Ein Hammer kostet ein Monatsgehalt, und der Besitz von Nägeln und Brettern ist ein Luxus, den sich nur wenige leisten können. Wird ein Wirbelsturm gemeldet, bleibt uns auf Kuba nur eins: das Nötigste zusammenpacken, das Feld räumen und die sperrigere Habe den Naturgewalten überlassen. Auch wer helfen will, steht vor großen Schwierigkeiten: Es fehlt eine Organisation, die dafür sorgt, dass die Hilfe auch bei den Opfern ankommt. Die staatlichen Stellen, die für die Verteilung der Hilfsgüter zuständig sind, agieren weiter träge und planlos. Viele Helfer versuchen es über die Kirche, die jedoch nicht über die notwendige Infrastruktur und das Personal verfügt, um alle von der Katastrophe betroffenen Gebiete zu erreichen.

Am Sonntagabend diskutierten wir mit den Leuten von Convivencia und anderen jetzt in Pinar del Río langsam Fuß fassenden Hilfsgruppen, wie Kleider, Lebensmittel und Medikamente zu den Hurrikanopfern gelangen könnten. Unglücklicherweise haben wir schon seit vielen Jahren unsere Handlungsfähigkeit eingebüßt, weil wir sie an einen übervorsorglichen autoritären Staat abgaben. Schafft es irgendeine Gruppe, Hilfsmittel zu sammeln, bleibt immer das Problem, diese ins Katastrophengebiet zu transportieren und zu verteilen, ohne dabei angezeigt oder verhaftet zu werden. Die konkreteste Hilfe ist, wenn ausgewanderte Familienangehörige Geld an die auf Kuba zurückgebliebenen Verwandten überweisen. Uns hilfsbereiten Inselbewohnern bleibt nur, uns persönlich auf den Weg in die verwüsteten Gebiete zu machen und unsere Spenden vor Ort abzuliefern. »Wir können alles gebrauchen«, erklärte mir schluchzend ein Mann und deutete auf sein Haus, das wohl bereits vor dem Wirbelsturm hinfällig und nun völlig niedergerissen war.

Lindoro Incapaz

Ein Komiker mit Stiernacken und einer Brieftasche in der Hand tritt jeden Mittwoch im TV-Comedyprogramm *Deja que yo te cuente* (Lass mich dir erzählen) auf, in dem auch Professor Mente Pollo (»Spatzenhirn«) seine weisen Banalitäten zum Besten gibt. Lindoro Incapaz (»Lindoro Unfähig«) heißt die Figur und stellt den Direktor eines unproduktiven Unternehmens dar. Er fährt einen vom Staat bezahlten Dienstwagen, den er aber vor allem für private Zwecke nutzt. Tadellos gekleidet tritt er seinen Untergebenen gegenüber und warnt sie ironisch: »Mir ist es auch lieber, wenn man mich mag.« Sein Übergewicht und sein eleganter Anzug stehen im krassen Widerspruch zum maroden Zustand seines Betriebes.

Von diesem Prototyp eines Chefs stammt ein Ausdruck, der mittlerweile in die kubanische Umgangssprache eingegangen ist: »Na, was macht unser *gut gerüstetes Kollektiv*?« So wendet er sich mit seinem strahlenden Zahnpastalächeln an seine Belegschaft, eine träge, schlecht organisierte und mies bezahlte Gruppe von Technikern, die Haushaltsgeräte reparieren. Und verkündet ihnen dann einen vermeintlich unaufschiebbaren Auftrag oder irgendeine neue bürokratische Absurdität. Lindoro Incapaz ist nicht die Karikatur eines bestimmten Funktionärs, sondern steht für viele von ihnen, für jene unfähigen Aufsteiger, die zu ein wenig Macht gekommen sind.

An ihn und seine pathetischen, siegessicheren Parolen musste ich in letzter Zeit häufig denken. Von einer Grippe, die mir der durch alle Wohnungsfenster dringende Regen beschert hatte, zu Bettruhe gezwungen, hatte ich Zeit und Muße, über mein kleines Transistorradio vielen solcher Lindoro Incapaz' zuzuhören. Denn so wie er reden unsere Funktionäre tatsächlich von »gut gerüsteten Kollektiven«, während um mich herum die Leute verzweifeln. Wohlgenährt und bequem sitzen sie im trockenen Auto, mahnen zur Ruhe und rufen zum Durchhalten auf. Einige von ihnen, die mit den größten Machtbefugnissen, speisen die Opfer – über Telefonleitungen, ohne sich persönlich ins Katastrophengebiet aufzumachen – mit so leeren, haltlosen Versprechen ab, dass man unwillkürlich an den Komiker erinnert wird.

Unsere unfähigen Lindoros wollen nicht einsehen, dass die große Not nach den Wirbelstürmen nicht allein durch Wind und Regen verursacht wurde, sondern auch durch das Versagen der Politik. Nach zwei Stunden Schlangestehen habe ich heute Morgen ein paar Kilo Süßkartoffeln und ein Stück Papaya ergattert. Nach Funktionären hält man in solchen Schlangen natürlich umsonst Ausschau. Für Schweinefleisch muss man sich sogar schon im Morgengrauen anstellen. In den Läden, in denen man nur mit konvertiblen Pesos einkaufen kann, stinken die Kühlschränke hingegen nach verdorbenem Hühner- und Schweinefleisch. Das Thema

»Nahrungsmittelknappheit« betrifft uns alle. Obwohl mein Haus den Stürmen getrotzt hat und in meiner Gegend keine großen Verwüstungen zu verzeichnen sind, haben auch wir die Hurrikans zu spüren bekommen. Dennoch reden hier alle nur darüber, wie man an Lebensmittel kommt. Die Verteuerungen von Benzin und Diesel haben bereits die Taxipreise verdoppelt: Für eine Fahrt, die zuvor zehn Pesos kostete, müssen wir jetzt zwanzig hinlegen. Von diesen Zuständen berichtet man im Fernsehen jedoch nicht. Dort zeigt man unverdrossen weiter »gut gerüstete« Menschen, die sich vor den Kameras vertrauens- und hoffnungsvoll äußern.

Wie werden unsere unfähigen Lindoros reagieren, wenn eines Tages die Durchhalteparolen, die heute noch den Journalisten in die Mikrofone diktiert werden, in enttäuschtes Protestgeschrei umschlagen? Werden sie sich, mit genügend Lebensmittelvorräten ausgestattet, in ihre trockenen Autos verkriechen?

Eine Plakattafel als Dach

Am Samstag schlossen wir uns einer Freundin an, die mit dem Wagen nach Pinar del Río gefahren ist. Wir haben den Obdachlosen Hilfsgüter gebracht: Kleider und Lebensmittel, von Leuten gespendet, die selbst wenig haben, aber anderen helfen möchten, die noch ärmer sind. Diese Solidarität zwischen Kubanern mag unbedeutend erscheinen, verglichen mit dem, was ausländische Regierungen und unabhängige Hilfsorganisationen leisten, aber sie muss unbedingt erhalten bleiben. Was wir gesammelt haben, ist für die Stadt Consolación del Norte und die umliegenden kleineren Ortschaften bestimmt, von denen einige immer noch ohne Strom sind. Überrascht stellten wir fest, dass an den

Straßen alle Stelltafeln mit den politischen Parolen schon wieder aufgebaut waren. Diese riesigen Metalltafeln sollte man statt für Parteiparolen lieber als Dächer nutzen: Eine allein reichte schon aus, um viele Unterkünfte zu überdachen, in denen die Leute noch immer unter freiem Himmel schlafen. Man stelle sich ein Haus mit einem Dach vor, auf dem steht: »Nur durch unsere Arbeit können wir Ressourcen erschließen.« Angenehm wäre es wohl nicht gerade, unter einem solchen Spruch zu schlafen, doch immerhin wäre man vor Regen geschützt. Zurück in Havanna fühle ich mich darin bestätigt, dass viele Jahre vergehen werden, bevor es wieder aufwärtsgeht. Allgemein schwinden die Hoffnungen, und es wird noch schlimmer, wenn die erste Welle der Hilfsbereitschaft abgeebbt ist. Die Polizei hat ihre Kontrollen längs der Straßen verschärft, um zu verhindern, dass die Waren auf den Schwarzmarkt gelangen. Da wir aber auf die fliegenden Händler angewiesen sind, die an unsere Türen klopfen, ist das eine schlechte Nachricht. Der Kampf gegen die Unterschlagung von Waren, die hohen Obst- und Gemüsepreise auf den Märkten und all die anderen deprimierenden Gerüchte, die so in Umlauf sind, versetzen uns in Alarmbereitschaft. Es beginnt immer damit, dass zuerst gegen bestimmte illegale Praktiken vorgegangen wird. Dann werden die Kontrollen ausgeweitet, bis auch die letzten Freiräume besetzt und selbst die kleinen Erdnussverkäufer nicht mehr vor polizeilicher Verfolgung sicher sind. Die freie Meinungsäußerung wird noch weiter eingeschränkt, und in dieser Art »Belagerungszustand«, überrascht es dann nicht, wenn es auch wieder zu Schauprozessen gegen Abtrünnige des Sozialismus kommt.

Die beiden Hurrikans führen uns wieder die Zwangslage vor Augen, in der wir uns seit langem befinden. Wir sind einem Staat ausgeliefert, der mit zentralistischen Maßnahmen, Kontrollen, Drohungen und harter Hand das zu regeln versucht, was nur mit einer Öffnung, mit Raum für Privatinitiativen, Freiheit und Reformen zu bewältigen wäre.

Gefährliches Zusammenleben

Ich habe sie häufiger schreien gehört und mir ist aufgefallen, dass sie seit ein paar Wochen eine dunkle Sonnenbrille trägt, um die blauen Flecken zu verbergen. Ihr Mann ist aktives Parteimitglied, und in unserem Viertel wagt es niemand, ihn wegen seines verrücktspielenden Testosteronspiegels zur Rede zu stellen. Die beiden gehören zum Bild häuslicher Gewalt, das in den Massenmedien beflissen verschwiegen wird, im kubanischen Alltag aber tief verwurzelt ist. Die Opfer, wie meine Nachbarin, fühlen sich dabei doppelt misshandelt. Neben Schlägen und Schmerzen müssen sie auch das Schweigen derer ertragen, die nicht zugeben – oder nicht öffentlich darüber reden wollen –, dass hinter den Türen kubanischer Wohnungen nicht immer Harmonie und Respekt herrschen.

Es liegt auch an den beengten Wohnverhältnissen, dem unfreiwilligen Zusammenleben, dass viele Frauen und Kinder Opfer von Erniedrigungen und Misshandlungen werden. Aber leider wissen wir viel zu wenig darüber, denn – offiziell – ist man kaum bereit zuzugeben, dass Gewalt in Familien auf unserer »idyllischen Insel« so weit verbreitet ist. Wenn aber die entsprechenden Statistiken nicht erstellt und veröffentlicht werden, lässt sich auch das Volk auf Kuba nicht wachrütteln und dazu bewegen, dieses Phänomen zu bekämpfen.

Im Fernsehen und in der Presse kommt dieses Thema nicht vor. Aber wie anders als über die Medien soll sich eine Frau, die vor den Fäusten des Ehemanns fliehen will, darüber informieren, wo sie Zuflucht und einen Schlafplatz finden kann? Wie sonst kann sie über ihr Recht aufgeklärt werden, den Angreifer vor Gericht zu bringen? Wie soll eine gesellschaftliche Ächtung solcher Gewalttäter möglich sein, wenn wir kaum etwas über die Opfer wissen? Wir bemerken nur, wie sie leiden, dass sie die sichtbaren Spuren der Misshandlungen mit Schminke übertünchen. Vielleicht sehen auch sie uns verstohlen an, um herauszufinden, ob zumindest uns auffällt, was die Medien offenbar nicht wahrhaben wollen.

Fluchtmittel

Sie erträgt die Doppelbelastung als Sekretärin und Hausfrau und Mutter nur mit einer Tablette Diazepam, die sie in ihrer Handtasche versteckt. Kein Arzt hat sie ihr verschrieben. Sie selbst hat verschiedene Medikamente ausprobiert und dieses Mittel gefunden, das ihr ein wenig Erleichterung verschafft. Nur in dem Zustand, für den sie mit – ständig höher werdenden Dosen – dieser kleinen Pille sorgt, ist sie dem allen noch gewachsen, den Parteiversammlungen, dem Schlangestehen vor den Lebensmittelläden und den vielen anderen Belastungen des Alltags.

Zunächst kaufte sie Antidepressiva von einem Nachbarn, der die Medikamente über eine Apotheke »organisierte«. Dann Chlordiazepoxid und Amitriptylin, die sie nachts durchschlafen und auch dann noch lächeln ließen, wenn sie wieder einmal eine halbe Stunde auf den Bus warten musste. Nach einer Polizeirazzia gegen den illegalen Handel mit pharmazeutischen Produkten landete ihr Lieferant hinter Gittern, und sie saß plötzlich ohne die benötigten Beruhigungsmittel da. Doch kurze Zeit später tauchte ein neuer »Verkäufer« auf, der allerdings höhere Preise verlangte.

Niemandem in ihrer Familie will aufgefallen sein, dass die Frau mittlerweile in ihrer eigenen Welt lebt. Niemand ist beunruhigt angesichts ihrer starren, zufriedenen Miene, die sie trotz aller Entbehrungen und Probleme zeigt. Ihre Flucht ist sehr viel leiser als das Poltern ihres betrunkenen Ehemanns, wenn er nachts heimgetorkelt kommt. Beide haben sich dazu entschlossen, der Wirklichkeit zu entfliehen, jeder mit dem, was er gerade zur Hand hatte: Er mit dem von fachkundigen Händen destillierten Alkohol aus dem Krankenhaus, sie mit Tabletten, die sie ihr Leben vergessen lassen.

Selbst ihre Kinder wollen der Wirklichkeit entkommen. Auch sie träumen davon zu fliehen, allerdings auf konkretere und endgültigere Weise. Unter ihrem Bett haben sie einen fast fertig zusammengebauten Motor versteckt, mit dem sie im August über das Meer nach Florida flüchten wollen. Die Mutter wird sich keine großen Sorgen machen, wenn sie fort sind, wird nicht an die Haie denken, den drohenden Sonnenstich, noch nicht einmal an die lange Trennung, die ihnen bevorsteht. Einer doppelten Dosis Diazepam sei Dank.

Kriminalbericht oder »Die Stadt ist nicht mehr, wie sie einmal war ...«

Anfang Dezember haben ein paar Jugendliche in der Dunkelheit meinen Freund Gerardo und seine Freundin überfallen. Während sie durch die Calle Belascoaín spazierten, versperrten ihnen die jungen Kriminellen, die ein Konzert in einem nahen Park besucht hatten, plötzlich den Weg. Der Rucksack meines Freundes war dabei wohl die größte Versuchung, doch auch die Handtasche, die Elena über der Schulter hängen hatte, sah aus, als ob sie sich lohnen würde. Um sie davon zu »überzeugen«, die Tasche loszulassen, schleiften die Täter die junge Frau einige Meter hinter sich her über den Asphalt, während Gerardo verzweifelt versuchte, Passanten oder ein paar Leute, die an der Bushaltestelle warteten, auf sich aufmerksam zu machen und zum Eingreifen zu bewegen. Doch niemand hat sich eingemischt oder auch nur die Polizei verständigt. Alle haben sie wie zufällig in eine andere Richtung geschaut und auch nicht gesehen, wie die beiden Opfer sich schließlich losreißen konnten und, von den gewalttätigen Jugendlichen verfolgt, davonrannten. Schließlich konnten sich Gerardo und Elena ins Haus der Freimaurer in der Avenida Carlos III. retten, weil der Pförtner sie dort hineinließ. Als endlich die Polizei eintraf, war Elena mit den Nerven völlig am Ende und stand ohne Handtasche da. Die Täter wurden nie gefasst, aber dafür haben meine Freunde Stunden auf dem Polizeirevier verbracht, wo sie immer wieder von neuem den Tathergang erzählen mussten, während ihre Blutergüsse sich blau färbten. Es sei ja auch verrückt, nachts in dieser Gegend einen Spaziergang zu machen, bekamen sie von den Beamten zu hören. Als ich von der Geschichte erfuhr, musste ich an ein Lied von Carlos Varela denken, in dem es heißt: »Auch wenn sie kein Geld bei dir finden, sie lassen dich auf der Straße liegen, und nichts, nicht deine Schreie, nicht dein Blut und auch nicht Gott locken die Polizei herbei, nein, nein! Die Stadt ist nicht mehr, wie sie einmal war ... nein ... nein.«

Das andere Havanna

Es gibt aber auch ein Havanna, in dem das Leben ganz anders als in unserem verläuft, wo man sich über die Qualität von Parmesan unterhält, über Golf und »Wochenenden in Cancún«. Es ist tatsächlich eine ganz andere Stadt, die nichts mit unserem Alltag zu tun hat und nichts von dem Verfall und Mangel weiß, mit dem wir zu kämpfen haben.

Obwohl die beiden Havannas zu einer Stadt gehören, kennen sie sich nicht. Wer in dem einen Havanna lebt, kann sich das andere kaum vorstellen. In dem einen wird gerast, auf schnellen Rädern mit starken Motoren, in dem anderen – meinem Havanna – herrscht Stillstand, wird man alt an den Haltestellen, beim Warten auf die überfüllten Busse. Das süße, opulente Havanna liegt im Westen, in der Gegend von Miramar, Cubanacán, Atabey und Jaimanitas. Mein Havanna dagegen erstreckt sich in Richtung San Miguel, Diez de Octubre, El Calvario und Fontanar.

Wo die beiden Städte aufeinanderstoßen, kommt es zu Missverständnissen, weil die Unterschiede zu extrem sind: Während man in dem einen über sein schon veraltetes Ikea-Mobiliar klagt oder über die Transportprobleme mit einem Container im Hafen, hängt man in dem anderen müde in dem zerschlissenen, von den Großeltern geerbten Schaukelstuhl ab oder stürzt sich ins Gewimmel auf dem Schwarzmarkt.

Mein heruntergekommenes Havanna bezahlt mit Kleingeld, spricht mit gesenkter Stimme und stinkt nach Abwässern, während das von Ministern, hohen Funktionären und Diplomaten bewohnte Havanna delikate Schnittchen verspeist, von einem Empfang zum nächsten eilt und den angenehmen Duft von Feuchtigkeitscreme verströmt.

Trotz allem ist mir die marode Hauptstadt lieber, die sich jeden Morgen, ohne vorwärtszukommen, in den immer gleichen Kampf stürzt, aber immerhin ehrlich ist, durchschaubar und sich einen echten Kern bewahrt hat. Es ist unsere Stadt. Wir haben sie nach unserem Bild geschaffen, oder genauer, wir passen uns ihr an, werden ihr immer ähnlicher, ihrer Resignation, ihrem Elend.

Parallelwelten

»Man muss in jedem Augenblick das tun, was der Augenblick erfordert.« José Martí. 113. Jahrestag seines Todes im Kampf

17 Uhr: Ich warte vor der Tür des Café Cantante im Teatro Nacional. Am Programm bin ich nicht sonderlich interessiert, ich begleite nur eine Freundin, die leidenschaftlich gern tanzt.

17 Uhr 27: Der Türsteher fragt uns, welcher Institution wir angehören, die Plätze für kubanische Staatsbürger

seien nämlich für eine Gruppe von Buchhaltern reserviert, die sich in ihren Betrieben mit besonderen Leistungen hervorgetan hätten. Ich erkläre ihm, wir seien »unabhängig«, und anstatt verärgert zu reagieren, lacht er aus vollem Hals – und lässt uns rein.

18 Uhr 10: Auf einem Bildschirm laufen amerikanische Videoclips, und an der Bar serviert man verschiedene Sorten Bier, Rum und andere Getränke gegen konvertible Pesos. Meine Freundin und ich sind bald schon von einigen jungen Typen in eng anliegenden Klamotten umringt, die beim Tanzen verführerisch die Hüften schwingen. Als sie feststellen, dass wir kubanisch sprechen, erschrecken sie und verziehen sich.

19 Uhr: Immer noch laufen Musikkonserven. Sieht so aus, als habe die Band heute Abend keine Lust auf einen Liveauftritt, oder vielleicht warten sie auch noch auf einen der Musiker. Die zwei Typen neben uns produzieren sich vor drei Spanierinnen, die es sich offenbar gerne gefallen lassen. Die beiden sind jung und ganz in Weiß gekleidet, um im Disco-Scheinwerferlicht zu strahlen und die Blicke auf sich zu ziehen.

19 Uhr 40: Uns hat niemand mehr angesprochen – was sicher selten vorkommt, wenn zwei Frauen ohne Begleitung an einem Tisch in einem Tanzsaal sitzen. Offensichtlich ist für Annäherungsversuche die Nationalität entscheidend.

20 Uhr 20: Nichts um uns herum hat mit der kubanischen Realität zu tun, wie ich sie kenne: Milchbübchen flirten hier mit Frauen, die gut doppelt so alt sind wie sie selbst; Pailletten und Markenkleidung umschwirren uns, und jeder Ausländer, der den Raum betritt, wird sofort von Leuten umringt. Mir fallen dazu die Parolen ein, vor denen man sich draußen nicht retten kann, die Ermahnungen zu Disziplin, Sittenstrenge und ideologischer Standfestigkeit.

20 Uhr 40: Das Café schließt, die Stühle werden hochgestellt. Wenn ich gleich draußen bin und an den hohen Ministeriumsgebäuden dieser Gegend vorbeilaufe, werde ich umso deutlicher spüren, dass ich in zwei parallelen Welten lebe, in zwei Dimensionen, die sich gegenseitig konsequent ignorieren.

21 Uhr: Ich verlasse das Lokal, und sehe die weiß gekleideten Typen mit den älteren Spanierinnen abziehen. Auf dem Heimweg komme ich an einer riesengroßen Plakattafel des Staatsrats vorbei. Und ein Leitsatz von José Martí erklärt mir: »Man muss in jedem Augenblick das tun, was der Augenblick erfordert.«

Von oben herab

Seit einigen Wochen verkehrt in den Straßen Havannas eine neue Buslinie. Eine Art »Raumschiff« in knallroter

Farbe, mit mächtigen Schriftzügen verziert und mit einem Oberdeck ausgestattet, wie man es hier nicht kennt, schaukelt durch die wichtigsten Verkehrsadern der Stadt, auf einer Rundtour, für die fünf konvertible Pesos verlangt werden. Die Fahrgäste sind Touristen, die im Schnelldurchgang die wichtigsten Sehenswürdigkeiten unserer Stadt kennenlernen möchten. Eine tolle Gelegenheit, von oben herab all das zu bewundern, was sich auf Augenhöhe ganz anders darstellen würde.

So lassen sie sich, gegrillt von der stechenden Maisonne und mit der Kamera vorm Auge, durch die Stadt kutschieren, gut geschützt vor kaputten Gullydeckeln, aufgerissenem Pflaster und räudigen Hunden, die das normale Straßenbild prägen. Wir Kubaner bestaunen die Doppeldeckerbusse, als seien sie einem Reiseprospekt für New York oder Tokio entsprungen. Die gut gelaunten Gesichter der Fahrgäste auf den vorderen Sitzreihen erzählen von einem Havanna, das nur sie zu sehen scheinen. Wobei mich ihre Kurzsichtigkeit gar nicht besonders verwundert, denn so ein erfrischender Mojito kann die Wahrnehmung stark trüben.

Beim Anblick der Touristen auf ihrer fahrbaren Terrasse musste ich an die Frage denken, die mir einmal eine Nachbarin gestellt hat: »Was ist der auffälligste Unterschied zwischen einem Touristen und einem Kubaner?« In meiner Unbedarftheit nannte ich Sonnencreme und *Lonely-Planet*-Reiseführer, Insektenspray und was mir sonst noch so einfiel. Sie schüttelte den Kopf: »Ein Tourist schaut immer nach oben. Starrt bewundernd hinauf an den Glasfassaden, zu den Bögen und Kapitellen, während Kubaner den Blick gesenkt halten und auf die Löcher im Asphalt achten, um nicht mit dem Fuß umzuknicken.« Das ist so eine Übertreibung, die sich leicht zu einem Klischee verfestigen kann. Aber es stimmt schon. Wenn man dort oben sitzt, schiebt sich für den Besucher nichts mehr zwischen seinen bewundernden Blick und die Pracht der jahrhundertealten Gebäude. Jetzt sind selbst wir Kubaner nicht mehr im Weg, sondern nur noch Statisten in diesem Bühnenbild, so dass man ungestört genießen kann, was man dort oben, über uns, sieht.

Schmuddelecken

Mittwochabend, auf dem Havanna Boulevard[8] geht ein Elternpaar mit seinem kleinen Sohn spazieren, um ein wenig frische Luft zu schnappen. Es ist erst neun, doch der Atmosphäre nach könnte es auch schon drei Uhr morgens sein. Der Uringestank in jeder Ecke erinnert daran, dass die Trinker in letzter Zeit immer schon sehr früh unterwegs sind, und öffentliche Toiletten bei uns in Havanna immer noch nicht existieren. Beim Anblick der zahlreichen Prostituierten beschleunigt die Mutter ihren Schritt, kann jedoch trotzdem nicht verhindern, dass ihr Sohn mitbekommt, wie sich ein Zuhälter, seine »Verlobte« und ein Tourist einig werden.
Die Familie hat ihren Spazierweg nicht gut gewählt. Sie hätte besser den Bus bis nach Miramar genommen und wäre durch die 5ta Avenida geschlendert oder ganz zu Hause geblieben und hätte die kühle Luft auf dem Balkon genossen. Doch sie wollen scheinbar zum Parque Central, in dem jedoch abgesehen von der angestrahlten Martí-Statue, alles in einem Halbdunkel liegt, das alle Arten von Liebespärchen anzieht. Keiner stört sich daran, denn schon seit Jahrzehnten gibt es in unserer Stadt keine Stundenhotels mehr, in die sich früher die Pärchen zurückziehen

konnten. Es auf einer Parkbank zu tun, zählt notgedrungen zu den Liebeskünsten all derer, die über keine eigene Wohnung verfügen.

Die Polizei ist fester Bestandteil dieses nächtlichen Panoramas, und die Eltern bereuen längst, dass sie mit ihrem Sohn dieses Grenzgebiet zwischen Centro Habana und Habana Vieja, der Altstadt, aufgesucht haben. Jede Gegend, in der der Luxus regiert, hier die Lobbys der Hotels Telègrafo, Saratoga, Plaza und Parque Central, findet ihr Gegenstück in den finsteren Straßenzügen drum herum. Auf einige Quadratzentimeter Glamour kommen viele Quadratmeter demütigender Mangel.

Der Junge starrt gebannt auf den dampfenden Cappuccino, den sich ein Tourist, in Begleitung zweier blutjunger Mädchen, im Café La Francia bestellt hat. Seinen Kinderaugen prägt sich das nächtliche Havanna als eine endlose Kette von Licht und Schatten ein: von Gästen, die etwas konsumieren, und denen, die sie dabei nur beobachten können, von patrouillierenden blauen Uniformen und Gestalten, die vor ihnen flüchten, von glitzernden Nischen und dunklen Ecken, denen man lieber fernbleiben sollte.

Das Reich von Adidas

Ihre Nike-Turnschuhe scheinen meinen Kunstledersandalen verächtlich die Zungen rauszustrecken, während ich ihre italienische Sonnenbrille betrachte und überlege, dass sie bestimmt einen ganzen Monatslohn dafür hingelegt hat. Jetzt holt sie ein Päckchen Marlboro aus der teuren Handtasche hervor und hält es mir hin, obwohl sie weiß, dass ich nicht rauche. Zusammen laufen wir zu ihrer Bleibe im Stadtteil Cerro, einer Miniwohnung in einem großen verwahrlosten Haus, in dem insgesamt sieben Familien wohnen. Ihr Zimmer, mit seiner kargen Einrichtung, einem Metallstuhl ohne Lehne, einer durchgelegenen Matratze unter einem grauen Leintuch und Wänden, die wohl seit dem Tod der Großeltern nicht mehr gestrichen wurden, passt nicht zu ihren schicken Schuhen. Den Kaffee serviert sie mir in einer Tasse mit abgebrochenem

Henkel. Ich aber habe nur Augen für den Goldring an ihrem Finger. »Yadira«, sage ich kopfschüttelnd, »das passt doch hinten und vorne nicht, deine sündhaft teure Aufmachung, und dabei hast du noch nicht mal Bad und Toilette für dich allein.« Als Antwort lächelt sie nur und lässt den kleinen Rubin in ihrem linken Eckzahn aufblitzen.

Ich verlasse das Haus und tauche wieder ein in diese einzigartige Mischung aus Prunksucht und Armut, die unsere Straßen »ziert«. Unter den baufälligen Arkaden der Avenida Reina ein Mix aus Adidas-, Kelme- oder Wilson-Sportschuhen, während mir, verfälscht von dem Gestank einer Abwasserrinne, der unverwechselbare Duft von Christian Dior in die Nase steigt.

Beim Anblick der Kundenschlangen vor den Geschäften muss ich an das viele Geld denken, das die Exil-Kubaner überweisen, das durch illegale Geschäfte in die Stadt gelangt und dazu verwendet wird, sich herauszuputzen. Fast alle sind auf Markenartikel aus, egal, ob sie echt sind oder nicht.

Angeblich macht der Adidas-Laden im Stadtteil Vedado von allen Filialen in Lateinamerika den größten Umsatz pro Quadratmeter. Daher denkt man bereits darüber nach, das Geschäft zu vergrößern, um auch die Einnahmen zu verdoppeln. Einige Kunden haben noch nicht einmal eine eigene Wohnung und wissen nicht, wie sie satt werden sollen, fühlen sich jedoch anscheinend am wohlsten, wenn sie das Geld, das sie haben, direkt auf dem Körper tragen.

Mit ihrem schicken Oberteil, ihrer Luxussonnenbrille auf der Nase und ihrem nach L'Oreal-Shampoo duftenden Haar, sieht Yadira gar nicht die von der Küchenwand abgeplatzten Fliesen oder die Sprungfedern, die aus ihrer Matratze hervorstehen. Wer sie nur flüchtig kennt, wird sie für ein verwöhntes Mädchen halten, das sich all diese Markensachen leisten kann, und nicht für die Bewohnerin eines ärmlichen *solar*, die sich jeden Morgen ihr Waschwasser aus dem Gemeinschaftsbad holen muss.

Unter Aufsicht

»Was ist denn da passiert?«, müsste ich mich eigentlich fragen, wenn ich wieder einmal die vielen Polizisten auf einem Haufen irgendwo an einer Straße im Centro Habana oder in der Altstadt Habana Vieja sehe. Nur ist dieses Bild von Uniformierten an einer Straßenecke so alltäglich geworden, dass es mich nicht mehr wundert, wenn immer mehr »Schwarze Wespen« und »Rotmützen«[9] mit ihren Wolfshunden den Parque Central und das Capitol belagern.

In immer größerer Anzahl bevölkern diese Männer unsere Städte, die, mit ihren gut sichtbaren Knüppeln am Gürtel, immer paarweise durch die Straßen patrouillieren oder auf Lastwagen zu Einsätzen unterwegs sind. Mittlerweile ist es schon völlig normal, dass man plötzlich seinen Ausweis vorzeigen muss, wenn man mit einem Freund aus dem Ausland durch die Stadt spaziert, oder dass der Linienbus gestoppt wird und die Taschen der Fahrgäste durchsucht werden. Es könnte ja sein, dass jemand ein Pfund Käse, einen Langustenschwanz oder gefährliche Krebse versteckt hat.

Dabei hat die massive Polizeipräsenz nicht zu einem Rückgang der Kriminalität geführt, sondern vielmehr den Einfallsreichtum bei allem, was nicht ganz legal ist, angestachelt. Die Menschen haben gelernt, wie sie den Uniformierten aus dem Weg gehen können. Sie kennen ihre Posten und meiden sie. Und sie verstecken noch geschickter den Käse, der vom Land in die Stadt geschmuggelt wird.

Glückliches Landvolk

Einige Büchsen Fleisch, ein paar Kerzen und einen alten Zenit-Fotoapparat packten die beiden Jugendlichen in ihre Rucksäcke und fuhren mit dem Zug bis nach Santiago de Cuba. An einem Samstag brachen sie in aller Frühe in die Berge auf. Sie wollten bis nach Baracoa wandern, davor irgendwo im Wald das Nachtlager aufschlagen und, unbefangen wie Siebzehnjährige nun einmal sind, im Zelt miteinander schlafen. Vier Tage, so rechneten sie, würden sie für die Wanderung brauchen, und dann, am Dienstag, in der ältesten Stadt Kubas im Meer baden können.

Am Morgen nach der ersten Nacht sahen sie in einiger Entfernung einen Bauern, der eine Herde Maulesel vor sich her trieb. Der Junge wollte ihn ansprechen und nach dem nächsten Dorf fragen, doch das Mädchen war skeptisch und wandte ein, auch in den Bergen sei es nicht mehr so wie früher, als die Bauern das Wenige, was sie besaßen, noch mit jedem Fremden teilten. Sie überlegten noch einen Moment und gingen dann zu dem Mann. Der herrschte sie an: »Was habt ihr hier zu suchen? Wisst ihr denn nicht, dass sich niemand ohne Genehmigung in den Bergen aufhalten darf?«

Das Missverständnis ließ sich nicht aus der Welt schaffen. Der Bauer bestand darauf, sie in sein Dorf mitzunehmen, wo man die beiden Jugendlichen dann mit Fragen bombardierte. Der Lehrer mahnte sie, sich ruhig zu verhalten, bis die Polizei eintreffe, und wollte immer wieder wissen, wie sie bloß auf die Idee gekommen seien, sich in die

Sierra Maestra vorzuwagen. Das Mädchen wollte es erklären, erzählte etwas von kosmischer Zen-Strahlung und Tai-Chi-Übungen, um mit der Natur in Einklang zu kommen, aber man glaubte ihr nicht. Erst bei Einbruch der Dunkelheit traf der Polizeichef der Gegend ein. Noch einmal wurde das junge Pärchen verhört, und wieder erzählten sie, sie hätten nur eine Wanderung machen, nachts draußen in freier Natur schlafen und dann von Baracoa wieder nach Hause fahren wollen. Am nächsten Tag brachte man sie auf ein Polizeirevier in Santiago und setzte sie dort in einen Bus, der sie nach Havanna zurückbringen sollte. Auf dem langen Heimweg ging den beiden das Bild der Bewohner dieses verlassenen Dorfes nicht aus dem Kopf, die die Polizei bestürmt hatten: »Schickt die bloß weg! Die haben bestimmt etwas Schlimmes vor! Niemand ist doch so verrückt, freiwillig durch das Gebirge zu wandern.«

Im Schneckenhaus

Es gibt viele Wege, sich aus der Realität zu verabschieden. Einer besteht darin, sich in seine Wohnung zu verkriechen. So treffe ich immer wieder Leute, die ich lange nicht mehr gesehen habe und die mir dann erzählen, sie verbrächten ihre ganze Zeit zu Hause, gingen nur noch selten raus und bekämen gar nichts mehr mit, außer über das Fernsehen. Diese Menschen ertragen die »Außenwelt« einfach nicht mehr, die Zustände draußen auf der Straße, die Situation in der Stadt. So haben sie sich ihre eigene Welt erschaffen, die sich (abgesehen von einigen unbedeutenden Details) ebenso gut in Bangladesh oder in Sydney befinden könnte.

Sich zu Hause zu verkriechen ist wahrscheinlich genauso schmerzhaft, wie das Land zu verlassen. Aber für manch einen ist diese Isolation die einzige Lebensweise, die nach einer gescheiterten Emigration noch möglich ist. Ein Freund hat mir gestanden, seine sozialen Kontakte seien derart reduziert, dass er ebenso gut in einer Hütte in Tibet leben könnte, mit einem Foto an der Wand, das den Blick von seinem Fenster auf sein Viertel zeigt.

Fragt man nach den Gründen für diesen Trend, sich zu Hause einzuigeln, hört man oft: »Was soll ich denn noch draußen? Wen soll ich besuchen? Meine Freunde sind alle fort.« – »Die Straße macht einen fertig.« – »Es ist alles so teuer geworden.« Oder auch: »Es tut mir zu weh, alles verfallen zu sehen.« Andere erklären: »Wozu soll ich rausgehen? Um mich zu ärgern?«

Ich selbst kenne solche Tage auch, an denen ich einfach viel lieber zu Hause bleibe. Anstatt in die wahre Welt einzutauchen, betrachte ich dann meine Stadt vom Balkon aus und gebe mich mit dem Blick aufs Meer zufrieden, auf die Wolken und die Leute, die unten entlangspazieren. Wenn diese allergische Reaktion wieder abgeklungen ist, gehe ich auf die Straße und tröste mich mit den weisen Worten eines Liedes, in dem es sinngemäß heißt: »So sind wir. Eine andere Wirklichkeit haben wir nicht.«[10]

Zwei Jahre

Er trank eine Flasche *aguardiente*[11] und sah den *auras tiñosas*[12] nach, die wie jeden Tag über der Plaza de la Revolución kreisten. Es war ein Dienstag, und er saß diesen ganzen 1. August 2006 auf seinem Balkon, um von dort die sich ankündigenden Veränderungen zu beobachten.

Am Abend zuvor war im Fernsehen die Erklärung verlesen worden, mit der der Máximo Líder – vorübergehend – seine Macht abgab. Jetzt trommelte er seine Freunde zusammen, und so saßen sie die ganze Nacht beisammen und debattierten über die Zukunft des Landes, während es auf den Straßen aber sehr still blieb.

Aufmerksamer als gewöhnlich verfolgte er in den Wochen nach dieser Ankündigung die Nachrichten und deckte sich mit Büchsenvorräten ein, um seine Wohnung nicht verlassen zu müssen. Außerdem entstaubte er sein Radiogerät »Made in China«, mit dem er – allerdings nur an einer bestimmten Stelle seines Bades – Kurzwelle empfangen konnte. Es wäre besser, die Euro nicht einzutauschen, die seine Mutter ihm geschickt hatte, so dachte er und legte sich einen ausreichenden Vorrat an Kerzen und Batterien zu.

Nach sechs Monaten gab er es auf, ständig aus dem Fenster zu schauen, in den Zeitungsartikeln zwischen den Zeilen zu lesen und alles auf Tonband aufzuzeichnen, was ein Zeugnis jener »letzten Tage« hätte werden können. Wieder lud er seine Freunde zu sich ein, doch diesmal redeten sie wieder über Erlebnisse aus den achtziger Jahren, über die Schulzeit und den *Período Especial* (Sonderperiode).

Zwei Jahre sind mittlerweile seit jenem 31. Juli vergangen, und wieder sitzt er auf seinem Balkon, kehrt aber der Stadt den Rücken zu und zeigt eine Postkarte, die ihm seine Freundin aus Jerusalem geschrieben hat. Wochenlang hat er keine Zeitungen mehr gelesen und versucht auch nicht mehr, diesen rauschenden Radiosender zu empfangen. Es ist schon lange dunkel, als er uns erzählt, dass seine Mutter ihm vorgeschlagen hat, zu ihr nach Italien abzuhauen. Er hat Ja gesagt, denn wenn er hier von seinem Balkon schaut, ist weit und breit keine Veränderung in Sicht.

Auch du, Carlos?

Am Dienstag stand das Telefon nicht still, und Freunde kamen vorbei, um uns zu erzählen, dass Carlos Otero, der bekannteste Moderator des kubanischen Fernsehens, in den USA Asyl beantragt habe. Keine andere Nachricht in den vergangenen Monaten hat schneller die Runde gemacht, wahrscheinlich weil Otero durch die Medien allen ein Begriff ist. Er hatte seine eigene Sendung, die ganz auf ihn zugeschnitten war und seinen Namen trug: *Carlos y punto* (Einfach Carlos). Damit war er zu einer der wenigen herausragenden Persönlichkeiten in unserer langweiligen kubanischen Fernsehlandschaft geworden.

Mittlerweile habe ich mich daran gewöhnt, Jahr für Jahr viele meiner Freunde fortziehen zu sehen, und so überrascht es mich nicht, dass auch dieser »Erfolgsmensch« ins Exil geht. Sein Entschluss ähnelt dem so vieler anderer Kubaner, die irgendwann begriffen haben, dass es hier keine Zukunft für sie gibt und dass Träume sich in Kuba nicht in die Tat umsetzen lassen. Wenn ich Freunde nach ihren Zukunftsplänen frage, antworten mir mehr als die Hälfte darauf: »Ich will hier weg.« Diese Antwort hört man noch öfter, wenn man sich unter jungen Leuten umhört. Durch diesen fortwährenden Aderlass verliert unser Land Monat für Monat gerade die Mutigsten und – warum soll man es nicht aussprechen? – die Fähigsten. Er ist die Quittung dafür, dass der kubanischen Regierung das Wohlergehen der Bevölkerung nicht besonders am Herzen liegt. Ideologische Grundsätze und überholte politische Verpflichtungen haben bei ihr eindeutig Vorrang vor unseren Bedürfnissen. Aber solange »die dort oben« nicht einsehen, dass es ihnen nicht gelungen ist, ein Land aufzubauen, in dem die Menschen gerne bleiben und sich mit aller Kraft engagieren, kann das Drama der Emigration nicht beendet werden. Wie viele Kubaner müssen noch weggehen, bevor die offizielle Seite endlich zugibt: Ja, wir haben versagt, es ist uns nicht gelungen, den Menschen hier eine Zukunft zu geben. Doch vermutlich bringt noch nicht einmal die trostlose Vorstellung, dass irgendwann nur noch müde Alte die Insel bewohnen, deren Kinder in anderen Breitengraden heimisch geworden sind, diese sture Clique zur Vernunft, die sich seit so vielen Jahren an ihre Macht klammert. In den nächsten Tagen werden die kubanischen Medien den geflohenen Fernsehmoderator lediglich wieder als »Mann ohne Vaterlandsgefühl«, »Söldner des Imperialismus« oder »Verräter« bezichtigen.

Dass für uns Zurückgebliebenen die Insel ohne Carlos Otero noch ein wenig leerer und viel langweiliger wird, davon wollen die Verantwortlichen nichts wissen.

Die dritte Generation

Die gesamte Familie sucht nach den Papieren, die die spanische Herkunft der Großeltern mütterlicherseits belegen sollen. Sie stellen Archive auf den Kopf, befragen alle Leute, die einmal neben dieser »überempfindlichen Asturierin« und diesem »Kanarienvogel«[13], mit dem sie verheiratet war, gewohnt haben. Das Stammbuch und die Taufurkunden aller Tanten und Onkel haben sie sich bereits beschaffen können, nach langer Suche im Internet, wo sie schließlich die ganze Datenbank von Ellis Island durchforstet haben. Vor November muss der Stammbaum fertig sein, der beweist, dass sie Enkelkinder von Spaniern sind und damit »Dritte« in einer Generationenfolge, die ihnen zu einem neuen Reisepass verhelfen soll.

Die spanische Botschaft in Havanna bereitet sich zurzeit auf eine Antragsflut von Kubanern vor, die Ende dieses Jahres Beweise ihrer Herkunft von der Iberischen Halbinsel vorlegen dürfen. Sie sind die Nachfahren jener Spanier, die vor vielen Jahren in der Hoffnung auf ein besseres Leben nach Kuba kamen. Viele dieser Immigranten von damals, aus der Mitte des 20. Jahrhunderts, wurden hier heimisch, verloren ihren Akzent und fühlten sich schließlich als waschechte Kubaner. Und nun möchten ihre Enkelkinder, getrieben vom Mangel – an Perspektiven und materiellen Gütern – den umgekehrten Weg gehen.

Mein Nachbar Yampier ist einer der fast drei Millionen Kubaner, die ihre spanischen Wurzeln wiederbeleben wollen. Er passt sich bereits an, indem er eine Biografie des Königspaares Juan Carlos und Sofia liest und viel von »Madriz« redet, nicht von »Madrí«, wie die Kubaner die spanische Hauptstadt aussprechen. Zudem ist er plötzlich ein fanatischer Anhänger des F.C. Barcelona und deklamiert Verse aus dem mittelalterlichen Epos *Cantar de mio Cid* (Lied von meinem Cid), und das besser als viele Spanier. Seinen grauen, von der República de Cuba ausgestellten Reisepass, der auf allen Flughäfen der Welt misstrauisch beäugt wird, hat er in einer Schublade versteckt. Wenn ihn in einigen Jahren jemand nach seiner Herkunft fragt, wird er antworten: »Einen Teil meiner Kindheit und Jugend habe ich auf Kuba verbracht. Aber eigentlich bin ich Europäer.« Außer dass seine Großmutter Asunción und sein Großvater Francisco weiterhin auf dem städtischen Friedhof Cristóbal Colón in Havanna begraben liegen – so wie sie es sich immer gewünscht haben.

Deine Angst

Die Angst hat dich gepackt, obwohl du nie verhört wurdest und nie ein Erschießungskommando zu Gesicht bekommen hast. Du warst weder Opfer einer Säuberungsaktion, noch hat man dir je ein Ei ins Gesicht geworfen. Vielleicht hast du sogar noch nie Drohanrufe erhalten. Die Erzählungen anderer machen dir Angst, die gute Gründe hatten, sich zu fürchten.

Eines Tages hast du deinen Koffer gepackt und bist von hier fortgegangen, hinüber auf die andere Seite des Atlantiks, und hast alles mitgenommen, auch deine Angst. Tausende Kilometer von dieser Insel entfernt sind deine Kinder zur Welt gekommen, und doch hast du sie auch mit Sorge gefüttert. Vielleicht sprechen sie kein Spanisch und würden auf der Landkarte das Dorf nicht finden, aus dem ihr Vater stammt, aber sie haben gelernt, mit einem bestimmten Ort Angst zu verbinden. Diese verheerende Epidemie, Angst, hat auch sie erfasst. Und dies ist eine Krankheit, für die es keine Heilung gibt.

Verstreut

Ähnlich wie beim Mikado, wenn man die Hand öffnet und die bunten Stäbchen sich kreuz und quer auf der Tischplatte verteilen, wurden meine Kommilitonen und ich auf diesem riesigen Erdball verstreut. Damals studierten wir im selben Hörsaal, tauschten unsere Gedanken aus und schmiedeten gemeinsam Pläne, heute bilden wir ein Netz aus Philologen mit einem Abschluss an der Universität von Havanna, das die ganze Erde umspannt.

Marlen, eine *matancera*[14], lebt jetzt auf der anderen Seite des Ozeans und schreibt an ihrer Doktorarbeit, während Nelson – der Beste in seinem Examensjahrgang – bereits vor sechs Jahren in den USA eine neue Heimat gefunden hat. José Félix, unser Dichter, hat in spanischen Lokalen zur Gitarre gesungen, und Wylfredo wohnt jetzt mit seiner Freundin zusammen – in Madrid. Viele von denen, die vor mir Examen gemacht haben, wie etwa Sahily und Yamilé, haben sich in New York oder in einem anderen lateinamerikanischen Land ein neues Leben aufgebaut. Von wenigen Ausnahmen abgesehen, stimmt die Liste der Auswanderer mit den Einschreibungen an der Fakultät für Kunst und Literatur während meiner Uni-Jahre überein.

Auch ich landete schließlich, nach längerem Zögern, auf einem anderen Kontinent, ließ mich dann aber – wie von einer unbesonnenen Schwerkraft – zu meinen Ursprüngen zurückziehen, wobei ich mir allerdings den Respekt für die bewahrte, die in der Ferne blieben. Wir alle hatten Gründe, den weiten Sprung zu wagen. Für die einen war es die wirtschaftliche Not, die Perspektivlosigkeit oder bloß die Erkenntnis, nicht mehr länger mit den Eltern oder Großeltern unter einem Dach wohnen zu wollen. Für andere war es die Enge, das Gefühl, ersticken zu müssen, der Mangel an Freiheit, ganz einfach der Wunsch, sich an eine Straßenecke stellen zu dürfen und irgendetwas hinauszubrüllen.

Der Verlust dieser Geisteswissenschaftler, Kunstkritiker oder Schriftsteller hat der kubanischen Kultur unersetzlichen Schaden zugefügt. Dennoch hört man auf den Kongressen der Kulturverbände oder den Sitzungen der UNEAC[15] –

erst recht auf politischen Kundgebungen – kein Wort des Bedauerns über diese Massenflucht, obwohl es angebracht wäre. Keine Hand rührt sich, um die »Stäbchen« wieder einzusammeln. Niemand versucht, diesen Wissenschaftlern und Künstlern die Gelegenheit zu geben, auf Kuba wieder heimisch zu werden, hier ihre beruflichen Träume zu verwirklichen oder ihre Meinungen an jeder Straßenecke frei zu äußern.

Lías Ärger

Man kann erst dreiundzwanzig sein und bereits über den klaren Blick eines Menschen verfügen, der schon vieles erlebt hat. Dazu braucht man nur einen uralten Computer, dem die Hitze nicht bekommen ist, und schreibt auf der lädierten Tastatur ein schonungsloses Blog. Man äußert öffentlich, unverfroren und sogar sinnlich die schärfste Kritik, das, was die meisten Leute nur in den eigenen vier Wänden oder im Auto vor sich hin grummeln. Genau das macht Lía Villares, die in Luyanó lebt, Gitarre spielt und von dem Wunsch erfüllt ist, die Verhältnisse zu ändern.

Eines Tages kombinierte Lía den Namen ihrer Heimatstadt mit dem, was sie den »chronischen Verlust roter Blutkörperchen« nennt und rief das Weblog *Habanemia* (www.habanemia.blogspot.com) ins Leben. Schuld an ihrem eigenen Mangel und Gefühl von Leere, ist die Desillusioniertheit ihrer Generation, die kaum Gelegenheit zum Träumen hatte.

Lía wurde gerade eingeschult, als die Sonderperiode verkündet wurde und ihr Leben veränderte. Wer damals Kind war, erinnert sich wahrscheinlich nicht an das »Bezugsscheinheft für Industriewaren«, das bei uns auch noch den ungünstigen Buchstaben E trug, und von meiner Mutter als wichtigstes Dokument im Haus sorgfältig gehütet wurde. Für Lías Generation war es normal, zum Frühstück keine Milch zu trinken, zum Geburtstag nichts geschenkt zu bekommen und staunend den Erzählungen der Älteren zu lauschen, die von kulinarischen Leckerbissen aus früheren Zeiten berichteten.

Lías große Augen strahlen Ruhe aus und scheinen gleichzeitig unzählige Fragen zu stellen. Doch dann im Blog löst sie ihr Haar, schüttelt ihre Löwenmähne und wird zu einer anderen Frau. Da schreit sie und singt oder zeigt ihr Mittagessen – Brot und Öl, die einzigen Lebensmittel, die es in diesen Tagen, da der Nachschub ausbleibt,[16] gibt. Ihr »ängstlicher Lebensmut«* entfaltet sich, wenn sie abends mit Freunden zusammen ist oder liest und sich dadurch von ihrer durchhängenden Zimmerdecke ablenkt. »In meinem kleinen Haus in Luyanó«, schreibt sie in ihrem Blog, »das wie ganz Havanna immer mehr zerfällt, verbringe ich die Stunden ohne Internet, so gut es eben geht. Ich schlafe oder lese *Der Idiot* von Dostojewski.«

»Auf dieser verdammten Insel«, schreibt sie in einem anderen Eintrag, »ist es zwanzigmal besser ein Ausländer zu sein als ein Kubaner, der sich an alle Regeln hält.« Lía hält sich selbst längst nicht mehr an alle Regeln. Mit ihrem Blog *Habanemia* schüttelte sie das ab, was sie hier als das gängigste Verhalten wahrgenommen und wie folgt beschreibt: »Teilnahmslosigkeit und Schweigen: die kollektive Trägheit eines dösenden Volkes.«

---

* Aus dem Gedicht *El ausente* (Der Abwesende) von Eugenio Florit.

Die Bank in der Uni

Neben dem Haupteingang der philologischen Fakultät der Universität Havanna, an dem jeder vorbei muss, steht eine rötlich schimmernde Holzbank.

Viele der angesehensten Hinterteile unserer kubanischen *Intelligenzija* haben hier in den letzten Jahrzehnten schon einmal gesessen. Und nicht wenige dieser literarischen Gesäße versinken heute in einem bequemen Sessel in Paris, lümmeln sich auf einem Stuhl in Buenos Aires oder liegen einen gepflegten Rasen irgendwo in Deutschland platt. Und während es so viele ihrer Benutzer in die Welt verschlug, steht die Mahagonibank weiter an dem Platz, an dem sie immer schon stand. Gleich an meinem ersten Tag an der Uni, am Fachbereich Kunst und Literatur, habe ich mich auf ihren harten Latten ausgeruht und mich später auch ein paarmal enttäuscht darauf fallen lassen, um eine schlechte Note zu verdauen. Sie hat meine Schwierigkeiten in Latein mitbekommen und meine Vorliebe für lateinamerikanische Literatur. Robust wie sie ist, hat sie sicher auch registriert, wie wenig manche Studenten während der Sonderperiode nur noch wogen. Und von all den Streitigkeiten, die durch ideologische »Säuberungen« und Dogmen ausgelöst wurden, wird sie ebenfalls ein Lied singen können.

Das dunkle Holz dieser altehrwürdigen Bank bewahrt das Andenken vieler Schriftsteller, an preisgekrönte ebenso wie an die, die aus dem Kulturbetrieb entfernt wurden oder verschwunden sind. Der Schweiß von Kritikern, Dichtern und Kunstgeschichtlern hat ihre Rückenlehne mit einer speziellen Kultur-Patina überzogen.

Seit meiner Examensprüfung habe ich mich nie mehr auf diese Bank gesetzt. Ich betrachte sie nun als Terrain der Jüngeren, die literarischen Träumen nachhängen, ihre ersten Gedichte schreiben und die Kunst der Metapher lernen. Die Bank steht weiterhin dort, stattlich und stolz wie immer, denn scheinbar geht es ihr gut mit syntaktischen Begriffen, Paarreimen und etymologischen Analysen.

Ich kam zurück und blieb

Fast fünf Jahre sind seit jenem Tag damals in Zürich vergangen, als ich beschloss, die Koffer zu packen und mit meinem achtjährigen Sohn in mein Heimatland zurückzukehren. Das klingt wie eine der zahlreichen Geschichten von Emigranten, die irgendwann wieder in ihr Geburtsland heimkehren. Doch bei uns kommt noch ein wichtiger

Umstand hinzu: Wir besaßen beide ein endgültiges Ausreisevisum. Ich will hier nicht noch einmal darlegen, welch kompliziertes Verfahren angeleiert wird, wenn für einen kubanischen Staatsbürger elf Monate Auslandsaufenthalt verstrichen sind, denn uns allen, innerhalb und außerhalb des Landes, ist er nur allzu vertraut.[17]

Nachdem wir entschieden hatten, wieder auf die Insel zurückzukehren, kauften wir die Tickets, Hin- und Rückflug, schickten unsere Reisepässe ans Konsulat in Bern, damit sie dort abgestempelt und eine vorübergehende Rückkehr vermerkt würde, und nahmen schließlich eine Maschine mit Zwischenlandung in Paris. Auf dem Flughafen in Havanna wurden wir wie üblich nach dem Grund unserer Reise befragt, worauf wir beide mit dem Satz antworteten, den wir auswendig gelernt hatten: »Wir wollen unsere Familie besuchen und zwei Wochen bleiben.« In den zwanzig Kilo unseres jeweiligen Gepäcks steckten all unsere persönlichen Dinge, wobei wir beim Packen streng darauf geachtet hatten, dass nichts auf eine »Reise ohne Wiederkehr« schließen ließ.

Die zwei Wochen gingen vorüber, das auf unseren Tickets vermerkte Abflugdatum war gekommen, wahrscheinlich hallten unsere Namen aus den Lautsprechern durch den Flughafen José Martí, doch die für den Rückflug reservierten Plätze blieben leer. Nun begann ich mich umzuhören und versuchte, die Risiken und möglichen Folgen dieses »Wahnsinns, hierzubleiben«, abzuschätzen. Und alle, bei denen ich mich erkundigte und die ich fragte, ob ihnen vielleicht ähnliche Fälle bekannt seien, an denen wir uns orientieren könnten, rissen erstaunt die Augen auf und erklärten: »Du musst verrückt sein.« Bestimmt war das verrückt, ungewöhnlich, selten, kaum belegt ... aber dieser Wahnsinn hatte schon seinen Grund.

Meine Freunde hielten das Ganze für einen Witz, meine Mutter wollte nicht akzeptieren, dass wir nun nicht mehr in der Schweiz wohnten, dem Land, wo Milch und Schokolade fließen, während meine Nachbarn überzeugt waren, ich sei als eine Art Mata Hari aus Europa heimgekehrt. Die Lösung meines Problems verriet mir jemand, den ich zufällig traf: »Da gibt's nur eins: Du musst deinen Reisepass vernichten. Ohne den können sie dich nicht zwingen, ins Flugzeug zu steigen.« Ich befolgte den Ratschlag und konnte so ein paar Monate lang die Erfahrung machen, wie es sich anfühlt, im eigenen Land ohne Papiere zu leben.

Am 12. August 2004 meldete ich mich beim Einwanderungsbüro und erklärte: »Ich bin ich, auch wenn ich keine Papiere habe, die das belegen. Und ich bin nach Kuba zurückgekommen, um hierzubleiben.« Die Antwort überraschte mich total: »Stell dich in der Schlange der ›Rückkehrer‹ an und lass dir vom Oberleutnant einen Antrag auf Ausstellung eines Identitätsnachweises geben.« Dort in der Schlange traf ich dann weitere »Verrückte« wie mich, Menschen, die alle komplizierte Heimkehrergeschichten erzählen konnten. Ein Mann, der mit Frau und Tochter fünf Jahre in Spanien gelebt hatte und nun zurück wollte, meinte zu mir: »Lass dich nicht beirren. Die werden versuchen, dich zum Weggehen zu nötigen. Stell dich einfach stur. Schlimmstenfalls stecken sie dich zwei Wochen ins Gefängnis, aber die Zellen sind gleich hier und die Matratzen ganz bequem.« Ich seufzte erleichtert ... Immerhin, einen Schlafplatz hatte ich schon.

Ich bekam eine Akte, in der ich als »geblieben« vermerkt wurde, und man erklärte mir, dass man sich in meinem Fall nur so nachgiebig zeige, weil es dabei auch um ein Kind gehe. Aber man warnte mich, dass ich nach einer erneuten Ausreise nie mehr ins Land zurückkehren dürfe. Um die bequemen Matratzen kam ich herum, weil sie mich nicht mit einem minderjährigen Kind einsperren und meinen Sohn auch nicht allein auf die Straße setzen konnten. Es lief also ziemlich reibungslos, unter anderem auch, weil ich nie Eigentum besessen habe (aber wer aus der *Generación Y* besitzt schon etwas?). Deshalb hatte man bei mir auch nichts beschlagnahmen können. Außerdem konnte ich einen festen Wohnsitz bei meiner Familie vorweisen. Einmal die Woche musste ich mich im Einwanderungsbüro zu einer Routinekontrolle melden, bis wir dann endlich im Oktober 2004 neue Ausweise erhielten. Das Bezugsscheinheft[18] wurde uns im Dezember ausgehändigt ... Und damit war alles wieder wie zuvor.

Ich will meinen Entschluss, den viele immer noch für eine Verrücktheit halten, überhaupt nicht rechtfertigen. Vielmehr geht es mir darum, Menschen, die vielleicht über einen solchen Schritt nachdenken, zu sagen: Ja, das geht. Jedenfalls ist es nicht so undurchführbar, wie die komplizierten Verordnungen und Einwanderungsgesetze uns glauben machen wollen. Als ich damals in Zürich monatelang im Internet gesurft und nach Beweisen gesucht habe, dass es tatsächlich möglich ist, begegnete man mir nur mit Staunen, Verwunderung, Misstrauen. Bei dieser »Rückkehrergeschichte« denke ich immer an andere »Verrückte«, die mit der Idee spielen, nach Kuba heimzukehren, um zu bleiben.

Die Kultur

Schulbeginn

Diese Woche hat mein Sohn stolz seine ockerfarbene Uniform angezogen und ist zu seiner neuen Schule gegangen, einer Mittelschule im Girón-Stil[1], die gerade mal fünf Minuten von unserem »Jugoslawen«-Wohnblock entfernt liegt. Die letzten Ferientage waren wir damit beschäftigt, Schuhe für ihn zu kaufen, nach einem neuen Schulrucksack zu suchen und darüber zu diskutieren, um wie viel seine zu weite Hose enger gemacht werden müsste.

Am Morgen des ersten Schultags beteuerten und versprachen wir uns ganz zuversichtlich, wie gut wir das alles hinbekommen würden. Aber jetzt merken wir, dass das gar nicht so leicht ist. Wir müssen uns auf neue Abläufe in der Mittelschule einstellen, die ganz anders sind als zu meiner Schulzeit. So dürfen die Jugendlichen seit einiger Zeit nicht mehr zum Mittagessen nach Hause kommen. Durch diese Maßnahme sollen die Unterschiede zwischen gut versorgten Schülern und anderen, die wenig oder gar nichts haben, abgeschwächt werden. Außerdem sollen die Schüler so auf dem Schulgelände bleiben, damit sie nicht auf der Straße herumstreunen und irgendetwas anstellen.

Jetzt erhält also jeder Schüler mittags ein belegtes Brötchen und einen Joghurt. Eine Portion, die in diesem Alter nichts anderes bewirkt, als den Appetit anzuregen und den Hunger in den folgenden Schulstunden noch zu verstärken. Deshalb kommen gegen halb eins die Eltern, ausgerüstet mit Schüsseln, Gläsern und Besteck, an den Schulzaun, um der Ernährung des Nachwuchses auf die Sprünge zu helfen. Einige Schulen haben diesen neuen Brauch, Schülern Essen vorbeizubringen, bereits untersagt, während andere Institute die häusliche Verpflegung erlauben, aber darauf bestehen, dass die Kinder das Essen schon morgens zur Schule mitbringen.

Ich schleiche mich nun täglich an die Schule meines Sohnes heran und reiche ihm möglichst unauffällig sein Mittagessen durch den Zaun. Andere Eltern machen es genauso, doch viele Kinder müssen auf solche Zusatzrationen verzichten. Mit dem Versuch, Unterschiede einzuebnen, hat man also nichts anderes erreicht, als einen neuen Graben aufzureißen. Warum ist man bei diesem Thema nicht flexibler? Würde man den Kindern erlauben, auch zu Hause zu essen, hätten die anderen, die in der Schule bleiben, mehr zu essen und würden satt werden. Es ist wie mit so vielen Dingen: Was obligatorisch ist, aufgezwungen und streng gehandhabt wird, führt nur dazu, dass man es umgeht, verfälscht oder verweigert.

Ich verdächtige, du verdächtigst, wir alle verdächtigen

Eine Lehrerin hat mir erzählt, dass ein Mitschüler meines Sohnes in einem Heft notiert, wer sich von den Klassenkameraden schlecht benimmt. So werden die Kinder schon früh mit dem Gefühl vertraut, ständig beobachtet zu werden, und mit der Furcht, denunziert zu werden. Im Moment wird ein Hinweis des jungen Spitzels höchstens einen Tadel oder eine Strafarbeit nach sich ziehen, doch es kommt der Tag, da kostet so eine Verleumdung den Arbeitsplatz, die Möglichkeit zu reisen, hart erkämpfte Privilegien oder sogar die Freiheit. Für uns, die von klein auf mit diesem Misstrauen aufgewachsen sind, macht ein Gefühl wie Vertrauen nur Schwierigkeiten. Jeder verdächtigt jeden: Hält jemand mit seiner Meinung hinter dem Berg, heißt es, »der heckt was aus.« Gibt er sich dagegen extrovertiert, halten wir ihn leicht für einen »Informanten«. Wir misstrauen dem Nachbarn im Haus, der uns freundlich dabei zusieht, wie wir etwas im Korb die Treppe hinauftragen, dem Freund, der stets in heiklen Momenten zu Besuch kommt, oder dem Verwandten, der uns dazu bringt, am Telefon zu lügen. Diejenigen, die das Land verlassen, verdächtigen wir, zum Feind übergelaufen zu sein, und wehren uns gegen die, die bleiben und die Verhältnisse kritisieren, weil ihr Verhalten Leichtsinnige anstecken und in Gefahr bringen könnte.

Diese permanente Präsenz von paranoiden Vorstellungen hat ihre Wirkung nicht verfehlt: In unseren Ängsten wimmelt es von CIA-Agenten und Angehörigen der Staatssicherheit. Der gefürchtete »Maulwurf«, der wir alle sein könnten – und auf den wir alle achtgeben, funktioniert besser als ein Maulkorb und ist der einfachste Weg, uns auseinanderzubringen.

Absurder Fernsehunterricht

Auch wenn mein Sohn Teo nicht zur *Generación Y* gehört, liefert auch sein Alltag immer wieder Anregungen für dieses Blog. Was er in der Schule erlebt, amüsiert mich, ärgert mich und inspiriert mich immer wieder zu Texten (die er selbst dann gar nicht liest, weil das was für »ältere Leute« sei). Wenn ich so ungefähr weiß, wie man in seiner Klasse redet, zu welcher Musik man tanzt und welche Wortschöpfungen man sich einfallen lässt, fühle ich mich der Jugend von heute näher, jenen Jugendlichen, die uns später einmal »das alles« vorhalten werden, was wir ihnen hinterlassen.

Vor zwei Wochen musste mein Sohn eine Erdkunde-Hausaufgabe machen. »In wie viele ›Portionen‹ gliedert sich Mittelamerika?«, lautete die Frage, auf die wir mit Hilfe unseres Gedächtnisses und eines Lexikons eine Antwort suchten. Ich wunderte mich über den Begriff »Portion«, bei dem man eher an etwas zu essen denkt als an den Teil eines bestimmten geografischen Gebietes. Ich erklärte Teo, dass zu meiner Zeit auf der Mittelschule noch andere Kategorien gebräuchlich waren, wie etwa »Zonen«, »Bereiche« oder auch »Ökosysteme«. Als ich fragte, woher dieser Begriff denn stamme, sagte er: »So heißt das im Fernsehunterricht.«

Die »neuen Lehrmethoden« in kubanischen Mittelschulen bestehen darin, dass ungefähr sechzig Prozent des Unterrichts von einem Fernseher erledigt wird, der die Rolle des Lehrers übernimmt. Für die Schüler ist das langweilig. Ihnen fehlt der Mensch, zu dem sie sagen können: »Entschuldigung, das habe ich nicht verstanden, können Sie das nochmal erklären?« Stattdessen hocken sie nur da und schreiben hastig alles mit, was ihnen der Bildschirm vorgibt. Mit dieser seltsamen Didaktik versucht man, den Lehrermangel aufzufangen, der durch die niedrigen Gehälter und die mangelnde gesellschaftliche und politische Anerkennung dieses Berufes entstanden ist.

Die Sache mit den »Portionen« ging mir nicht aus dem Kopf, und so ging ich ein paar Tage später zu Teos Schule und fragte seinen Lehrer (einen Menschen aus Fleisch und Blut, kein unnahbares Bildschirmwesen), was denn diese eigenartige geografische Kategorie zu bedeuten hätte. Seine Antwort hatte ich fast schon erwartet: »Ach, das weiß ich auch nicht so genau. Wir haben das vom Fernsehunterricht übernommen.«

Also werde ich mich nun jeden Morgen vor den Fernseher setzen und mich mit den Bildungsprogrammen beschäftigen, die um diese Zeit gesendet werden. Wie könnte ich Teo sonst weiterhin bei seinen Hausaufgaben helfen und mit ihm für die Arbeiten lernen?

Meinem Sohn zuliebe schlüpfe ich also in die langweilige Rolle der »Fernsehschülerin«, und eine Videokassette habe ich mir auch schon besorgt. Gleich morgen werde ich meinen ersten Teleunterricht aufzeichnen.

Erziehung zum Durchschnitt

An der Mittelschule meines Sohnes habe ich eine Elternversammlung besucht, die drei Stunden dauerte und fast in Handgreiflichkeiten ausgeartet wäre. Die Schulleiterin las eine Verordnung des Bildungsministeriums vor, nach der nicht mehr die Leistungen in den einzelnen Fächern für die weitere Schullaufbahn in der Oberstufe ausschlaggebend sind. Wer die besten Noten vorweisen kann, hat nicht mehr automatisch einen Platz auf dem naturwissenschaftlichen Gymnasium oder einer künstlerischen oder technischen

Oberschule sicher. Dorthin werden jene Schüler geschickt, die als die »Vollständigsten« eingestuft werden.

Die alte Auswahlliste, die sich nach den erbrachten Leistungen in allen drei Mittelschuljahren bemaß, wurde abgeschafft. Stattdessen kann der Lehrer nun nach Gutdünken die Schüler nach neun Parametern bewerten, die über die »Vollständigkeit« eines jungen Menschen Auskunft geben sollen. Vorgesehen sind:

1. Anwesenheit und Pünktlichkeit
2. Arbeitshaltung
3. Lernbereitschaft
4. Disziplin
5. Angemessener Umgang mit der Uniform und den »Pionier-Utensilien«
6. Politisch-patriotisches Auftreten und Engagement
7. Teilnahme an sportlichen und kulturellen Aktivitäten
8. Achtung vor Gemeingut und Umwelt
9. Sozialverhalten

Besonders bei Punkt 6 schrillen meine Alarmglocken. Er scheint eigens dafür gemacht, den Boden für Opportunismus und Heuchelei zu bereiten.

Die stürmische Elternversammlung fand zeitgleich mit einem Kongress des Schriftstellerverbandes UNEAC statt, auf dem einige Delegierte Missstände in der kubanischen Bildung anprangerten und die mangelnde Vermittlung von Werten beklagten. Auf der einen Seite will man also Talent und Kreativität fördern, auf der anderen Seite werden durch die ideologischen Vorgaben all jene ausgesondert, die abweichende Meinungen äußern.

Um meinen Sohn mache ich mir weniger Gedanken, denn bis die weiterbildende Schule ansteht, hat er noch zwei Jahre, und vielleicht ist diese unpopuläre Verordnung bis dahin wieder abgeschafft. Aber mich graust es vor einem Land, in dem nicht Talent und Leistung belohnt werden, sondern ideologische Anpassung. In solch einem Land kann sich ein Schüler, der an einer politischen Kundgebung teilnimmt, einem Klassenkameraden überlegen fühlen, der sich in den Schulfächern auszeichnet. In solch einem Land bringt man den jungen Menschen schon in der Schule bei, dass man mit Heuchelei und Verstellung am weitesten kommt.

Ein verwirrendes Zeugnis

Das Schuljahr geht zu Ende, und schon sorge ich mich um meine Brotration. Zwei Monate lang wird mein Sohn zu Hause bleiben und durch die lockere Ferienstimmung solch einen Appetit entwickeln, dass er selbst die Türangeln verzehren könnte. Das nur achtzig Gramm schwere mehlige Etwas, das sich hier Brot nennt und ihm laut Bezugsschein zusteht, wird ihn bestimmt nicht satt machen. Daher wird er sich auch auf meinen Brotanteil und den seines Vaters stürzen.

»Mama, wollen wir nicht mal wieder unsere Verwandten in Camagüey besuchen?« – auf solche Fragen bin ich bereits vorbereitet. Dann muss ich ihm irgendwie klarmachen, dass man sich drei Tage für eine Fahrkarte der überregionalen Buslinie anstellen müsste, und schon jetzt sind nur noch welche für die zweite Julihälfte zu haben. Und es wird seine Reiselust auch nicht bremsen, dass der Preis für eine Fahrt mit einem der neuen Busse ungefähr dem halben Monatslohn eines Arbeiters entspricht.

Trotz der schwierigen Umstände werde ich natürlich alles versuchen, ihm seine Wünsche zu erfüllen, werde ihm meine Brotration abtreten und drei Tage in der Warteschlange verbringen, um an eins der begehrten Bustickets nach Camagüey zu kommen. Möglicherweise werde ich sogar für ein paar Stunden die Playstation von einem Nachbarn für ihn ausleihen. Immerhin hat Teo die siebte Klasse mit guten Noten abgeschlossen, und dafür soll er belohnt werden. Samstag war der letzte Schultag, und mit seinem Zeugnis in der Hand stürmte er aufgeregt zur Tür rein und jubelte: »Ich hab Ferien!«

Allerdings verstehe ich immer noch nicht so ganz, was für ein Zeugnis mein Sohn mir da überhaupt vorgelegt hat. Das soll ein normales Zeugnis der siebten Klasse sein? Dem Anblick nach könnte es genauso eins der kommunistischen Parteischule »Ñico López« sein.

Kleine Enteignete

Als kleines Mädchen gelang es mir nie, den Namen meines Kindergartens richtig auszusprechen. Und selbst mit einem abgeschlossenen Studium der Sprachwissenschaften, kriege ich bei dem Wort *Proletaritos* (»kleine Proletarier«) einen Knoten in der Zunge. Was sagen die Kleinen bloß, wenn sie nach ihrem Kindergarten gefragt werden? Denen wäre ein süßer, kindlicher Name – vielleicht *Mariposas* (»Schmetterlinge«), *Rayitos de sol* (»Sonnenstrahlen«) oder *Blancanieves* (»Schneewittchen«) – bestimmt auch viel lieber als solch ein verstaubter Klassenkampfbegriff. Aber richtig ärgern werden sie sich erst, wenn sie lesen können und vielleicht einmal im Wörterbuch nachschauen, was dieses seltsame Wort über dem Eingang ihres Kindergartens eigentlich bedeutet. Denn unter »Proletarier« werden sie finden, dass damit »enteignete Menschen, die über kein Eigentum verfügen« gemeint sind. Und dann werden sie eine Stinkwut auf diese Leute bekommen, die ihnen nicht nur die Zunge verknotet, sondern sie vor allem zu einem Leben ohne Eigentum verdammt haben.

Klassifizierungen und Etiketten

In Schubladen stecken, klassifizieren, kategorisieren und beschriften ist nicht nur eine Vorliebe von Beamten und Büroangestellten. Vielen Leuten scheint es Spaß zu machen, anderen ein Etikett aufzukleben. Auf Kuba hat sich die Neigung, die Bevölkerung in Schubladen zu stecken und nach Kategorien zu listen, in den letzten Jahrzehnten zu einer alltäglichen Praxis entwickelt. Irgendwann entscheidet irgendjemand: Der gehört zur Kategorie der »Unbequemen«, und der zu den »Mitstreitern«. Eine gezielte Denunziation, und man wird von der Liste der »Linientreuen« auf die der »Feinde« gesetzt. Gefährlich wird es auch, wenn man das Kürzel »CR« verpasst bekommt. Es steht für die gebräuchlichste Bezeichnung von Leuten, die sich eine eigene Meinung erlauben: *contrarrevolucionario*, konterrevolutionär.

Archivare macht es nervös, wenn sie nicht sofort sehen, in welche Schublade jemand gehört. Und sie ärgern sich, wenn die alten Kategorien nichts mehr taugen, weil sie den aktuellen Entwicklungen nicht mehr gerecht werden. Die »Gesinnungsetikettierer« sollten sich mal neue Bezeichnungen für ihre Archive einfallen lassen, denn heute zuckt doch niemand mehr mit der Wimper, wenn er als »Agent des US-Imperialismus« beschimpft wird. Die Regale mit den starren Registern, in die wir Kubaner eingeordnet wurden, sind von Holzwürmern zerfressen. Doch dummerweise benutzen auch wir selbst die »Schildchen« immer noch, die man sich für uns hat einfallen lassen.

Ich habe mich immer dagegen gewehrt, in irgendwelche Schubladen gesteckt zu werden, und fand mich doch in vielen wieder. Am liebsten würde ich nur zu denen zählen, die diese lächerlichen Klassifizierungen ein für alle Mal hinter sich lassen wollen. Eines Tages wird hoffentlich die Bezeichnung »Bewohner dieser Erde« ausreichen, um zu wissen, wo wir alle hingehören.

So bin ich. Und auf welcher Liste stehst du?

Chiquita

Über Freunde, die ich durch meinen Blog gewonnen habe, erhielt ich den Roman *Chiquita*, der dieses Jahr mit dem bedeutenden spanischen Literaturpreis »Premio Alfaguara« ausgezeichnet wurde. Wahrscheinlich besitze ich damit eines der wenigen Exemplare, die auf dieser Insel überhaupt zu finden sind. Dadurch fühle ich mich verpflichtet, das Buch rasch zu lesen und es dann umgehend an die Freunde weiterzugeben, die bereits ungeduldig darauf warten. Der Roman von Antonio Orlando Rodríguez ist über fünfhundert Seiten dick und fasziniert nicht nur durch seine Handlung, sondern auch durch seine Aura des Verbotenen. Und dennoch findet man in den hiesigen Medien keinerlei Hinweis darauf, dass ein Kubaner dafür einen so wichtigen Preis gewonnen hat.

In der Schar der Journalisten und Paparazzi, die sich nach der Bekanntgabe der Jury auf den Preisträger stürzten, war mit Sicherheit kein einziger Vertreter der kubanischen Presse. Diese »Nicht-Berichterstattung« überrascht mich überhaupt nicht. Denn schon im Spanischunterricht auf der Mittelschule wurden mir die Werke von Guillermo Cabrera Infante, Dulce María Loynaz oder Gastón Baquero vorenthalten. Totschweigen ist eine der gängigsten Methoden der Zensur, und so ist auch *Chiquita* in kubanischen Buchläden nicht zu bekommen. Weil dieser Roman im Exil geschrieben wurde, zählen die Behörden ihn nicht zum exklusiven, exakt begrenzten Kreis »kubanischer Kultur«.

Wenn man die Biografie der kleinwüchsigen Sängerin und Tänzerin Espiridiona Cenda liest, findet man weder thematische noch stilistische Gründe, die das Verbot des Buchs rechtfertigen würden. Ein Werk zu leugnen, es in den Nachrichten, Feuilletons und intellektuellen Debatten nicht zu erwähnen, hat selten literarische Gründe. Wer als Autor keiner kubanischen Kultureinrichtung angehört, sich missbilligend über kubanische Zustände äußert, oder einfach nur sein Buch bei einem internationalen Wettbewerb vorstellt, ohne dafür die Genehmigung des kubanischen Schriftstellerverbandes UNEAC oder des zuständigen Ministeriums einzuholen, hat keine Chance, im eigenen Land die gebührende Anerkennung zu finden.

Diese Bemühungen der Kultur-Inquisitoren sind natürlich reine Zeitverschwendung. Denn in unserer modernen Welt erfährt man letztlich alles. Die Warteschlange der Interessenten für meine Ausgabe von *Chiquita* beweist: Ginge es nach dem Urteil der Kubaner, läse man von Antonio Orlando Rodríguez' Erfolgen auf den Titelseiten unserer Zeitungen und sein Roman läge in allen Buchhandlungen aus. Und Espiridiona Cenda wäre in aller Munde, weil die Zensoren, diese geistigen Zwerge, keine Chance mehr hätten, ihre Lebensgeschichte vor den Kubanern geheim zu halten.

Die lange Liste der Ausgeschlossenen

An diesem Wochenende fand in Havanna eine Buchmesse statt. Eine gute Gelegenheit, der kulturellen Langeweile zu entkommen, die sich im Spätsommer in der Stadt breitgemacht hat. Es gab Musik, und viele Besucher drängten sich zwischen den Ständen am Paseo del Prado und rund um das Capitol, um nach neuen Titeln Ausschau zu halten und erschrocken zu bemerken, wie teuer ihr »Laster des Lesens« geworden ist.

Ein paar Stunden schlenderte ich zwischen den Zelten umher, und dabei fielen mir die vielen Neuauflagen auf, die gut sichtbar auf den Tischen ausgelegt waren. Aber wie viele Titel fehlten! All die kubanischen Autoren, die nicht mehr gelesen werden dürfen und durch deren Werke die Liste der »Verbotenen Bücher« in den vergangenen vierzig Jahren länger und länger wurde. Die Vorschrift, welcher Autor gelesen werden darf und welcher nicht, ist ein Grundpfeiler der kubanischen Kulturpolitik, ein Thema, das im Januar und Februar 2007 zu heftigen Debatten führte. Auf unserer Insel, die große Literatur hervorgebracht hat, schlendere ich über eine Buchmesse und finde keine Werke von Cabrera Infante oder Jesús Díaz, ganz zu schweigen von Heberto Padilla oder Lino Novás Calvo. Bei einer jungen Verkäuferin erkundige ich mich, ob sie etwas von Eliseo Alberto Diego da hat, aber sie zuckt nur mit den Achseln, weil sie nicht weiß, was sie dazu sagen soll. Auch von der aufwühlenden Genialität Reinaldo Arenas' begegnet mir hier nichts und nur verschwindend wenig vom scharfsinnigen Intellekt Jorge Mañachs.

Unser reiches literarisches Erbe wurde verschleudert. Leute an ihren Schreibtischen in irgendwelchen Büros verwehren mir Bücher, die auch mir gehören, ganz einfach, weil ich hier geboren bin. Endlose Regalmeter von Werken, die ich nie gesehen, geschweige denn gelesen habe, fehlen mir schmerzlich. Wieder zu Hause, erfreue ich mich an meinen Bücherregalen, auf denen es keine Ausgeschlossenen gibt und auch keine Unterscheidungen nach politischen Richtungen oder literaturfremden Kriterien wie »konterrevolutionär« oder »linientreu«. Deshalb habe ich es mir auch angewöhnt, meine Bücher immer wieder neu zu sortieren. So bleibe ich tolerant und schlage der Zensur ein Schnippchen.

Gesperrte Bücher

Gestern habe ich die Internationale Buchmesse besucht, die bei der Festung San Carlos de la Cabaña im Osten Havannas stattfindet. Nur einem Leser dieses Blogs, der mir einige Titel seines kleinen spanischen Verlages schenkte, verdanke ich es, dass ich nicht mit leeren Händen nach Hause kam. Leider sind die meisten Bücher nur für konvertible Pesos zu haben – und damit unerschwinglich. Im übrigen Angebot für kubanische Pesos, das ich lustlos durchsah, entdeckte ich nur die sechste oder siebte Neuauflage von Alexandre Dumas oder Emilio Salgari.

Einige Pavillons waren von Besuchermassen belagert, während andere, besonders die der Verlage, die politische und sozialwissenschaftliche Texte publizieren, verdächtig leer blieben. Die Hauptattraktionen schienen kleine Malbücher und Kinderbücher mit Disneyfiguren zu sein. Völlig verwaist waren die Stände, an denen in Buchform noch einmal die langatmigen Reden, die Parolen und Utopien der Politik auslagen, von denen unser Alltag ohnehin übersättigt ist.

Die ernüchterndste Erfahrung meines Buchmessebesuches stand aber nicht im Zusammenhang mit Büchern, sondern mit dem Internet, diesem »virtuellen Floß«, wie es manche hier nennen. Die ETECSA[2] hat am Eingang einen Stand eingerichtet, an dem man Prepaid-Karten kaufen, telefonieren oder auch ins Netz gehen kann. Im Jahr zuvor war ich so frei, mich an eine Tastatur zu setzen, woraufhin man mir sehr »energisch« klarmachte, dass diese Internetzugänge nur für Ausländer gedacht seien. Gestern habe ich es wieder versucht, in der trügerischen Hoffnung, die Online-Apartheid gehöre der Vergangenheit an. Doch eine elegant gekleidete Verkäuferin, dem Auftreten nach eine Marketingexpertin, holte mich auf den Boden der Tatsachen zurück, indem sie mich nach meinem Reisepass oder meinem Touristenvisum fragte.

Es ist inakzeptabel, dass es in einem der Literatur und Wissenschaft gewidmeten Raum – wie einer Buchmesse – ein Sperrgebiet für die Menschen gibt, die in dem Gastgeberland geboren sind. Noch absurder wird es, wenn ausgerechnet der Eingangsbereich gesperrt ist, das Tor zu dieser immensen Bibliothek, diesem Lexikon und diesem Zeitschriftenlesesaal – dem Internet. Wie soll das zusammengehen, im selben umzäunten Gehege einerseits die Literatur zu fördern, andererseits den freien Informationszugang zu verhindern? Wie kann man Bücher verkaufen und gleichzeitig Websites zensieren, die Produktion von Texten anregen und uns das Chatten verwehren, Lexika anpreisen und uns verbieten, bei Wikipedia nachzuschlagen? Dieses Erlebnis ließ mich an die mächtigen Folianten ganz oben in der Bücherwand bei uns zu Hause denken, die ich als Kind nicht durchblättern durfte. Wie so ein unerreichbares und dadurch unwiderstehliches Buch kam mir gestern das Internet vor, und wir Kubaner wie kleine Kinder, die vor dessen Seiten geschützt werden müssen.

Französisches Filmfestival

Die immer wiederkehrende Frage am Samstagabend lautet nicht: »Wo gehen wir hin?«, sondern »Wie sollen wir das bezahlen?« Denn für fast alles, was Spaß macht, werden in Havanna konvertible Pesos verlangt. Für einen Diskothekenbesuch kann ein junges Paar locker zehn *Chavitos*[3] ausgeben. Daher behilft man sich häufig mit Privatpartys oder Filmabenden, die den Geldbeutel schonen. Ich selbst amüsiere mich mit Freunden oder gehe auf der Uferpromenade Havannas, dem Malecón, spazieren. Das ist immerhin noch gratis. Manchmal geselle ich mich auch zu den jungen Leuten, die sich an der Ecke Calle 23 und Calle G treffen. Wir unterhalten uns, machen Musik, singen aus vollem Hals oder schlendern die Straße rauf und runter.

Als das französische Filmfestival angekündigt wird, freue ich mich natürlich. So kann ich mir für relativ wenig Geld ein paar schöne Abende machen. Nach dem Film *39,90* oder der Komödie *Sie sind ein schöner Mann* am Ausgang noch ein Bier zu trinken, kommt allerdings nicht infrage, denn damit würde fast der Lohn eines ganzen Arbeitstages draufgehen. So stehen wir nach der Vorstellung nur noch ein wenig vor dem Chaplin-Kino zusammen oder gehen einfach nach Hause. Dass bald auch noch eine »Deutsche Filmwoche« stattfinden soll, hebt meine Laune zusätzlich: Zumindest einige Tage lang werde ich gut unterhalten, ohne dafür Harakiri machen zu müssen.

Die ihr Gesicht verbergen

Der Film *Das Leben der anderen*, der am 8. Dezember im Acapulco-Kino läuft, führt dem kubanischen Publikum Szenen vor Augen, die uns nur allzu gut bekannt sind. Er wird im Rahmen des »Festivals des Neuen Lateinamerikanischen Films« vorgestellt. Seine Geschichte könnte ohne weiteres unsere eigene sein, oder die eines Nachbarn oder Freundes. Der Film bestätigt uns darin, dass das Gefühl, unter ständiger Beobachtung zu stehen, keinem Verfolgungswahn entspringt, sondern eine unleugbare Tatsache ist, die Strategie eines Überwachungsapparats, der im Verborgenen agiert.

Wer noch einen Platz im Kinosaal ergattert hat, erkennt in der Miene und im Auftreten des Stasihauptmanns Wiesler unseren Agenten »Moisés« wieder, oder auch »Erick«, »Carlos« oder »Alejandro«. Unsere Jungs haben auf bestimmte Techniken, wie das Anzapfen von Telefonen, das Verwanzen von Wohnungen oder das Erpressen von Opfern mit perversesten Mitteln, also kein Copyright.

Schon vor einer ganzen Weile habe ich herausgefunden, wie man unsere Staatssicherheitsagenten am besten narrt: Indem man alles öffentlich macht und sagt, was man wirklich denkt. Man unterzeichnet also mit seinem richtigen Namen, verkündet laut seine Meinung und hält mit nichts hinter dem Berg. So schafft man es am ehesten, den Überwachungsapparat lahmzulegen. Indem wir unsere Gedanken klar und offen darlegen, bringen wir die Überwacher aus dem Konzept. Wir machen ihre Arbeit überflüssig. Denn was bringt es dann noch, stundenlang Bänder abzuhören, teures Benzin zu verfahren oder Tag und Nacht auf der Suche nach systemkritischen Meinungsäußerungen vor dem Computerbildschirm zu hocken?

Unsere Spitzel sind natürlich anders als die deutschen: Von einem hübschen Mädchen, das verführerisch die Hüften schwingt, lassen sie sich gerne schon mal ablenken, sie verschusseln Unterlagen oder dösen ein, wenn sie im Wagen vor unseren Türen sitzen. Doch eins haben sie mit ihren früheren deutschen Kollegen gemeinsam: Auch unsere Agenten trauen sich nicht, offen ihr Gesicht zu zeigen. Sie treten nicht mit ihrem wahren Namen in Erscheinung und stehen nicht ehrlich zu den Dingen, die sie unter vier Augen, im Schutz des Halbdunkels, zuzugeben bereit sind.

Aufmachen!

Das Foto zeigt, wie es vor dem Acapulco-Kino zuging, als der Film *Das Leben der anderen* gezeigt wurde. Ein größeres Gedränge hat es während des ganzen Festivals nicht gegeben. »Aufmachen!«, riefen wir von draußen, als man die Türen schloss, um dem Ansturm Herr zu werden. Doch mit diesem Ruf, »Aufmachen!«, forderten wir sicher mehr, als nur ins Kino eingelassen zu werden. Auch ich habe in den Ruf eingestimmt und dabei an die Dämme, Grenzen und Beschränkungen in unserem Land gedacht, die endlich fallen müssen, damit wir vorwärtskommen.

»Aufmachen!«, riefen wir in der Menge vor dem Kino. »Aufmachen!«, riefen wir, mit den Gesichtern an der Scheibe, während die anderen von hinten schoben und drängten. *Aufmachen!* Das dachten wir umso sehnsüchtiger, als wir dann eine Stunde später doch in den bequemen Sesseln saßen und hörten, wie eine der Figuren im Film verkündete: »Die Mauer ist offen.« *Aufmachen!*, dachten wir, als die Lichter wieder angingen. *Aufmachen!* Dieser Ruf, diese Forderung ging mir den ganzen Abend nicht mehr aus dem Kopf, und auch am nächsten Morgen war er immer noch da.

Daher heißt dieser Film mittlerweile bei uns in Havanna nur noch »Unser Leben«, denn er bot uns die Gelegenheit, mitten auf der Straße aus vollem Hals jenes Wort zu brüllen, das alle unsere Wünsche enthält: »Aufmachen!«

Zanussis Wahrheit

Um die Enttäuschung des 24. Februar 2008[4] zu verdrängen, ging ich ins Kino. Im Chaplin wurde ein polnischer Film aus den siebziger Jahren gezeigt, von dem ich hoffte, dass er mich aus dieser Atmosphäre von Resignation und Duldsamkeit, die in Havannas Straßen spürbar war, herausreißen könnte. Der Regisseur, Krzysztof Zanussi, war eingeladen, seinen Film dem kubanischen Publikum vorzustellen. In einem eigentümlichen, mit Italienisch durchsetzten Spanisch, doch mit einer Klarheit, um die ihn jeder Muttersprachler beneiden könnte, holte dieser Mann mich auf den Boden der Tatsachen zurück, und anstatt der Wirklichkeit im Kinosaal zu entfliehen, machte ich mir wieder Gedanken.

Ich war tief beeindruckt vom Dilemma der Hauptperson, einem examinierten Sprachwissenschaftler – jede Ähnlichkeit mit tatsächlich lebenden Personen ist rein zufällig –, der sich auf zahlreiche Kompromisse einlassen muss, um in einer akademischen Welt aufgenommen zu werden, die von Heuchelei und Opportunismus geprägt ist. Und doch ließen mich kein Bild und kein Dialog des Films *Tarnfarben* Zanussis Einführungsworte vergessen. Den K.-o.-Schlag hatte mir der Regisseur verpasst, als er sich für die Aktualität seiner Gedanken zu Verstellung und Tarnung entschuldigte. Ich war ins Kino gegangen, um mich abzulenken, doch mit einem lapidaren Satz erinnerte er mich daran, dass »der Zynismus der Alten oft langlebiger (ist), als man sich vorstellen mag«.

Karneval

Havannas Uferpromenade, der Malecón, bereitet sich auf den Karneval vor. Auf der Piragua[5] stehen schon einige Zelte, in der »internationale Küche« serviert werden soll, und auf der ganzen Promenade schießen bunte Kioske aus dem Boden. Unter den Arkaden und auf den Gehwegen erkennt man bereits die Stahlgerüste für die Tribünen, während die Karnevalsgruppen wieder und wieder die Choreografien proben, die sie ab Freitag vorführen werden.

Weil die Termine unserer Volksfeste in den letzten Jahren so häufig geändert wurden, wissen wir Kubaner mittlerweile gar nicht mehr, wann unser Karneval eigentlich stattfindet. Fast unvorbereitet trifft uns die Ankündigung, in Kürze gehe der Karneval los, und selbst wenn er dann mal wieder verschoben wird, hält sich unsere Enttäuschung in Grenzen. So wie im Sommer 2006, als die frisch angemalten Wagen in den Garagen blieben, weil die Klänge der kubanischen *congas habaneras*[6] angeblich nicht zum düsteren Szenario von Fidel Castros Erkrankung passten.

Zum Glück werden dieses Jahr die Masken wieder das Straßenbild beherrschen. Aber auch diesmal wird es wieder ein schizophrenes Fest werden, denn für die meisten Angebote verlangt man harte Pesos, während wir für unsere kubanischen nur mit bescheidenen Vergnügungshäppchen abgespeist werden. Verhaftungen und gesellschaftliche Ächtung bewirken zudem, dass zum Karnevalstrubel nicht mehr die gesamte Familie zusammenkommt. Dennoch schüttelte man das enge Korsett der Vorschriften und Beschränkungen ab und vergisst beim Tanz für eine Weile all die enttäuschten Hoffnungen.

So werden wir dieses Jahr also wieder tanzen und singen, und das auch wieder auf genau jenem Abschnitt des Malecón, wo Scharen junger Kubaner 1994 ihrem Unmut Luft[7] machten. Auf der Kaimauer, von der so viele auf abenteuerlichen Flößen gen Norden aufbrachen, werden wir zusammensitzen und die Flasche herumgehen lassen. Wir werden Salsa und Reggaetón auf der Promenade hören, auf der nun schon seit Monaten keine Demonstrationen mit Sprechchören und wehenden Fahnen mehr stattgefunden haben. Auf den Wegen, die alles schon gesehen haben – brüllende, fliehende, heuchelnde Menschen –, werden wir an diesen Tagen nur eins: uns amüsieren.

Cachita[8]

Meine Großmutter trug dein Bild versteckt an der Brust, während sich meine Mutter als Atheistin ausgab. Ohne deinen wahren Namen zu kennen, lernten wir jungen Mädchen, dich zu verehren, ließen uns verzaubern vom Glanz deines goldenen Schleiers. Wir wussten nichts von den verschiedenen Religionen und wie du dort genannt wirst. Denn für uns warst du einfach nur *Cachita*.

Der Glaube an dich ist das Einzige, worin alle Kubaner übereinstimmen. Du scharst sowohl jene um dich, die dich in den Zeiten des religionsfeindlichen Terrors zumindest noch zu Hause verehrten, als auch weniger eifrige Gläubige wie mich, die nie so genau wissen, ob sie beim Bekreuzigen zuerst die linke oder die rechte Schulter berühren sollen.

Wie jedes Jahr werden wir auch heute Sonnenblumen kaufen und dein Bild durch die Straßen der Innenstadt von Havanna tragen. Doch der Hurrikan Ike hat deinen Festtag überschattet. Im Umland der Bahía de Nipe, wo man dein Bild vor 396 Jahren fand, stürmt und regnet es immer noch heftig. Ein inständiges Gebet dringt aus den Häusern der ganzen Insel: »O Heilige Jungfrau, erlöse uns von allem Bösen und breite deinen schützenden Mantel über das verwüstete Land aus.«

Gorki

Sie haben ihn abgeführt, denn nichts verunsichert Betonköpfe mehr als ein Mensch, der sich völlig frei fühlt. Auf dem sogenannten Fünften Polizeirevier an der Ecke 3. Avenida und 62. im Bezirk Playa, wo sich die Festgenommenen die Klinke in die Hand drücken, lässt Gorki die aufrührerischen Saiten seiner Gitarre erklingen. Dieser Musiker ist bereits auf den ersten Blick ein ungewöhnlicher Typ, umso mehr in einer Gesellschaft, deren Vorstellung vom »neuen Menschen« nicht mehr als eine geschönte Version des Dorftrottels ist.

Gorki heißt er und besitzt die Ausstrahlung, die seinen Zensoren abgeht. Er singt, wiegt sich in den Hüften und brüllt zur Rockgitarre seine Texte hinaus, harte, ungeschönte Worte, wie sie andere im Land nur schüchtern stammeln. Die Wände seines Zimmers hat er mit Eierkartons verkleidet. Freunde haben sie ihm geschenkt, denn mit den Verpackungen der Eier, die ihm auf seine Bezugsscheine zustanden, hätte er noch nicht mal einen Kleiderschrank abdämmen können. Ihm wird ein Vergehen angelastet, das dem Drehbuch des Films *Minority Report* entstammen könnte: »Vorkriminelle Gefährdung« wirft man ihm vor. In die Alltagssprache übersetzt bedeutet das, man buchtet ihn ein, damit er nicht das anstellt, was andere ihm zutrauen.

Zur Anklage kam es durch einen eifrigen Bezirksbeamten mit James-Bond-Allüren, eine Nachbarin, der man »nahelegte«, Anzeige zu erstatten, und durch die Hausgemeinschaft, die sich nicht für unbequeme Mitbewohner starkmacht. Im Polizeigewahrsam, wo er jetzt festgehalten wird, sind ihm nur einige wenige Kleidungsstücke und Waschutensilien erlaubt, die ihm sein Vater vorbeigebracht hat. Wahrscheinlich wird es seinem Verteidiger in der Vorverhandlung am nächsten Donnerstag gelingen, den Staatsanwalt davon zu überzeugen, dass Gorkis Frisur, seine Musik und das Dröhnen seiner Gitarre nicht gefährlicher sind als die Gleichgültigkeit, die Anpassung und die Doppelmoral, die unser Leben prägen.[9]

Der leere Stuhl

Heute feiere ich mit meiner Familie und meinen Freunden Weihnachten. Aus den alten Fahrstuhltüren bauen wir eine lange Tafel auf und breiten Bettlaken als Tischdecke darüber aus. Jeder bringt etwas mit. Weintrauben, Cidre oder Torte wird es nicht geben, aber trotzdem freue ich mich, denn wir werden friedlich und harmonisch zusammensitzen können, und das ist bereits ein großer Luxus in diesen Zeiten. Die Kinder bekommen ihr Erfrischungsgetränk, und wir Erwachsenen werden Rum mit Zitrone oder Honig genießen. Meine Mutter erzählt dann sicher, wie kompliziert es am Morgen war, Tomaten zu besorgen, und meine Nichte berichtet stolz, dass sie in der Messe ihrer Gemeinde am 1. Weihnachtstag den Engel spielen darf.

Der Stuhl am Kopfende der Tafel aber wird, wie immer seit 2003, wieder leer bleiben. Das ist der Platz von Adolfo Fernández Saínz, der während des »Schwarzen Frühlings«[10] zu fünfzehn Jahren Haft verurteilt wurde. Der Anblick dieses leeren Stuhls wird uns alle traurig stimmen. Aber vielleicht haben wir Glück, und die Gefängniswärter erlauben es Adolfo, mit uns zu telefonieren. Seine Stimme zu hören, würde uns allen neue Kraft geben. (Die Ironie des Schicksals ist, dass der Inhaftierte noch stark genug ist, um anderen Hoffnung zu machen.)

Nur zu gut erinnere ich mich noch an den Tag, als wir meinem Sohn erzählten, dass Adolfo festgenommen wurde. »Teo«, sagte mein Mann zu ihm, »dein Onkel wurde ins Gefängnis geworfen, weil er ein sehr mutiger Mann ist.« Worauf Teo mit entwaffnender kindlicher Logik antwortete: »Dann seid ihr also noch frei, weil ihr feige seid.« Nur ein Kindermund kann die Wahrheit so deutlich aussprechen! Auch an diesem Heiligen Abend können wir zusammensitzen, weil wir »Feiglinge« sind. Im Kreis der Familie wünschen wir uns, dass das neue Jahr Freiheit für alle bringen möge, sind aber nicht in der Lage, unsere Wünsche Wirklichkeit werden zu lassen. Mit der hier so verbreiteten Schicksalsergebenheit trösten wir uns darüber hinweg, dass es uns nicht gelingt, die Zustände zu ändern. Und Adolfos leerer Stuhl wird der freieste Platz an unserer Weihnachtstafel sein.

Die Heiligen Drei Könige im Sommer

Heftig wurde in den kubanischen Zeitungen im letzten Jahr die Wiederbelebung des traditionellen Dreikönigsfestes kritisiert, zwar nicht wegen seines religiösen Hintergrunds, sondern wegen des Konsums und der Geschenke. Da wurden die Warteschlangen beschrieben, die sich an mehreren Tagen in den Läden bildeten, wo Spielsachen für konvertible Pesos verkauft wurden, und mahnend darauf hingewiesen, dass sich durch diesen Brauch die gesellschaftlichen Unterschiede verschärfen würden. In diesem Jahr nun gedachten die Behörden diesem Ärgernis – Kaufrausch und Konsumhaltung – damit zu begegnen, indem einfach keine attraktiven Spielsachen in den Handel gebracht wurden. Das hinderte aber die Eltern nicht daran, weiter für die Kleinen einzukaufen, und sich auf Wasserpistolen und Schwerter »Made in China« zu stürzen.

Ich wurde in den siebziger Jahren geboren, und für mich kamen die Drei Könige immer an einem ganz anderen Tag. Nämlich im Juli, und sie hießen auch nicht Kaspar, Melchior und Balthasar, sondern standen für drei Kategorien, in die sich das Spielzeugangebot auf dem rationierten Markt einteilen ließ: »unbedingt notwendig«, »nicht unbedingt notwendig« und »vielleicht«. Schon bei Sonnenaufgang des Vortags zog meine Mutter mit uns los, um sich einen Platz in der Schlange zu sichern. Dieses Warten war eine bittere Erfahrung, denn machtlos mussten wir mit ansehen, wie schnell die schönsten Puppen weggingen und bald ausverkauft waren. Und wenn wir dann endlich vor der Theke standen, war vielleicht noch das Werkzeug für den kleinen Tischler übrig, ein Besen oder auch nur eine bunte Feder. Trotzdem haben wir das Fest der Heiligen Drei Könige in der Familie stets gefeiert, und noch Wochen später dachte ich immer wieder daran zurück und erinnerte mich sehnsüchtig an Schlitten, Kamele und Kronen.

Jede Tradition, die man verbieten will, sucht sich einen anderen Weg, um nicht in Vergessenheit zu geraten. Und sie erhält etwas Geheimnisvolles, wenn die Eltern mit leiser Stimme ihren Kindern davon erzählen. Es ist lächerlich, etwas ausmerzen zu wollen, was in der Kultur einer Gesellschaft fest verwurzelt ist. Deshalb habe ich mir heute, zwanzig Jahre nach meinen leidvollen Kindheitserfahrungen mit Geschenken auf Bezugsschein, eine Praline geschenkt. Sie ist etwas Besonderes, denn für mich verströmt sie den Duft der Wüste, des Stalls und des Christkindes in der Krippe.

Erinnerungen an die bolos

Bei der Lektüre des Buches *El séptimo secretario* (Der siebte Sekretär) von Michel Heller kamen bei mir viele Erinnerungen an die »Sowjetphase« auf dieser Insel wieder hoch. Ich war fünfzehn, als sie endete, und es sind vor allem eher »sinnliche« Eindrücke, die mir aus dieser Zeit im Gedächtnis geblieben sind. So erinnere ich mich zum Beispiel gut an die Bonbons und Esswaren, die auf dem von Frauen sowjetischer Techniker betriebenen Schwarzmarkt verkauft wurden. Eigenartigerweise fragten wir nie danach, aus welchem Teil der UdSSR sie eigentlich stammten, und noch weniger sahen wir »Kameraden« in ihnen. Bei uns liefen sie unter einer Bezeichnung, die jeder Differenzierung Hohn sprach: *bolos,* Kegel. Für uns waren sie unförmig, plump, ein Klumpen unbearbeiteter Ton, robust und ohne Anmut, aber dazu imstande, Waschmaschinen zu bauen, die den Strom fraßen, der eigentlich fürs ganze Haus reichen sollte. Und die auch heute noch in vielen kubanischen Haushalten perfekt funktionieren.

Viele aus meiner Generation haben Eltern, die in der Sowjetunion studierten oder arbeiteten, aber Borschtsch-Suppe kannten wir nicht und hatten auch nichts für Wodka übrig. Alles Sowjetische kam uns altmodisch, steif vor und war völlig out. Was uns lähmte, war die Machtvollkommenheit, die all ihr Tun ausstrahlte, sowie die unterschwellige Mahnung, dass nur sie unser karibisches »Paradies« eigentlich aufrechterhielten. Diese Mischung aus Furcht und Spott, die der Anblick der *bolos* bei uns wachrief, ist auch heute noch nicht ganz verschwunden. Will heute ein Tourist beim Stadtbummel von hartnäckigen Zigaretten-, Rum- oder Sexanpreisern unbehelligt bleiben, braucht er nur *towarisch* (»Genosse«) oder *nje ponimaju* (»Ich verstehe nicht«) zu zischen, und schon wird der Straßenhändler erschrocken das Weite suchen.

Schwarzmarkt

Das neue Statussymbol

Ich wohne genau zwischen zwei Gemüsemärkten. Auf dem einen bieten Bauern und Kooperativen ihre Waren an, während der andere Markt vom staatlichen *Ejército Juvenil del Trabajo* (EJT, »Junges Heer der Arbeit«) organisiert wird. Ist auf dem ersten fast alles an Obst und Gemüse und sogar Schweinefleisch zu haben, so gibt es auf dem staatlichen Markt kaum mehr als Süßkartoffeln, Knoblauch, Zwiebeln und grüne Papayas. Sollte es dort doch einmal Fleisch geben, müssen wir stundenlang dafür anstehen. Der entscheidende Unterschied zwischen diesen beiden Märkten ist jedoch nicht das Angebot, sondern der Preis. Deshalb heißt bei meinen Nachbarn der Bauernmarkt auch nur »Markt der Reichen« und der vom EJT organisierte »Armenmarkt«.

Um allerdings eine einigermaßen ausgewogene Mahlzeit auf den Tisch zu bringen, muss man auf beiden Märkten einkaufen. So klappert man zunächst die mit den immer gleichen Waren gefüllten Stände des EJT-Marktes ab, und erst danach werden die Wünsche und Gelüste nach abwechslungsreicheren Produkten, wie etwa nach tiefrot glänzenden Tomaten, befriedigt.

Manchmal, wenn mich Lust und Heißhunger überkommen, gönne ich mir auf dem »Markt der Reichen« eine Ananas. In einer Plastiktüte verberge ich dann die Königin der Früchte, unser neues Statussymbol, vor den begehrlichen Blicken meiner Nachbarn.

Hosentaschenwährung

Ich bin oft ziemlich zerstreut, lasse gern den Hausschlüssel in der Wohnung liegen, und manchmal finde ich mein Portemonnaie im Kühlschrank wieder. Daher habe ich eine Reihe von Tricks entwickelt, um nicht so viel zu vergessen. So habe ich mir ein Notizbuch angeschafft, in dem ich alles aufschreibe, was ich zu erledigen habe, und notiere mir auf Zettelchen, die ich in der ganzen Wohnung verteile, alle Verpflichtungen, die ich auf keinen Fall vergessen darf. Irgendetwas verschussele ich allerdings doch immer wieder und beschwöre so »kleine Katastrophen« herauf.

In Anbetracht der beschränkten Fähigkeiten meiner grauen Zellen musste ich mir verschiedene Gedächtnisstützen einfallen lassen, um nicht an den zwei hier gültigen Währungen zu verzweifeln. Die alltägliche Entscheidung, welches Geld für welche Dinge oder Dienstleistungen zu nehmen ist, ist eine große Herausforderung für mein von allzu frühen Alzheimer-Anfällen geplagtes Hirn. Deshalb kommen in meine linke Hosentasche immer nur die »nationalen« Pesos, die Monopoly-Geldscheinen sehr ähnlich sehen und kaum einen Wert haben. In Reichweite meiner rechten Hand bewahre ich hingegen – wenn ich welche besitze – die kostbaren konvertiblen Pesos auf.

Will ich eine Busfahrt bezahlen, mir eine Zeitung kaufen oder ein Museum besuchen, finde ich in meiner linken

Hosentasche auf jeden Fall jene nutzlosen Scheine, mit denen wir hier auf Kuba entlohnt werden. Muss ich jedoch Seife kaufen, Öl oder Zahnpasta, bleibt mir nichts anderes übrig, als mit der Hand in die rechte Hosentasche zu greifen. In der Stadt bietet sich mir immer seltener Gelegenheit, in die linke Hosentasche zu greifen und einen Schein mit dem Apostel[1] oder dem Bronzetitan[2] darauf hervorzuholen. So wird diese Tasche immer nutzloser, während ich in der anderen ständig nach konvertiblen Pesos kramen muss, um überhaupt noch überleben zu können. Mit dieser Währungsschizophrenie leben wir nun schon seit fünfzehn Jahren. Das Schlimmste daran ist nicht, immer nachdenken zu müssen, welche Scheine man gerade braucht, sondern darauf angewiesen zu sein, irgendwie an konvertible Pesos für die rechte Hosentasche heranzukommen. Mittlerweile sind wir wie besessen von diesen gesichtslosen Geldscheinen (erstaunlicherweise sind nur Denkmäler oder Statuen darauf abgebildet, nicht aber der offene Blick eines Nationalhelden). Um aber in ihren Besitz zu gelangen, müssen wir genau das Gegenteil von dem tun, was für die nationale Währung erforderlich ist. Wir müssen gegen Vorschriften verstoßen und Waren auf den Schwarzmarkt umleiten, müssen uns bestechen lassen und nicht genehmigte Arbeiten verrichten, oder aber – im harmlosesten Fall – diese begehrten Scheine von ausgewanderten Verwandten oder Freunden zugeschickt bekommen.

Noch scheint der Tag in weiter Ferne zu liegen, an dem wir ebenso gut in die rechte wie in die linke Hosentasche greifen können, um mit den Scheinen mit dem Konterfei von Martí, Gómez[3] oder Maceo darauf, all das zu kaufen, was in unserem Land angeboten wird.

Schatzsuche

Heute wachte ich mit Halsschmerzen auf. Schuld daran war der unangenehme kalte Wind am Malecón, als ich am Abend zuvor mit einem Freund am Wasser zusammensaß. Länger als eine Stunde hatten wir uns unterhalten – und uns dabei vorgestellt, wir könnten die Welt und diese Insel in Ordnung bringen – und gar nicht gemerkt, dass es immer kühler wurde. Ich bin also erkältet, und mein Körper verlangte nach einem heißen Tee mit Zitrone. Angetrieben von diesem Wunsch lief ich zum nächsten Markt und verlangte dort nach einer Zitrone. »Zitronen haben wir nicht«, meinte der Verkäufer zu mir, »aber ich kann Ihnen eine Guave[4] geben.« Ich schüttelte den Kopf. Mit diesem Ersatz wollte ich mich nicht zufriedengeben, dafür war meine Lust auf eine heiße Zitrone mit etwas schwarzem Tee einfach zu groß. So zog ich weiter in die Altstadt und schaute dort bei verschiedenen Märkten vorbei. Aber ohne Erfolg. Nirgendwo waren Zitronen aufzutreiben. Meine Halsschmerzen hätten mich eigentlich davon überzeugen sollen, dass es besser gewesen wäre, jetzt umgehend eine Vitamin-C-Tablette zu schlucken, aber ich war schon immer ziemlich stur und wollte die Suche nach der begehrten Frucht einfach nicht aufgeben.

Es war schon fast zwei Uhr nachmittags, als ich mich endlich geschlagen gab. Vor Halsschmerzen konnte ich kaum noch schlucken, aber das war nichts verglichen mit dem Ärger, den das »Verschwinden« der Zitronen in Havanna bei mir ausgelöst hatte. Meine erfolglose »Schatzsuche« verursachte mir ein Unwohlsein, mit dem ich viel länger zu kämpfen hatte als mit den Symptomen der Erkältung. Eine Reihe bohrender Fragen quälte mich: Wieso können die Bauern die weiten fruchtbaren Agrarflächen

Kubas nicht selbst bestellen und deren Erträge verkaufen, um so für eine Zitronenschwemme auf den Märkten zu sorgen? Wieso ist das *Marabú*-Gestrüpp immer noch der »König der kubanischen Äcker« (bei einer Autofahrt von Havanna nach Pinar del Río ist das unübersehbar), während Orangen und Mandarinen, ganz zu schweigen von Pampelmusen, selbst für uns in der Karibik exotische Früchte sind? Wann werden die Felder endlich denen gehören, die sie bestellen, und nicht dem Staat, der sie als Großgrundbesitzer brach liegen lässt? Werde ich mir weiterhin die Hoffnung bewahren oder sie irgendwann zu Grabe tragen und den Geschmack von Zitronen ganz vergessen?

»Vier Wege« *und eine Richtung*

Seit ein paar Wochen hat der große bunte Obst- und Gemüsemarkt in der Calle Monte nicht mehr viel gemeinsam mit jenem überlaufenen, brodelnden Ort, der er einst war. Heute ist er mehr ein Treffpunkt für disziplinierte intellektuelle Debatten. Eine Polizeirazzia hat all die kleinen illegalen Händler vertrieben, die sich mit ihren Ständen unter den Arkaden drängten, und für Ordnung in dem Chaos gesorgt, in dem man leicht schon einmal sein Portemonnaie verlieren konnte. Gleichzeitig hat man mit einer »Generalinstandsetzung« der Gebäude begonnen, die genauso gut sechs Monate wie zehn Jahre dauern kann.

Trotz seines chaotischen Erscheinungsbilds konnte sich der Markt von *Cuatro Caminos* (Vier Wege) immer rühmen, der bestsortierteste in ganz Havanna zu sein. Genau hier fand ich endlich auch die Zitronen, nach denen ich wochenlang die Stadt abgeklappert hatte. Einmal im Monat deckte ich mich hier mit einem Vorrat an leckeren *maní*[5] ein. Selbst der exotische Ingwer und die sonst ganz verschwundenen *guanábanas* lockten an den Ständen, die manchmal sogar ganz überraschend die verloren geglaubten Aromen von *caimito* oder *canistel*[6] zu bieten hatten. Dieser Markt war ein wahres Museum dessen, was kubanische Böden einst hervorbrachten und was mein Sohn, der mit Kochbananen und Süßkartoffeln groß geworden ist, gar nicht mehr kennt.

Schon der Eingangsbereich der riesigen Markthalle war einzigartig in den neunzehn Stadtbezirken Havannas. Dicht an dicht standen die illegalen Händler mit ihren »verbotenen« Waren, wie Käse und Kondensmilch, die sonst nicht zu bekommen waren. Aber auch das dürftige Sortiment des rationierten Marktes war zu finden, denn viele verkauften hier, was ihnen zugeteilt war, um so an das Geld für andere dringend notwendige Dinge zu kommen. Alle profitierten von diesem ungesetzlichen Warenaustausch, bis auf den Staat, der nun nicht länger mit ansehen wollte, wie sich ein ganzer Geschäftszweig seiner Steuerhoheit und seiner Kontrolle entzog.

Auf dem nun streng geregelten Markt von *Cuatro Caminos* ist mein Geldbeutel nicht mehr gefährdet, aber dafür finde ich auch keine Zahnpasta zu zehn Pesos mehr und auch keine Seife für zwanzig das Stück. Die Ware, die die »Gelegenheits«-Händler dort feilboten, ist nirgendwo sonst zu solchen Preisen zu finden. Das Chaos ist verschwunden, aber die vorbildliche Disziplin und Ordnung, die hier nun herrschen, wollen uns desorientierten Käufern nicht so recht gefallen, denn wir sehnen uns nach dem Markt wie er vor der Polizeirazzia war.

Warten auf den Toaster

Die Buschtrommeln künden vom bevorstehenden Verkauf von Computern, DVD-Playern und anderen Elektrogeräten. Wie bei allen Gerüchten, kommt das »Tam-Tam« zunächst von außerhalb, denn in den Geschäften meines Viertels weiß man noch nichts von einer bevorstehenden »Technologieflut«. Mit einigen Jahrzehnten Verspätung soll es nun erlaubt sein, mit solchen elektronischen Schaltkreisen, Mikrochips und Scannern zu handeln, die Informationen erstellen, reproduzieren und verbreiten. Der wahre Grund, weshalb man diese Dinge vorher nicht kaufen konnte, war weder das Argument, Energie zu sparen, noch die Furcht vor verschärften gesellschaftlichen Unterschieden, sondern allein die Tatsache, dass man die Ausbreitung nicht hätte kontrollieren können. Nun aber, da ein iPod in die Hosentasche passt und ein USB-Stick Hunderte von Dateien speichern kann, ist jedes Verbot sinnlos geworden. Wozu sich in einem Kampf aufreiben, wenn der Sieger bereits feststeht? Die Technologie. Allerdings wird sich diese Öffnung nur in Etappen und nach wohl kalkulierten Kriterien vollziehen. Ein abgekartetes Spiel, bei dem der Preis die ersehnte Klimaanlage ist, die wir vielleicht dieses Jahr noch kaufen können, oder der Toaster, auf den wir doch noch zwei weitere Jahre warten müssen. Geht es in diesem Tempo weiter, werden Parabolantennen Mitte des Jahrhunderts bei uns auftauchen und meine Enkelkinder GPS erst als Erwachsene kennenlernen.

Alles oder nichts

Etwas offiziell anerkennen, was sich seit längerem schon im Schatten entwickelt hat, ist nicht das Gleiche, wie es erlauben und gutheißen. Der Druck des Unausweichlichen kennzeichnet die jüngsten Maßnahmen der kubanischen Regierung, die aber unseren Hunger auf weitere Öffnungen nicht stillen können. Es ist nicht damit getan, dass sie uns jetzt jede Woche ein Häppchen dessen zuwerfen, was wir unerlaubt bereits genießen. Was wir verlangen, ist eine echte Portion demokratischer Freiheiten. Wir geben uns nicht damit zufrieden, dass uns jetzt die »Lausbubenstreiche« gestattet werden, die wir uns schon seit langem hinter ihrem Rücken erlaubt haben, sondern fordern alles, was uns jahrzehntelang verboten wurde. Touristen dazu zu überreden, auf Kuba einen Handyvertrag abzuschließen, den sie uns dann später überlassen, ist weit verbreitet. Und Computerungetüme, die mit Teilen vom Schwarzmarkt zusammengebastelt wurden, stehen schon seit Jahren bei vielen Kubanern in der Wohnung. Die offiziellen Genehmigungen dafür sind deshalb das Ergebnis unserer Bemühungen, und keine fromme Gabe der Regierung. Wir erwarten eine echte Verschiebung der Grenzen. Und Maßnahmen, die mehr sind als ein stillschweigendes Abnicken durch ein Regime, das die mutigen Freiheiten, die wir uns herausnehmen, ohnehin nicht verhindern kann.

Die Angst vor einem Rückschritt

Elsa hat sich einen neuen DVD-Player und einen Schnellkochtopf gekauft, doch ihr Mann rät ihr, mit dem neuen Handy noch ein wenig zu warten. Er hat schon viele dramatische Entwicklungen erlebt und erinnert sich noch gut an die letzten »Maßnahmen gegen Reiche« in den neunziger Jahren. Damals wurde seine Schwester beschuldigt, sich unrechtmäßig bereichert zu haben, und man beschlagnahmte zwei Klimaanlagen, ein Auto sowie verschiedene Elektrogeräte bei ihr. Aus diesem Grund warnt er seine Frau jetzt davor, sich vom allgemeinen Konsumrausch anstecken zu lassen, der durch einige Ankündigungen der Regierung in letzter Zeit ausgelöst wurde.

Misstrauisch befürchtet er, es könnte fein säuberlich Buch geführt werden, wer die neuen Artikel kauft, die jetzt auf den Markt kommen. Schwer zu sagen, ob er Recht hat. Vorsichtshalber hat Elsa jedes Stück auf den Namen eines anderen Familienmitglieds erstanden. So ist die siebenjährige Tochter nun rechtmäßige Eigentümerin eines Schnellkochtopfs, ihr zwölfjähriger Sohn kann Besitzansprüche auf den DVD-Player geltend machen, und der Großvater, der kaum noch hört, wird einen Kaufvertrag über das Handy abschließen, falls sie sich eines zulegen wird. Niemand soll ihr irgendwann einmal nachweisen können, dass sie mehr Konsumartikel zusammengetragen hat, als sie sich bei ihrem Gehalt eigentlich leisten könnte.

Doch nicht nur Elsa und ihr Ehemann sind in diesen Dingen vorsichtig, sondern fast alle Kubaner. Selbst die Bauern fürchten, dass das Land, das man ihnen jetzt zur freien Nutzung überlassen hat, eines Tages, wenn es erst einmal fruchtbar gemacht und von Unkraut befreit ist, wieder verstaatlicht wird. Und auch wem es bisher noch nicht vergönnt war, sich einmal auf eine bequeme Hotelmatratze zu betten, der sorgt sich, dass der nun ermöglichte Zugang zu bislang verschlossenen Orten jederzeit wieder zurückgenommen werden kann.

Die verständliche Angst vor einem Rückschritt hält uns in Alarmbereitschaft, so dass wir ständig ängstlich auf neue Ankündigungen warten. Man mag unser Misstrauen vielleicht für übertrieben halten, doch die Erfahrungen der vergangenen Jahre sprechen für sich. Die Vorsichtigen warten ab, aus Angst vor der üblichen Kurskorrektur, während sich die Kühneren vom Sog der Veränderungen mitreißen lassen.

Scheren

Ich weiß auch nicht, wieso intolerante Menschen vor allem so fixiert auf Haare und Frisuren sind. Sie beobachten nicht nur argwöhnisch das, was im, sondern auch das, was auf dem Kopf sprießt. In den siebziger Jahren hätte sich mein Vater gerne eine schulterlange Mähne wachsen lassen, doch immer war eine Schere in der Nähe. Damit schnippten die bekannten Betonköpfe, die davon überzeugt sind, ein Mann ohne Fehl und Tadel sei am militärisch kahlrasierten Schädel zu erkennen. Damals wurden die Jeans und die Mähnen der Hippies als »ideologische Abweichung« gebrandmarkt.

Allerdings sind es nicht nur lange Haare, die diese auf Ordnung erpichten Barbiere nervös mit der Schere klappern lassen. In den finsteren neunziger Jahren entschloss ich mich – entnervt von einer Läuseplage und Shampoomangel –, mir radikal einfach alle Haare abzuschneiden. Damals war ich am pädagogischen Seminar eingeschrieben, und mein glänzender Schädel hätte mich beinahe den Studienplatz gekostet. Selbst auf der Straße wurde ich immer wieder von Leuten angesprochen, die glaubten, mich darauf aufmerksam machen zu müssen, dass »eine anständige Frau« nicht ohne volle Haarpracht auskommt. Zermürbt von diesen ständigen Kommentaren, ließ ich dann schließlich meine Haare wieder wachsen – *ad infinitum*.

Heute nun möchte sich mein Sohn nach dem Vorbild seiner geliebten japanischen Mangas ein paar Haarsträhnen über die Ohren wachsen lassen. Aber schon ist seine Schulleiterin zur Stelle und macht ihm den gleichen Ärger, den auch schon sein Großvater und ich erlebt haben. Nach Ansicht dieser Oberfriseurin verträgt sich ein solch unsoldatischer Haarschnitt nicht mit der ockergelben Uniform der Mittelstufe. So nähert sich die forsche Hand der Engstirnigkeit, die Schere der Intoleranz, die alles wegschneiden will, was anders ist, nun auch Teos rabenschwarzen Haaren und seinen »übertrieben« langen Koteletten.

Offenes Haar

Wie so viele andere in Havanna betreffen auch mich die Polizeiaktionen gegen verschiedene Hersteller von Plastikgegenständen wie Teller, Teelöffel, Haarspangen und Ähnlichem. Nach ihren Schlägen gegen die *buzos*[7] haben die Sicherheitskräfte nun während dieser Razzia namens »Offensive gegen den gesellschaftlichen Ungehorsam« dreizehn Werkstätten und zehn Magazine geschlossen, in denen die heiß begehrten Produkte illegal hergestellt oder gelagert wurden. Ihre Opfer, die nicht registrierten Produzenten, haben weder mit Waffen noch mit Drogen gehandelt, sondern einfach nur Plastikteller, Wäscheklammern und

Haarspangen hergestellt. Scheinbar gehört die massive Verfolgung dieser kleinen Gewerbetreibenden auch zu den Veränderungen, die hier so stolz herausgestellt werden und im Ausland freudige Anerkennung finden.

Ich jedenfalls werde mein Haar jetzt offen tragen, um gegen das Verschwinden jener Accessoires zu protestieren, mit denen ich meine Mähne bändigen konnte.

Außerdem mache ich mich schnell auf den Weg, um mir einen Aluminiumtopf und einen neuen Besen zu kaufen, die es, wie man nach der Razzia befürchten muss, auch bald nicht mehr geben wird. Wir Käufer von Plastikartikeln wären froh gewesen, hätte man den illegalen Produzenten, anstatt sie polizeilich zu verfolgen, ermöglicht, ganz legal ihrer Arbeit nachzugehen. Ließe man sie offiziell ihre Waren produzieren, könnte sich das ONAT[8] jetzt über Gewerbesteuereinnahmen freuen, und die Fabrikanten hätten Zugang zum Großhandel, um dort die Materialien für die Produktion einzukaufen. Bald würde niemand mehr für die gleichen Artikel die überhöhten Preise in den Devisenläden[9] bezahlen, und der Staat müsste sie nicht mehr umständlich und teuer aus dem Ausland importieren. Die notorischen Schnüffler hätten eine Aufgabe weniger und müssten keine Nachbarn mehr anzeigen, die Kaffeetassen, Kleiderbügel oder Dosendeckel fabrizieren. Und ich würde mich freuen, da meine Haare mit einer hübschen Spange aus heimischer Produktion, die ich bei einem Privatunternehmer gekauft hätte, sicherlich wieder besser zur Geltung kämen.

Was war zuerst da?

In diesen Tagen schießen die Preise auf den Schwarzmärkten in astronomische Höhen. Ein Ei kostet mittlerweile vier kubanische Pesos, ein Drittel des üblichen Tageslohns. Doch noch gefährdeter als unsere Geldbeutel sind die Kubaner, die diese Ware ohne Genehmigung verkaufen. Bis zu zwei Jahre Gefängnis stehen jetzt darauf. Dem liegt eine Verordnung der Regierung zugrunde, die den Schwarzhandel mit Eiern unterbinden soll, nachdem die Hurrikans Gustav und Ike in den Geflügelmastanlagen wahre Gemetzel angerichtet haben. Tollkühne Schwarzhändler werden in Schnellgerichtsverfahren verurteilt, die als Warnung an alle gedacht sind, die unter der Hand mit Lebensmitteln, Baumaterial und Medikamenten handeln.

Unsere Polizei, die gut darauf trainiert ist, Rindfleisch, Käse, Garnelen und Milchpulver aufzuspüren, ist jetzt den Eiern auf der Spur. Unmittelbare Folge dieses Vorgehens ist das Verschwinden bestimmter Produkte, die immer nur bei fliegenden Händlern zu bekommen waren. Heutzutage »Eier!« zu rufen, kann gefährlicher sein, als regierungsfeindliche Parolen zu skandieren. Na gut, ich will mal nicht übertreiben, missliebige Ideen sind von den Machthabern immer schon sehr viel härter unterdrückt worden.

Immerhin haben uns die neuerlichen Aktionen gegen den Schwarzmarkt zu einer interessanten Erkenntnis verholfen. Wir wissen jetzt, »was zuerst da war«. Am Anfang war das Ei. Als Nächstes verhaftet man dann die Leute, die hausgemachtes Gebäck verkaufen. Dann verurteilt man diejenigen, die gegen die überhöhten Benzinpreise protestieren, und schließlich die, die sich über den Mangel auf den Obst- und Gemüsemärkten beschweren. Wenn dann die Geflügelhändler dran sind, werden die verhängten Haftstrafen länger als ein Menschenleben sein.

Suppenwürfel

Als ich gestern für *Malanga*-Knollen anstand, die nach den Hurrikans rationiert wurden, geriet ich mit einer älteren Dame in der Schlange aneinander. Sie wollte zwei Freundinnen vorlassen, und ich rechnete aus, dass ich auf diese Weise bei den verbliebenen fünf Kilo leer ausgehen würde. Schließlich gab ich klein bei und ließ die beiden Damen vor, und als der Händler dann »es ist ausverkauft« zu mir sagte, regte ich mich noch nicht einmal auf. Ich finde es einfach deprimierend, ums Essen streiten zu müssen. Vielleicht bin ich deswegen so dünn. Auch auf dem Internat, auf dem ich die Oberstufe besuchte, habe ich nie die Krallen ausgefahren, um mir die größte Portion zu sichern, so wie es sich die Stärkeren angewöhnt hatten. Sobald ich mich gezwungen sehe, um Lebensmittel zu kämpfen, fühle ich mich so schlecht, dass ich mich verdrücke und mich lieber mit einer leeren Einkaufstasche auf den Heimweg mache. Solch übertriebene pazifistische Haltung sorgt in meiner Familie natürlich häufig für Unmut.

Zum Trost habe ich heute wieder Suppenwürfel eingekauft, die für die meisten Bewohner dieser Stadt zum festen Bestandteil ihres Mittagessens geworden sind. Fragt mich irgendein weltfremder Tourist nach einem typisch kubanischen Gericht, antworte ich, dass ich mich gar nicht daran erinnern könne. Dafür kenne ich aber alle typischen

Rezepte im kubanischen Alltag: »Reis mit Fleischgeschmack«, »Reis mit Würstchengeschmack«, »Reis mit Speckkonzentrat« oder, meine Spezialität, »Reis mit Hühner-Tomaten-Geschmack«, ein rosa-orangefarbenes Gericht, das immerhin ganz lustig aussieht.

Da wir ständig vorgekochte Nachrichten im Fernsehen serviert bekommen, abgepackte Reden mit überschrittenem Haltbarkeitsdatum, Standardsprüche, die uns beruhigen und nachsichtig stimmen sollen, passt es geradezu, dass sich unser Essen immer mehr diesem zum Aufstoßen reizenden Einheitsgeschmack anpasst. Auch ich kaufe Placebo-Lebensmittel ein, die mir vorgaukeln, ich würde zum Reis ein saftiges Kotelett oder einen Hähnchenschenkel essen. Nachdem ich mal wieder »lange« an unserem Mittagsmenü gekocht habe, stelle ich auch heute wieder eine Schüssel dampfenden Reis auf den Tisch. Kaum hat mein Sohn daran geschnuppert, fragt er mich vorwurfsvoll: »Und was ist mit der *malanga*? Warum hast du denn nicht darum gekämpft?«

Das Brotrezept

Jeden Tag fällt mir auf, dass man uns um das Rezept und die Kunst des Brotbackens gebracht hat. Und das meine ich nicht metaphorisch, weil »Brot backen« auf Kuba auch »miteinander schlafen« bedeutet. Nein, ich meine tatsächlich die Herstellung dieses Grundnahrungsmittels, unseres täglichen Brotes, jene seit Jahrtausenden bekannte Kombination aus Mehl, Wasser, Hefe und Feuer.

Das Brot meiner Kindheit bestand aus einem Teig, den man zu Kügelchen rollen und zu Figürchen formen konnte. Und der ist verschwunden. Niemand kann mir weismachen, dass dieses substanzlose, leichte, weißliche Produkt, das das Zahnfleisch reizt und auf der Kleidung sandige, trockene Brösel hinterlässt, tatsächlich Brot sein soll. Wo ist bloß das echte Brot geblieben? Von dem brauchte man nur eine Scheibe essen, um sich satt zu fühlen, und konnte es mit schwarzen Bohnen belegen und mit Butter bestreichen, ohne dass es gleich zerbröselte, wie dieser »Bimsstein«, den ich gerade gekauft habe.

Offenbar soll dieses Brot, das ich jetzt auf den Tisch stelle, uns gar nicht schmecken, denn schließlich gilt es in unserer Gesellschaft als kleinbürgerliche Schwäche, auf etwas so Nebensächliches wie den Geschmack der Dinge zu achten. Eine Schwäche, die bekämpft werden muss: Ein wahrer Revolutionär isst das Brot, wie es ihm angeboten wird, ohne sich zu beschweren und lange darüber nachzudenken.

Dieses Brot bezeugt, was wir eigentlich alle wissen: Die Verstaatlichung der Produktion und das Verschwinden der kleinen privaten Bäckereien, die in ihrem Viertel bekannt waren und immer eine »Spezialität des Hauses« und ihre »Geheimrezepte« besaßen, hat zu einem System geführt, das nicht funktioniert und uns Tag für Tag ein wenig mehr vergessen lässt, wie gut echtes Brot schmecken kann.

Kleine Vergleichsstudie

Für die eingefleischten Skeptiker, die immer behaupten, die Dinge änderten sich nicht, stelle ich hier die Fotos von zwei Broten gegenüber: Das eine kaufte ich letzten Juli aus rationierten Beständen, das andere wurde mir heute über die Theke gereicht.

Der entscheidende Unterschied ist nicht das Aussehen, sondern was in dem Zeitraum zwischen den beiden Aufnahmen geschah: Einige Funktionäre in den Backbetrieben, die Staatseigentum veruntreut hatten, wurden entlassen, Rechenschaftsberichte erstellt, die Qualität der Produkte beklagt, und schließlich stellte man resigniert fest: »Wir haben vergessen, wie man Brot backt.«

Der haarige Katzenschwanz

In den letzten Tagen ist auch der offizielle Markt zusammengebrochen, und das trotz der Meldungen, man werde hart gegen jeden vorgehen, der Produkte hinterzieht, mit den Preisen spekuliert oder Lebensmittel stiehlt. In meinem Stadtviertel mussten die staatlich geführten Cafés ihre Angebote erheblich reduzieren. Ein Fischrestaurant, das konvertible Pesos verlangt, hat die Pizza mit Garnelen von der Speisekarte gestrichen und serviert auch keinen Reis *a la marinera* mehr. Wie kann das sein? Wieso kommt auf dieser Insel kein Wirtschaftszweig ohne Schwarzhandel aus, ohne die starken Arme, die im Schatten der Illegalität sogar die Geschäftsfelder aufrechterhalten, die eigentlich zu hundert Prozent in Staatshand sein sollten?

Offensichtlich waren die Schwarzmarktlieferungen für die Restaurants und Cafés der Stadt unverzichtbar. Sogar ein großer Teil dessen, was als staatliche Zuteilung verkauft wurde, wurde in Wirklichkeit von den Angestellten bei dubiosen Lieferanten beschafft. Würde man sich in den staatlich lizenzierten Gastronomiebetrieben nur auf die Lieferungen der staatlichen Großhandelsbetriebe verlassen, könnte das tägliche Angebot nicht garantiert werden. Die Kellner und Geschäftsführer in diesen Restaurants arbeiten auch nur deshalb für den Staat, weil sie am Verkauf der Schwarzmarktware zusätzlich verdienen. Da diese nun ausgeblieben ist, haben sie das Interesse an einer abwechslungsreichen Speisekarte verloren. Und das bekommen die Kunden zu spüren.

Auf der Jagd nach der Maus hat sich der Schwanz der Katze in der Falle verfangen, dieser haarige Schwanz aus Korruption und Illegalität, den man nicht einfach abhacken kann, weil die Katze sonst verbluten würde.

Ich habe einen Traum

Ich versuche, mir etwas Unglaubliches vorzustellen: einen ganzen Tag, vierundzwanzig Stunden, ohne den Schwarzmarkt zu überleben. Ein Tag ohne den fliegenden Händler, der an die Tür klopft und Milch anbietet und dadurch dem Mangel an Milchprodukten auf dem rationierten Markt abhilft, scheint Menschen, die über sieben und unter fünfundsechzig[10] Jahre alt sind, völlig undenkbar. Es ist unvorstellbar, ein Tag ohne das Hin und Her auf dem Schwarzmarkt zu verbringen, um Eier, Öl oder Tomatensoße zu besorgen. Selbst für ein Tütchen Nüsse muss ich die Grenze zur Illegalität überschreiten. Und muss ich schnell irgendwohin, werde ich wahrscheinlich ein Taxi nehmen, das ohne Lizenz fährt. Ganz zu schweigen von dem breitgefächerten Angebot der nicht gemeldeten Handwerker, an die ich mich wende, wenn etwa die Waschmaschine streikt, der Brenner am Gasherd verstopft ist oder in der Dusche kein Wasser läuft. Alle diese Schatten-Handwerker halten meinen Alltag aufrecht und ergänzen die begrenzten Dienstleistungen, die uns der Staat anbietet. Sogar die Zeitung kriege ich nur zu einem überhöhten Preis. Und zwar bei den alten Männern, die bereits im Morgengrauen auf den Beinen sind und alle Exemplare von *Granma* und *Juventud Rebelde* aufkaufen, die sie dann als Zwischenhändler an die Zeitungsleser vertreiben, um auf diese Weise ihre kärglichen Renten aufzubessern.

Dazu liefert uns der Schwarzmarkt auch noch all die »nicht existenten« Dinge, und der in die richtigen Hände gedrückte Geldschein wird zum »Sesam öffne dich«. Noch unglaublicher ist jedoch, wie schnell sich die Schwarzhändler, nachdem sie wieder einmal Opfer einer der vielen Polizeirazzien geworden sind, erholen und ihr Geschäft von neuem beginnen.

Aus diesen Männern schmiedet man ein Volk.

Fünf Stunden Embargo kosten so viel wie die Gesamtmenge der Dialysegeräte, die für alle Patienten dieses Landes in einem Jahr gebraucht werden.

Ohne die Revolution hätten wir niemals davon träumen können, eine solch erfolgreiche Sportbewegung in unserem Vaterland aufzubauen.

Eine absurde Erste Welt konsumiert drei Viertel der Energie, die auf der ganzen Welt gewonnen wird.

Tag für Tag gilt es, seine Pflicht zu erfüllen.

Gemeinsam mit unseren Kindern, unseren Jugendlichen und dem ganzen Volk: Es lebe der olympische Sommer.

Wir arbeiten ... Und du?
Eins von unzähligen Beispielen der Castro-Propaganda.

Das Schild mit der Aufschrift »Sieg der Ideen« an einer morschen Holzfassade spiegelt die widersprüchliche Realität Kubas.

Uralte Schreibmaschinen. Wer sich nicht auf dem Schwarzmarkt umsieht, muss damit zufrieden sein.

Eine alles überragende Reklame für Touristen.

Ein ausgeweidetes Autowrack, Sinnbild des auf Kuba allgegenwärtigen Verfalls.

Ich habe ein Auge auf dich.

Blick in eine Metzgerei.

Internationale Buchmesse in Havanna, die traditionell auf der Festung San Carlos de la Cabaña stattfindet.

Ein Teil der Parole Socialismo o muerte *(Sozialismus oder Tod) ist vom Geäst des Baumes zugewachsen.* »Ob es nicht an der Zeit ist, das Schild abzunehmen?«*, fragt sich Yoani.*

»*Zu Befehl, Comandante!*«

In allen Größen: die kubanische Flagge.

Information und Gegeninformation

Das Gespenst der Prawda

In der kubanischen Presse erfährt man die wichtigsten Neuigkeiten nie durch die Überschriften, die etwas vom Inhalt des Artikels vorwegnehmen. Über die entscheidenden Entwicklungen werden wir unter Aufmachern wie »Informationen für das Volk«, »Bekanntmachung des Innenministers« oder »Erklärung des Staatsrats« in Kenntnis gesetzt. Diesen Montag kündigte die Tageszeitung *Granma* mit Riesenlettern eine »Bekanntgabe für unser Volk« an. Rasch haben die alten Zeitungszwischenhändler wieder alle verfügbaren Exemplare an den Kiosken aufgekauft und zwei Pesos auf das offizielle Mitteilungsorgan der Kommunistischen Partei Kubas draufgeschlagen.

»Die *Granma* wurde dazu ermächtigt, das Volk davon in Kenntnis zu setzen, dass …«, behauptete die Zeitung, ganz ähnlich wie man es früher in der *Prawda* las. Ich musste daran denken, wie viele Nachrichten unsere auflagenstärkste Tageszeitung täglich zu unterdrücken verpflichtet ist, und wie diszipliniert sie sich immer an die Weisungen hält, etwas zu verschweigen. Nachdem ich diese stalinistischen Reminiszenzen der Titelseite abgeschüttelt hatte, machte ich mich an die Lektüre. Nach wenigen Absätzen war mir bereits klar, dass nicht nur die Aufmachung an die schlechtesten Seiten der sowjetischen Presse vor Glasnost erinnerte, sondern auch der drohende Ton. In dem Leitartikel warnte man: »Auf jedweden Versuch, gegen die Gesetze und Regeln unseres gesellschaftlichen Zusammenlebens zu verstoßen, wird es eine sofortige, energische Antwort geben.« Und damit meinte man Spekulanten, Hamsterer und Schwarzmarkthändler, die nun noch härtere Strafen erwarten.

Besonders verwirrt hat mich ein kleiner Absatz: »Auf diese Weise wird man gegen alle verfahren, die sich durch Korruption oder Diebstahl bestimmte Privilegien zu sichern versuchen ...« Wie will die Oberstaatsanwaltschaft unserer Republik nur diese Herkulesarbeit bewältigen, angesichts der unzähligen Privilegien, mit denen auf unserer Insel ideologische Linientreue belohnt wird? Zählt zu den angeprangerten Exzessen auch das Häuschen am Meer, wo der Oberstleutnant mit seiner Familie die Ferien verbringt? Oder die Tüte mit Hühnchen und Waschmittel, die der Zensor, der missliebige Internetseiten aussortiert, mit nach Hause nehmen darf? Zählt dazu auch der Zugang zu günstigen Einkaufsmöglichkeiten, der Denunzianten und »Knochenbrechern« von der Staatssicherheit gewährt wird? Das jedenfalls sind die Privilegien, die ich überall um mich herum wahrnehme, aber ich glaube nicht, dass ausgerechnet die *Granma* zu einem Kreuzzug gegen diese Vorrechte aufruft. Das nämlich wäre ein wahrer Akt der Selbstzerfleischung. Statt »Bekanntgabe für unser Volk« hätte man den Artikel zutreffender mit »Drohung an unser Volk« überschrieben. Schließlich sind mit diesen harschen Worten, die sich vordergründig nur an Kriminelle richten, wir alle gemeint. Anders kann man es nicht interpretieren, denn wer könnte in diesem Land schon von sich behaupten, niemals die Schwelle zur Illegalität zu überschreiten? Welcher Bürger ist nicht auf den Schwarzmarkt angewiesen? Wie viele Familien sind gezwungen, Geld oder Waren zu unterschlagen, um angesichts ihrer kargen Löhne überhaupt überleben zu können? Welches Verteilungssystem wäre nicht von Korruption durchsetzt? Das alles ist eigentlich inakzeptabel, aber der Staat selbst toleriert es, als eine Art Überdruckventil, das soziale Unruhen verhindert. Als ich diesen Artikel las, fühlte ich mich nicht nur vom Gespenst der *Prawda*, sondern auch von einem Geist der Radikalisierung, der harten Hand und des »Ausnahmezustands«, bedroht. Ich spürte diese ständige Gefechtsbereitschaft gegen den Feind, eine Haltung, in der sich unsere Regierenden besonders wohl zu fühlen scheinen.

Die Abschaffung der Geschichte

Drei Tage lang wurden wir im Innenteil der *Granma* mit den Daten all der Jubiläen 2008 überschwemmt. Neben dem 155. Geburtstag José Martís erfuhren wir, dass Karl Marx nun schon hundertfünfundzwanzig Jahre tot ist und seit der Entführung des Rennfahrers Juan Manuel Fangio durch die *Bewegung des 26. Juni* bereits ein halbes Jahrhundert vergangen ist.[1] Dieses Vorgehen, die Daten als eine Art Merkblatt für die bevorstehenden Gedenktage und Feiern zu präsentieren, hat mich dazu angeregt, über das Verhältnis von uns Kubanern zur Vergangenheit nachzudenken. Vor allem die allzu große Bedeutung, die die Ereignisse von gestern in unserem gegenwärtigen Leben spielen, wundert mich. Diese Fülle an Hinweisen auf Ereignisse, die sich einmal zugetragen haben und die wir uns ins Gedächtnis zurückrufen sollen, steht in auffallendem Gegensatz zu der wenigen Zeit, die wir über die Zukunft reden. So ein Gedenktag soll ja daran erinnern, dass sich an einem bestimmten Tag vor soundso vielen Jahren etwas Dramatisches ereignet hat oder eine große Persönlichkeit zur Welt kam oder gestorben ist. Der Großteil der Jubiläen aber, die uns hier präsentiert werden, bezieht sich auf Geschehnisse von vor vierzig, fünfzig oder hundert Jahren, während die jüngere Vergangenheit von gähnender Leere umgeben ist. Wir unter Vierzigjährigen waren nie Hauptfiguren, nie die Akteure, sondern immer nur stumme Zuschauer der Taten anderer, passive Besucher im gut bestückten Archiv historischer Daten. Diese Vorliebe für Geschichte und Archäologie stiehlt uns vermutlich die Zeit, die wir für Diskussionen über die Gegenwart dringend bräuchten. Ich würde all diese Jahrestage gerne abschaffen. Und daher schlage ich vor, die Gegenwart nicht länger für die bloße Nacherzählung von Vergangenem zu missbrauchen, sondern als Trampolin für einen kühnen Sprung in die Zukunft zu nutzen.

Anders fernsehen

Diese Woche machen wir in der Familie eine Fernsehentzugstherapie. Wir werden das schrittweise durchziehen und befinden uns momentan in der Phase, da der Fernsehapparat zwar läuft, aber der Ton abgestellt ist. Eine sehr interessante Erfahrung. Die Bilder, die vor unseren Augen stumm über den Bildschirm flimmern, sind derart vorhersehbar, dass es uns leichtfällt, ihnen Stimmen und Klänge zuzuordnen. Kommt ein frisch bestelltes Feld ins Bild, habe ich sofort die Worte eines bekannten Sprechers im Ohr, der mir etwas von einer Kartoffelschwemme erzählt.

Sehe ich hingegen auf dem Bildschirm, wie sich Menschen in weißen Kitteln zu anderen hinabbeugen, fallen mir umgehend die Kommentare zu den kubanischen Ärzten ein, die in Bolivien oder Venezuela freiwilligen Hilfsdienst leisten.

Eins entdecke ich jedoch nicht, wenn ich diese tonlosen Beiträge verfolge: Alltagsszenen und so realistische Bilder, dass ich ihnen problemlos Sätze zuordnen könnte, die ich jeden Tag auf der Straße höre. Auf dem Bildschirm zeigt man mir, wie die Realität hätte sein sollen. Oder schlimmer noch, was ich für die Realität halten solle. Daher höre ich von dem Kommentator, dessen Stimme alle Kubaner verinnerlicht haben, niemals Sätze wie: »Die Preise sind weiter rasant gestiegen«, »In meinem Krankenhaus arbeiten jetzt nur noch siebzehn Ärzte, weil die meisten auf Solidaritätsmission ins Ausland delegiert wurden«, »Wenn ich an meinem Arbeitsplatz nichts mitgehen lasse, kommen wir nicht über die Runden« oder aber »Wo landen denn die Kartoffeln aus der guten Ernte, die nie auf unseren Markt gelangen?«

Das Fernsehprogramm hat so wenig mit meinem Leben zu tun, dass ich fast glaube, mein Leben ist nicht real. Die Menschen mit den langen Gesichtern, denen ich überall auf der Straße begegne, sind also fantastische Schauspieler und hätten eigentlich einen »Oscar« (oder einen »Coral«[2]) verdient. Und die unzähligen Probleme jeden Tag, um umherfahren, essen oder ganz einfach leben zu können, sind bloß Teil eines Drehbuchs. Während die Wahrheit, wie man mir unablässig einbläut, tatsächlich das sein soll, was man mir in der *Granma*, dem *Noticiero Nacional* und bei der *Mesa Redonda* erzählt[3].

Rückkehr zu Normalität

Die Schadensberechnungen nach der Naturkatastrophe sind abgeschlossen, und in unseren Nachrichtensendungen regiert wieder die heile Welt, in der die Lage entspannt ist und allseits optimistische Stimmung herrscht. Klagen und Zweifel haben keinen Platz zwischen all den Aufforderungen zur Zuversicht. Meinungen und Gesichter, die uns im Fernsehen präsentiert werden, sind sorgfältig ausgewählt: Gezeigt wird nur, wer Erfreuliches zu berichtet hat. Die Wendung »zur Normalität zurückkehren« hört man aus dem Mund von Parteisekretären, ebenso wie von Lastwagenfahrern, die Ziegel transportieren, und selbst von den Opfern. Ziel ist es, um jeden Preis diese »momentane Situation« vergessen zu machen und zum »Davor« zurückzukehren – vor die Zeit der Hurrikans Gustav und Ike.

Doch mag die Erinnerung noch so sehr verblassen, so etwas wie »Normalität« wird hier nicht mehr einkehren. Jedenfalls habe ich während der über dreißig Jahre, die ich auf dem Buckel habe, nie etwas anderes als Anormalität erlebt. Gerne würde ich die Leute fragen, die dieses Wörtchen »normal« jetzt so häufig in den Mund nehmen, ob sie den *Período Especial*, die Sonderperiode in Friedenszeiten, oder die Angst vor der *Opción Zero*[4] für normal hielten? Sind die stundenlangen Reden des Staatsoberhaupts, die Massenmobilisierungen in der von der Führung ausgerufenen »Schlacht der Ideen« oder die organisierten »Missfallenskundgebungen[5] gegen Andersdenkende normal? Ist es »normal«, wenn sich Freunde von mir ein Floß zusammenzimmern und damit aufs offene Meer hinausfahren? Oder das endlose Schlangestehen für alles und jedes, um dann ständig hören zu müssen: »Ja, das haben wir da, aber es steht dir nicht zu«, oder: »Es steht dir zwar zu, aber wir haben es nicht da.« Sind die vollmundigen Ankündigungen von Veränderungen, die nie durchgeführt werden, die unbestellten Äcker, die Vorstellung, in einem Land zu leben, in dem eine abweichende Meinung als Verrat gilt, das Reden hinter vorgehaltener Hand, die Wahnvorstellung, alle Leute ringsumher gehörten dem Machtapparat an, die eingeschränkte Reisefreiheit, die Privilegien für einige wenige, das doppelte Währungssystem, die Indoktrinierung in den Schulen, die fehlenden Perspektiven, die Plakatwände mit den Parolen, an die längst kein Mensch mehr glaubt, das Warten, und schließlich die Träume, irgendwann einmal einen annähernd »normalen« Zustand zu erreichen – ist das alles »normal«?

Gerede und Lügengeschichten

Mit Gerüchten ist es wie mit Spritzen: Ist man krank und braucht viele davon, beachtet man sie irgendwann nicht mehr. Anfangs weckt das Gerede neue Hoffnungen. Dann stellt sich heraus, dass es Falschmeldungen waren, und Enttäuschung macht sich breit. Anfang 2007 ging beispielsweise die Nachricht um, Cubacel[6] ermögliche es den auf der Insel wohnenden Kubanern, Handyverträge abzuschließen, deren Rechnungen mit kubanischen Pesos bezahlt werden können. Viele Kubaner haben sich daraufhin ein Handy geleistet und hatten auch schon den Klingelton gewählt, nur um dann zu erfahren, dass die für ihr Handy benötigte SIM-Karte gar nicht zu kaufen war. Andere Gerüchte versprechen Verbesserungen, die sich dann als Verschlimmbesserungen herausstellen. So wurde eine flexiblere Handhabung von »Ausreisegenehmigungen« und »Einladungsbestätigungen« angekündigt: Zwar führte man tatsächlich ein neues Verfahren ein, aber dadurch wurden die gesamten Ausreiseprozeduren nur komplizierter und die Hürden noch höher. Die gefürchtetsten Gerüchte kündigen Unheil an, also Razzien, Verhaftungen, Gesetzesverschärfungen oder Rückschritte. Es ist immer ratsam, solche Gerüchte sehr ernst zu nehmen, um nicht auf dem falschen Fuß erwischt zu werden, falls sie sich als wahr herausstellen. Ich persönlich tue mich allerdings immer schwer, Gerüchten zu glauben. Ja, selbst Fakten misstraue ich, weil in unserem romanhaften Alltag Gerüchte häufig noch glaubhafter erscheinen. Denn flüstern, tuscheln, fantasieren, spekulieren – all das schießt übers Ziel hinaus, wenn es an zuverlässigen Informationen mangelt. Ein Gerücht entspringt meistens dem Wunsch, das sehnsüchtige Getuschel möge sich in eine Tatsache verwandeln. Und einem Gerücht kann nichts Schlimmeres passieren, als dass es, wie in der bekannten Kindergeschichte *Peter und der Wolf*, nicht mehr wirkt, weil man es schon zu häufig gehört hat. Die Menschen stumpfen ab, haben genug von den falschen Erwartungen und stellen sich taub. Und damit hat der Wolf leichtes Spiel und kann die Schafe fressen. Denn niemand wird noch auf den Ruf hören: »Aber jetzt ist es wahr!«

Wir wählen den Humor

Ein Komiker, der jeden Mittwoch als Mente Pollo (Spatzenhirn) im Fernsehen auftritt, bringt uns immer wieder zum Lachen. Zur besten Sendezeit spricht der »gewitzte Dummkopf« auf dem Sender Cubavisión unverblümt das aus, was wir höchstens auf der Straße hinter vorgehaltener Hand zu tuscheln wagen. Das geht vor laufender Kamera nur, weil er seine Beobachtungen in Witze und Anspielungen kleidet. Dennoch ist seine Kritik manchmal so scharf und deutlich, dass wir uns um ihn sorgen. Wir können ihm sehr dankbar sein, weil er auf witzige Weise unseren absurden Alltag so treffend darstellt. Und weil er die Probleme, die von unseren Parlamentariern in ihren Sitzungen gerne totgeschwiegen werden, so offen benennt. Deshalb ist Mente Pollo für mich die einzige Figur der kubanischen Öffentlichkeit, die auch meine Zweifel und Einstellungen vertritt. Möglicherweise ist sein Weg, Kritik als Scherz zu verkleiden, erfolgreicher als meiner.

Letzten Donnerstag haben gleich mehrere Freunde zu mir gesagt: »Die setzen seine Sendung *Deja que yo te cuente* (Lass mich dir erzählen) bestimmt bald ab. Seine Kritik geht zu weit.« Ach was! Der ehrenwerte weise Professor Mente Pollo und seine Kollegen witzeln ja nur darüber, was wir täglich ernsthaft beklagen. So hat er uns in seiner vorletzten Sendung die Ratlosigkeit zukünftiger Archäologen gezeigt, wenn sie einmal die Überreste eines Hähnchens finden werden: Wie sollen sie das Tier auch rekonstruieren? Denn egal ob auf Bezugsschein oder im Devisenladen gekauft – die Brust fehlt immer.

Auf jeden Fall geben Mente Pollo, Lindoro Incapaz, Taller Rosca Izquierda und Pipo Pérez auch im Komikergewand unsere Wirklichkeit und unsere Skepsis treffender wieder als alle Berichte und Gesprächsrunden im *Noticiero Nacional*, bei *Mesa Redonda* oder alle Kommentatoren, die sonst noch im Fernsehen auftreten.

Wo steckt Pepito?

Der rotzfreche Lümmel Pepito[7], die Hauptfigur in vielen Witzen, die ebenso aufsässig wie gemein sein kann, ist in letzter Zeit sehr schweigsam geworden. Schade, denn er besaß immer diesen scharfen Spott, der uns selbst in tragischen Momenten zum Kichern brachte. Ihm haben wir Dinge in den Mund gelegt, die wir ernsthaft nicht zu behaupten wagen. So konnten wir uns über Institutionen und Politiker lustig machen und über Probleme lachen.

Pepito bereiste den Mond, die Hölle und den Vatikan und hat auch immer wieder die Floridastraße durchquert. Jung und strafunmündig konnte er gefahrlos die frechsten Lösungen vorschlagen, und mehr als einmal hatte er einen besseren Durchblick als alle Analysten und Akademiker. Im *Período Especial* wurde er sarkastisch und pessimistisch, doch seit einigen Jahren gibt er sich nun gemäßigt und gelangweilt.

Seit Monaten haben wir keinen Witz mehr von ihm gehört, und eine eigenartige Nüchternheit macht sich in unserem Leben breit. Manche behaupten, Pepito sei ausgewandert oder gestorben. Aber vielleicht hat er auch einfach seinen Humor verloren oder wurde doch wegen allzu gewagter Witze verhaftet und hinter Gitter gesteckt. Ich befürchte allerdings, wir sind alle zu ernst geworden, zu besorgt, zu resigniert, so dass wir ihm die Luft zum Atmen genommen und ihn gezwungen haben, sich verantwortungsvoll zu zeigen, vernünftig, vorsichtig. Also nicht mehr Pepito zu sein.

Halbnachrichten

Für uns Kubaner ist es schwierig, sich über das zu informieren, was auf unserer Insel und in der Welt so vorgeht. Deshalb haben wir gelernt, zwischen den Zeilen zu lesen, jeder Nachricht zu misstrauen und zu bezweifeln, was uns diese Herren in Anzug und Krawatte im Fernsehen erzählen. Macht ein Beitrag mit der Ankündigung auf, dass irgendein »Dienst« wiederhergestellt sei, liefert man uns damit zwei Nachrichten in einer: Zum einen, dass dieser Dienst jetzt wieder funktioniert, zum anderen, dass er eine Zeit lang gestört war (was zuvor niemand berichtet hatte). Genauso ist es mit den vegetarischen Restaurants, die vor sieben Jahren überall in der Stadt aus dem Boden schossen. Damals waren sie der Presse viele Artikel wert. Jetzt haben sie reihenweise wieder geschlossen, aber kein Journalist fühlt sich dazu verpflichtet, über ihr Aus zu informieren.

Gestern wurde gemeldet, die Studenten der Universität Santiago de Cuba seien gemeinsam mit ihren Professoren für die Revolution durch die Straßen der Stadt marschiert. Irgendetwas kann da nicht stimmen. Denn gerade vor einer Woche kursierte hier das Gerücht, dass dort in Santiago die Studenten auf die Straße gegangen seien, um gegen ihre erbärmliche Unterbringung, die schlechte Verpflegung und die Probleme im öffentlichen Nahverkehr zu protestieren. Das kubanische Fernsehen bleibt jedoch seiner bekannten Linie treu, nach der es uns wie kleine Kinder behandelt, die keine eigenen Schlüsse ziehen können. Es verschweigt mal wieder die entscheidenden Fakten und meldet Erfolge, die in Santiago de Cuba angeblich zu verzeichnen seien.

In unseren Medien wimmelte es von solchen »Halbnachrichten«: Auf dem Bildschirm durften wir zum Beispiel verfolgen, wie die kubanischen UNO-Vertreter in der

Vollversammlung den Saal verließen, als George W. Bush ans Rednerpult trat, aber was der amerikanische Präsident gesagt hat, erfuhren wir nicht. Wir haben die massenweise Unterzeichnung einer »Mumifizierung der Verfassung« miterlebt, ohne dass dabei das »Varela-Projekt«[8] erwähnt worden wäre, worauf die Regierungsmaßnahme doch ganz offensichtlich antwortete. Im vergangenen Januar haben wir in der Tageszeitung *Granma* eine mysteriöse Stellungnahme des Künstler- und Schriftstellerverbandes UNEAC im Rahmen einer intellektuellen Debatte lesen können, über die zuvor aber in den Medien niemand berichtet hatte. Und vor einiger Zeit sahen wir auf dem Bildschirm, wie der bolivianische Außenminister den amerikanischen Botschafter aufforderte, eine Erklärung zurückzunehmen, von der wir Kubaner zum ersten Mal hörten.

Zeitungen und Nachrichtensendungen sind voll von Halbwahrheiten, Meldungen werden unterschlagen, Ereignisse totgeschwiegen, mit dem Ziel, ein idyllisches Bild unserer Insel zu präsentieren. Versucht dann hin und wieder ein kritischer Bericht – zum Beispiel zur Messungenauigkeit der Waagen auf den Märkten oder zu übertrieben hohen Taxipreisen –, dieses Bild ein wenig, aber vergeblich zu trüben, ist das pure Heuchelei. So müssen wir uns täglich als wahre Informationsarchäologen betätigen, um die Bruchstücke, die man uns liefert, zu einem Ganzen zusammenzufügen.

Wir basteln uns die Informationen und Nachrichten größtenteils aus Gerüchten zusammen, wobei wir uns nur auf unsere Intuition und wenige offizielle Fakten verlassen können. Was dabei herauskommt, kann man sich leicht vorstellen.

Die »Wahl-Lehre« Venezuelas

Als ich mich nach Mitternacht schlafen legte, ahnte ich schon, dass das »Nein« gewinnen würde.[9] Woher ich das wusste? Nun, ich habe mir angewöhnt, in der kubanischen Presse noch aufmerksamer als die eigentlichen Meldungen alle Auslassungen und alles Totgeschwiegene zu »lesen«. Vor allem der fehlende Enthusiasmus unserer heimischen Medien nahm für mich das Ergebnis des Referendums in Venezuela vorweg.

Heute Morgen um halb sieben brachte dann das kubanische Fernsehen in der Sendung *Buenos Días* (Guten Morgen) als erste Meldung ein Grußwort des Gesundheitsministers zum »Tag des Arztes«. Kurz darauf verkündete man dann – die journalistische Grundregel »Wie? Wann? Warum?« außer Acht lassend – als zweite Nachricht, der venezolanische Staatspräsident Hugo Chávez fordere dazu auf, den Weg der »Vertiefung des Sozialismus« weiterzugehen. Es hat mich zwar einige Sekunden gekostet, aus den kompliziert verschlüsselten Äußerungen, die wichtigen Informationen herauszufiltern, aber schließlich habe ich doch verstanden, dass die Venezolaner »Nein« gesagt hatten.

Ich selbst habe zwar nie an einem Referendum teilgenommen und stärke bei den meisten Abstimmungen das Lager der Enthaltungen, verstehe aber die Bedeutung der Entscheidung der venezolanischen Wähler. Wir Kubaner können aus ihrer Ablehnung lernen – schade, dass man sie nicht direkt übertragen kann –, dass so eine kleine Silbe ausreichen kann, um autoritäre Typen zum Schweigen zu bringen. Ein kleines Wort reicht – und die Dreistigkeit eines Politikers ist erst einmal gestoppt.

Ich will heute den Tag über mal versuchen, in jeden Satz, den ich von mir gebe, ein »Nein« einzuflechten. Schon jetzt freue ich mich auf das Augenzwinkern und das komplizenhafte Grinsen, mit denen ich jedes meiner »Neins« unterstreichen werde.

Ohne Verspätung

Die ersten Bilder vom Fall der Berliner Mauer habe ich erst elf Jahre nach den Ereignissen im November 1989 gesehen. Damals hatten nur wenige Kubaner einen Videorekorder oder Zugang zur ausländischen Presse. Und Nachrichten erreichten uns oft erst, wenn sie bereits Geschichte waren. Den jungen Chinesen, der sich auf dem Platz des Himmlischen Friedens einem Panzer in den Weg stellte, sah ich erst zehn Jahre später. Das Gleiche passierte auch mit Geschehnissen, die uns sehr viel näher waren und von denen wir dennoch kaum etwas erfuhren. Im August 1994 kam es zum sogenannten *Maleconazo*[10], und wir konnten uns den Aufruhr mit Steinehagel und Schlagstöcken nur anhand vereinzelter Bilder ausländischer Fernsehsender rekonstruieren.

Zum Glück sind die Zeiten vorbei, als die offizielle Presse, die Nachrichtensendungen im Fernsehen sowie das kubanische Radio die einzigen Informations- bzw. Desinformationsquellen waren. Der technologische Fortschritt macht vieles einfacher für uns – trotz aller Beschränkungen im Internet. So können wir Satellitenfernsehen empfangen und ohne Störungen Kurzwellenradio hören. Heute dringen alle Neuigkeiten sogar bis zu uns vor.

Das belegt auch die rasche Verbreitung des Videos, auf dem Eliécer Ávila, Student der Informatikhochschule UCI, den Präsidenten des kubanischen Parlaments, Ricardo Alarcón, in die Enge treibt.[11] Wie dieses Band mit den Fragen, auf die Alarcón mit einem plötzlichen Schweißausbruch, einem nervösen Gestikulieren und den üblichen Hinweisen auf die Vergangenheit reagierte, an die Öffentlichkeit gelangt ist, darüber wird immer noch heftig spekuliert. Auf jeden Fall hatten einige Wochen später sehr viele Kubaner diese besondere Gesprächsrunde bereits gesehen oder zumindest gehört.

Es wird nicht gelingen, dieses verborgene, stets gefährdete Informationsnetz, das uns »Nachrichten von uns selbst« zuträgt, wieder zu zerschlagen. Die Informationspolitik des Regimes mit ihren parteiischen, lückenhaften und totgeschwiegenen Nachrichten, hat uns zu emsigen Datensammlern und Meistern der Recherche werden lassen. Heute ist es das Video aus der UCI, morgen werden es vielleicht noch geheimere, sorgsamer archivierte Daten sein, die sich wie Metastasen in der kubanischen Gesellschaft ausbreiten. Während die offiziellen Medien in ihrer Lethargie verharren, sind wir dabei, uns zu informieren. Der Student aus der UCI hat für uns nun ein Gesicht, wir kennen seine Stimme und haben das Gestammel seines Gesprächspartners vernommen. Bilder brauchen keine zehn Jahre mehr, um zu uns zu gelangen, und auch bei uns ist heute einiges anders als damals auf dem riesigen Platz in China, wo ein junger Mann den Panzern entgegentrat.

Der längste Krieg

Am Donnerstag wurde zum ersten Mal überhaupt auf unserer Insel ein kubanischer Film über den Krieg in Angola gezeigt. Viele Pärchen haben sich lieber irgendwo anders ein lauschiges Eckchen gesucht, denn der kubanische Feldzug in Afrika weckt hier nur wenig Interesse. Der Film läuft mit zwanzig Jahren Verspätung. Denn *Kangamba*, so heißt er, hätte Ende der achtziger Jahre noch für lange Schlangen vor den Kinokassen und für leidenschaftliche Kommentare gesorgt, doch in der aktuellen Situation möchten nur noch wenige Menschen daran erinnert werden, was damals geschah.

Unser Feldzug auf dem Staatsgebiet Angolas war der längste Krieg in der kubanischen Geschichte. Fünfzehn nicht enden wollende Jahre lang haben wir in diesem fremden Land gekämpft, getötet und uns töten lassen, für Menschen, die noch nicht einmal wussten, wo Kuba liegt. Damals lag der lange Schatten des Kreml auf unserer Insel, von dem wir derart abhängig waren, dass unsere Politiker nicht zögerten, sich dem sowjetischen Kampf gegen die UNITA[12] anzuschließen. Die Außenpolitik verlangt harte Opfer von den kleinen Ländern, die die mächtigen Imperien umkreisen.

Während der fünfzehn Kriegsjahre gingen keine kubanischen Mütter auf die Straße, um gegen den Fronteinsatz ihrer Söhne zu demonstrieren. Niemand stellte in den Medien öffentlich jene Frage, die alle hinter vorgehaltener Hand murmelten: »Was haben wir bloß in Angola verloren?«, und keine friedensbewegten Aktivisten ließen von irgendeinem Rekrutierungslager weiße Friedenstauben auffliegen. Tatsächlich waren wir sogar noch gutmütigere Untertanen als heute, und deshalb fiel es nicht schwer, junge Kubaner zum Töten oder Sterben in das ferne afrikanische Land zu schicken, ohne dass sie überhaupt durchschaut hätten, was dieser Kampf sollte. Heute werden wir über jeden Verlust informiert, den die US-Armee im Irak erleidet, aber ich weiß noch genau, welch großes Geheimnis damals um die kubanischen Soldaten gemacht wurde, die im Angolakrieg fielen. Manchmal erfuhren wir, dass unser Nachbar einen Bruder verloren hatte oder ein Arbeitskollege mit nur einem Bein aus Afrika heimkehrte, doch in der Presse wurden ausschließlich Siegeshymnen angestimmt. Nur im kleinen Kreis der Familien, die nicht richtig verstanden, was ihre Söhne, Männer oder Brüder dort auf der anderen Seite des Atlantiks zu suchen hatten, wurde der Toten gedacht. Geblieben sind die Gräber auf den Friedhöfen, die gerahmten Fotos in den Wohnzimmern, die Vasen voller Blumen an jedem Jahrestag sowie die langen Reden derer, die den Krieg nur aus der Ferne kannten. Doch niemand hat je auf die Frage antworten können: »Was hatten wir Kubaner in Angola verloren?«

Welcher Martí ist deiner?

In Havanna gibt es eine ganze Reihe von Martí-Denkmälern, aber zwei davon wirken für mich so verschieden, ja gegensätzlich, dass ich darin nur schwer ein und denselben Nationalhelden erkenne (s. dazu auch Anmerkung 1 im Kapitel »Schwarzmarkt«). Die eine Statue befindet sich beim Parque Central, während der andere Martí nicht weit vom Meer entfernt auf seinem Sockel steht und den Zeigefinger drohend gegen das Oficina de Intereses de los Estados Unidos (die Interessenvertretung der Vereinigten Staaten) streckt. Jeder Kubaner hat sein eigenes Bild von Martí. Meines entspricht mehr dem Mann, der mit erhobener Hand – als wolle er ums Wort bitten – auf dem zentralen Platz nur wenige Schritte vom Capitol entfernt steht. So wie er seine marmorne Hand hebt, scheint er darauf gefasst zu sein, weitere achtzig Jahre warten zu müssen, bevor man ihm endlich das Wort erteilt. Ich stelle mir vor, was wir von ihm hören könnten, würde man uns die Ohren nicht mit Parolen und Kampfgeschrei volldröhnen. Und wie er seine Gedanken vortragen würde, nämlich in sachlichem Ton, mit der warmen Stimme eines Menschen, der Ideen entwickelt, und nicht im hysterischen Tonfall eines Generals, der Befehle erteilt. Der andere Martí, der mit dem athletischen Oberkörper und der anklagenden Pose, lässt der Fantasie wenig Raum. Sein linker Arm deutet auf einen entfernten Ort und scheint bemüht, diesen für all unsere Probleme verantwortlich zu machen. Dass er auf dem anderen Arm ein kleines Kind trägt – ein zugegebenermaßen ungewöhnliches Detail –, kann für mich dieses autoritäre Auftreten kaum abschwächen. Vor diesem Martí hebe ich die Hand und bitte ums Wort, in der nicht sehr großen Hoffnung, meine Meinung äußern zu dürfen. Zwei Statuen, ein Mensch: ein Martí, den man nicht zu Wort kommen lässt, und der andere, der uns nicht zuhören will.

Kaum graue Haare und viele Träume

Diesen Eintrag möchte ich dem Journalisten Reinaldo Escobar widmen, der gerade seinen sechzigsten Geburtstag gefeiert hat. Sechs beneidenswerte Jahrzehnte, die so reich sind an Erlebnissen, dass sie für gut zweihundert Jahre eines normalen Lebens reichen würden. Jahrelang schrieb er für *Juventud Rebelde*, bis man ihn 1988 aus der Redaktion schmiss, weil seine Artikel, wie man ihm damals vorwarf, nicht mehr mit der politischen Richtung des kommunistischen Jugendverbandes übereinstimmten. Er musste seinen Beruf aufgeben und zusehen, wie er nun irgendwie über die Runden kam. Um seinen Lebensunterhalt zu verdienen, hat er das Handwerk eines Fahrstuhlmechanikers erlernt. Dabei ist er aber allen Rückschlägen und Hindernissen immer mit eben jener Weisheit begegnet, die ihn auch zu einem Ratgeber und Adoptivvater für Hunderte von Personen machte. »Das gehört auch zum Leben.« Mit dieser stoischen Einstellung schafft er es bis heute, ebenso gelassen mit Vorverurteilungen und Verleumdungen wie mit regelmäßigen Besuchen und Repressalien der »Jungs vom Apparat« umzugehen.

»Macho«, so nennen ihn seine Freunde, erlebte, wie in seiner Wohnung eine ganze Generation von Sängern »heranwuchs«. Und zwar vor allem während der legendären Treffen der Gruppe Macho Rico, die während der härtesten Jahre der Sonderperiode immer am letzten Freitag des Monats bei uns stattfanden. Aus einer Schüssel mit Zucker, die im Flur auf dem Tisch stand, konnten sich alle Mitglieder, die die vierzehn Stockwerke zu Fuß hinaufgestiegen waren, sofort mit der nötigen Energie versorgen, die sie zum Singen oder Gitarrespielen brauchten.

Reinaldo hat etwas von einem *behique*[13] – seine Gesichtszüge eines Taínos bestätigen es –, und er besitzt die Gabe, alles irgendwie erklären zu können. Bei jedem seiner vielen Projekte ist er sofort bereit, sich »voll reinzuhängen«, und gerade junge Leute wenden sich gerne an ihn, weil seine Ideen oft noch verrückter und kühner sind als ihre eigenen. Reinaldo Escobar sammelt Wörterbücher, sein Freundeskreis wächst beständig, und mit seiner Lebenshaltung zeigt er uns in jedem Moment, dass es nicht darauf ankommt, »was einem zustößt, sondern wie man damit umgeht«.

Macho, mit dem ich seit vierzehn Jahren mein Leben teile, steht dafür – und bestimmte Leute wird das schmerzen –, dass man auch mit sechzig nur wenige graue Haare und noch viele Träume haben kann.

Wie bringt man es ihm bei?

Néstor Perez

Am Samstag bin ich nach Pinar del Río gefahren, wo immer noch kaum Autos auf den Straßen fahren. Ich wollte Freunde besuchen, sowie die Leute kennenlernen, die nach wie vor unerschrocken die Zeitschrift *Convivencia* herausgeben. Die Fahrt in dem alten Chevrolet, einem privaten Taxi, war so unbequem, dass ich mit einem steifen Hals ausstieg.

Am Abend habe ich mich dann eine ganze Weile mit Néstor unterhalten, einem jungen Mann, der wegen seiner Mitarbeit an der von Dagoberto Valdés betriebenen Website von der Uni geflogen ist. Ich versuchte ihn zu trösten, indem ich ihm erklärte, so ein akademischer Titel sei häufig nur eine Last und zu nichts zu gebrauchen. Tatsächlich verstaubt meine Examensurkunde seit acht Jahren in einem Regal im Schlafzimmer. Auf dem Dokument ist zwar festgehalten, dass ich ein Studium der Sprachwissenschaft mit Erfolg abgeschlossen habe. Aber trotzdem kann ich die Sprache nicht so einsetzen, wie ich das gerne möchte. Einige gotische Lettern bestätigen, dass die Sprache mein Reich ist, zeigen aber nicht, wo die Zensur beginnt.

Sollte Néstor seine Karriere doch weiterverfolgen können, wird er seinen Juraabschluss machen, die Robe anlegen und wahrscheinlich zahlreichen Angeklagten vor Gericht beistehen. Doch seine Examensurkunde ist und bleibt nur ein Stück Papier mit einer Berufsbezeichnung darauf. Denn die Tinte des Lebens und die Schriftstücke des Alltags werden ihn lehren, dass die Gesetze dehnbar sind und so ausgelegt werden, wie es denen, die sie geschaffen haben, gerade passt. So haben der Rektor und die Mehrzahl der Kollegen, als sie dafür stimmten, ihn vom Studium auszuschließen, Néstor bereits gezeigt, wie unberechenbar das Rechtswesen ist. Auch wenn sie es nicht beabsichtigt haben, haben sie ihn davor bewahrt, alles auf einen akademischen Titel zu setzen, der zwar mit großer Anerkennung, aber mit noch größeren Beschränkungen verbunden ist.

Journalismus oder Literatur

Gegen Ende der Oberstufe hatte ich mir in den Kopf gesetzt, Journalistin zu werden. Zusammen mit drei Freundinnen nahm ich Privatunterricht bei einer Lehrerin, die Interessenten auf die Aufnahmeprüfung für die Universität vorbereitete. Zu meinem Leidwesen ließ sich diese Frau nicht von der Überzeugung abbringen, dass aus mir keine gute Reporterin würde und meine Talente für ein anderes Betätigungsfeld sprächen: die Philologie. Ihre Prophezeiung blieb nicht ohne Wirkung, denn schließlich landete ich wirklich inmitten literarischer und linguistischer Theorien, anstatt hinter den Neuigkeiten des Tages herzurennen.

Es war aber nicht allein die Vorhersage dieser »Seherin« aus Havanna, die mich vom Journalismus abbrachte, sondern auch die Erkenntnis, wie unsagbar frustrierend es sein würde, über die Tagesereignisse einer Gesellschaft zu schreiben, die von Zensur, Opportunismus und Doppelmoral geprägt ist. Damals kannte ich Reinaldo bereits. Und als ich miterlebte, wie seine Lust zu schreiben von einem harten Arbeitstag als Fahrstuhlmechaniker erstickt wurde, war das der Todesstoß für meine Jungmädchenträume von einer Zukunft als Journalistin.

Glasnost war vorüber, und auf Kuba machte sich unter den Chronisten und ihren enttäuschten Lesern das Gefühl breit, eine Chance verpasst zu haben. Im Fernsehen erzählte man uns unablässig, die Wirtschaft wachse wieder, das Land werde durchhalten und der »unschlagbare Revolutionsführer« uns alle zum Sieg führen, während unsere erbärmlichen Lebensbedingungen dieses pathetische Triumphgeschrei und die vorgelegten Wachstumszahlen brutal widerlegten. Und einmal mehr war ich erleichtert, nicht Journalistin geworden zu sein.

In meiner Welt der Metaphern wähnte ich mich in Sicherheit. Dabei liegen diese beiden Gebiete, Journalismus und Literatur, gar nicht so weit auseinander. Denn ein Großteil dessen, was die kubanischen Medien verbreiten, hat wenig mit Wahrheit und viel mit Dichtung zu tun.

Ich hatte mich ins Fiktionale geflüchtet, in Dramen und Romane, und dabei fiel mir mehr und mehr auf, dass es auch in unserer Presse und im Fernsehen von irrealen Persönlichkeiten nur so wimmelt, von utopischen Geschichten, die niemals wahr werden, von lächelnden Grimassen, die aus Scharen verängstigter Gesichter ausgewählt wurden.

Mit ihrer Prognose wollte mir meine Privatlehrerin damals schon etwas mitteilen, was ich Jahre später alleine herausfand: Von den Fiktionen der kubanischen Journalisten auf der einen und der unserer Schriftsteller auf der anderen Seite, besitzen letztere immer noch den größeren Wahrheitsgehalt.

Internet mit Rauchsignalen

Es gibt neue Beschränkungen fürs Internet, die nun auch die Zugänge zu kubanischen Providern betreffen. Yahoo und Gmail sind am meisten betroffen, zusammen mit Google, wo man nun alle Seiten speichert, die von den ideologischen Filtern ausgesiebt worden sind, und die so nur noch im Cache zugänglich sind.

Noch nicht einmal in den wenigen Internetcafés Havannas lässt sich effektiv surfen. Die Computer sind langsam und in einem erbärmlichen Zustand, falls sie überhaupt funktionieren. Und die hohen Preise von fünf bis sechs konvertiblen Pesos für eine Stunde machen das Internet zu einem Luxus mit bitterem Beigeschmack. Die meisten Hotels haben den Internetzugang für ihre Gäste reserviert, und bei correosdecuba.cu (der kubanische Mailanbieter) müssen die User aufpassen, was sie schreiben oder empfangen.

Sieht es für Leute, die nur im Internet surfen wollen, schon düster aus, so ist für den, der Websites programmieren und designen will, die Lage noch dramatischer. Um ein Megabyte hochzuladen, braucht man ungefähr zehn Minuten, das dafür nötige FTP-Programm funktioniert nicht bei öffentlichen Internetzugängen, und meistens schafft man es noch nicht einmal, kleine Programme herunterzuladen. Blogger sind dünn gesät, und Chatten ist ein Alptraum.

Um all diese Schwierigkeiten zu umgehen, schlage ich vor, wieder mit Rauchzeichen und Trommelsignalen zu kommunizieren (letzteres böte für mich leider auch keine Abhilfe, denn ich bin schwerhörig) oder Muschelhörner zur Nachrichtenübermittlung zu verwenden.

Mit Handicap im Internet

Die Idee von einer globalen Gesellschaft freier Bürger, die im Internet zusammenarbeiten und ihre Projekte realisieren, ist für uns Kubaner nicht umsetzbar. Wenn es uns schon nicht im Alltag gelingt, mündige Staatsbürger zu werden, wie viel schwerer muss es uns dann erst im weltweiten Internet fallen. Hier würde es auch nicht ausreichen, so wie auf anderen Gebieten, bestimmte Entwicklungsschritte einfach zu überspringen, wie beispielsweise Videokassetten (die man in kubanischen Geschäften nie gesehen hat), Tonbandgeräte oder 5 ¼-Zoll-Disketten. Denn zunächst einmal müssten wir als mündige Bürger im realen Leben anerkannt werden.

Schauen wir uns einmal die verzerrte Logik der virtuellen Welt auf unserer Insel an:

– Ein kubanischer Staatsbürger darf sich keine Domain kaufen und bei einem lokalen Server unterhalten. Und wenn es ihm gelingt, seine Site bei einem ausländischen Provider unterzubringen, hat er schnell eine Klage am Hals.

– Die offiziellen Blogger, so heißt es hier, geben die einzig wahre Realität wieder. Und damit sind wir alternativen Blogger nichts anderes als Marionetten im Dienste irgendwelcher außerkubanischen Mächte.
– Das Internet, sagt man, sei ein Schlachtfeld für den sogenannten Kampf der Ideen. Doch ein Prinzip überragt dabei alle anderen: die Intoleranz.

Wir müssen nicht nur in der realen Welt eine Reihe von »Behinderungen« hinnehmen. Auch den Weg ins Internet treten wir gehandicapt an.

Im Internet erleben wir mittlerweile schon das gleiche Verhalten wie auf kubanischen Straßen. Nach außen, besonders vor Mikrofonen und laufenden Kameras, geben sich die Leute optimistisch und regimetreu. Doch das ist gespielt. Ähnliches geschieht im Internet: Folkloristisch oder ökologisch interessiert dürfen wir uns hier zeigen. Wir nutzen es zur Stellensuche, für Anzeigen oder um gratis Musik herunterzuladen. Aber als Medium zur Meinungsäußerung? Nein, Vorsicht, lieber nicht. So setzen wir im Internet die gleichen Masken auf wie im realen Leben. Unsere Cyberrechte müssen dabei noch etwas warten. Denn zunächst einmal fordern wir, endlich wie mündige Bürger behandelt zu werden.

Die virtuelle Gesellschaft

Da uns ein gesellschaftliches Netz fehlt, bei dem der Staat außen vor bleibt, sind wir Kubaner wie lose Fäden eines Gewebes, das immer mehr zerfasert. Es ist sehr schwierig, uns wieder zu einem großen Ganzen zu verknüpfen, weil auch die dazu nötigen Kommunikationsmittel von Leuten beherrscht werden, die uns lieber weiter zerfranst sehen möchten. Bereits der schlichte Vorschlag, einen Flohmarkt zu veranstalten, wird hier mit dem Argument »nicht genehmigte Versammlung« abgeschmettert. Da es also keinen Ort gibt, wo wir als Bürger zusammenkommen können, sind wir dazu übergegangen, das Internet dafür zu nutzen.

Der Zugang zu diesem virtuellen Terrain, auf dem wir uns mit anderen austauschen können, ist sehr kompliziert, aber wir lassen uns nicht abschrecken. Heimlich, im Schutz eines Fantasienamens, können wir hier den Nachbarn treffen, zu dem wir in der realen Welt keinen Kontakt haben. Zwar hat die Gesellschaft, die sich hier entwickelt, auch all die Mängel, die unser alltägliches Miteinander prägen: Geschrei, persönliche Angriffe, Intoleranz, aber immerhin kann man uns hier nicht den Mund verbieten. Das Internet ist heute der Ort, wo wir jene Nadeln und Fäden ausprobieren, mit denen wir die Fetzen unserer Zivilgesellschaft wieder zusammennähen wollen. Schere oder Flicken sind dabei nicht gefragt, denn wir wollen ein neues, reißfestes Gewebe herstellen, das sich ausdehnt.

Eine Debatte und ihre Folgen

Mich in dieses Abenteuer zu stürzen und ein Blog zu schreiben, wurde unter anderem auch durch den bitteren Nachgeschmack ausgelöst, den ein Intellektuellenstreit wenige Monate zuvor bei mir hinterlassen hatte. An einem Abend im Januar 2007 wartete ich mit einer ganzen Gruppe anderer junger Kubaner vergeblich auf Einlass in die Casa de las Américas, wo eine Tagung mit dem Thema »Das graue Jahrfünft – Neuinterpretation eines Begriffs«[14] stattfand. Die Veranstaltung sollte eine Debatte kanalisieren und institutionalisieren, die schon seit Wochen die elektronischen Briefkästen überquellen ließ. Deshalb wurde auch nur eine handverlesene Gruppe von Gästen in den Che-Guevara-Saal eingelassen, während unser »Störtrupp« auch um Mitternacht noch vor der Tür stand.

Weil uns die Wachleute und Bürokraten den Einlass verwehrten und uns daran hinderten, unsere Meinungen kundzutun und von unseren unschönen Erfahrungen mit Zensur und Dogmatismus zu berichten, blieben wir aus Protest zusammen draußen stehen. Wir dachten uns einen Reim auf den Hauptorganisator der Veranstaltung, Desiderio Navarro, aus und riefen ihn im Chor: »*Desiderio, Desiderio, oye mi criterio!*« (»Desiderio, Desiderio, hör mich an, hör mich an!«). Aber ohne Erfolg. Drinnen im Saal legte Kulturminister Abel Prieto währenddessen wieder einmal dar, dass in einem von Feinden umgebenen Land Opposition Verrat sei. Draußen wuchs unser Frust, da wir einmal mehr kein Gehör fanden, ging irgendwann in Erschöpfung über, und unsere Gruppe verlief sich.

Ein Jahr später verstehe ich immer noch nicht genau, was dieser über E-Mail geführte »Meinungsaustausch der Intellektuellen« bewirkt hat. Was ist von diesem Bündel an Fragen und Beschwerden geblieben, das sich aus einer Kritik an der Kulturpolitik der Revolution entwickelt und zu einer umfassenden Debatte gesteigert hatte? Den Institutionen war es gelungen, sich dieser Diskussion zu bemächtigen. Sie wurde von akademischen Zirkeln mit ihren komplizierten Begriffen und Theorien vereinnahmt und dazu verdammt, sich dem Programm des bevorstehenden UNEAC-Kongresses anzupassen.

Dennoch hat die Erfahrung etwas gebracht. Zumindest uns, die draußen warteten, hat sie überzeugt, dass wir bei der nächsten Debatte unbedingt Einlass und Gehör finden müssen. Für mich persönlich war es der berühmte Tropfen, der das Fass zum Überlaufen brachte, der mich zu diesem aufregenden Unternehmen ermutigte, das sich *Generación Y* nennt. So hat mir dieses Erlebnis sozusagen das Gefäß in die Hand gedrückt, in das ich mich endlich auskotzen kann (man verzeihe mir die etwas eklige Metapher), nämlich dieses Blog, der sich unter so großer Anteilnahme im Internet verbreitet.

Tadel und Kontrolle

Mir ist durchaus bewusst, dass ich mich nicht ganz korrekt verhalte. Ich verstoße gegen Vorschriften, bestehe darauf, Zitronen zu kaufen, obwohl es doch bei uns keine gibt, fordere Entschuldigungen ein, die immer ausbleiben werden, und – das ist wirklich ziemlich dumm – veröffentliche meine Meinung auf einer Internetseite und scheue nicht davor zurück, dabei auch noch Fotos und Namen preiszugeben. Nachdem ich mir mit meinen zweiunddreißig Jahren solche Frechheiten herausgenommen habe, will man mir nun endlich Manieren beibringen. Und so sind die anonymen Zensoren unseres berüchtigten Cyberspace auf die Idee verfallen, mir Stubenarrest zu verpassen, den Strom abzustellen und den Besuch von Freunden zu verbieten. Oder in der Sprache des Internets: Sie sperren meine Website und »überwachen« mein Blog, damit mich die Kubaner nicht mehr lesen können. Seit ein paar Tagen wird *Generación Y* auf vielen Bildschirmen im Land nur noch voller Fehler und Störungen angezeigt – wieder eine Website, die von den Leuten der Internetüberwachung auf unserer Insel blockiert wird. Meine Texte, und ebenso die anderer Blogger und Online-Journalisten, haben die Inquisitoren gereizt. Jetzt schnappen sie zu. Wie lächerlich. Unser Ruf als aufmüpfige Jugendliche hat uns eine Ohrfeige eingetragen, einen strengen Blick und den tadelnden Zeigefinger. Aber was soll's? Diese Bestrafung ist dermaßen sinnlos, dass es schon traurig stimmt, und so leicht zu umgehen, dass sie nur noch mehr anspornt.

Was habe ich hier zu suchen?

Das amerikanische *Time Magazine* hat mich, neben neunundneunzig berühmten Persönlichkeiten, in seine Liste der einflussreichsten Menschen des Jahres 2008 aufgenommen. Ausgerechnet mich, die noch nie auf einer Bühne oder einem Podium gestanden hat und von der selbst meine Nachbarn nicht wissen, ob man den Namen »Yoani« mit einem H in der Mitte oder einem S am Ende schreibt. Noch überraschter bin ich, mich in der Rubrik »Helden und Pioniere« wiederzufinden, denn mir wäre die einfache Kategorie »Bürgerin« lieber gewesen.

Von allen Wegen, die in solch einen ausgewählten Personenkreis führen mögen, bin ich wahrscheinlich den ungewöhnlichsten gegangen. Er wurde mir nicht durch ökonomische oder politische Macht bereitet, nicht durch eine besondere Ausstrahlung vor Fernsehkameras oder durch eine religiöse Herkunft. Ich habe nichts weiter getan, als von meinem komplizierten Alltag zu erzählen, den Gefühlen, die er hervorruft, den Fragen, die daraus erwachsen. Mittlerweile glaube ich, dass die Stimme eines einzelnen Menschen Mauern niederreißen, Parolen entlarven und Mythen entzaubern kann. Und bei der Vorstellung, wie die anderen in der Liste aufgeführten Persönlichkeiten verwundert fragen: »Wer soll denn diese kubanische Bloggerin sein, die da mit uns in einer Reihe steht?«, fühle ich mich geschmeichelt.

Ich kann's nicht fassen!

Die Philologin in mir, die es auch noch gibt und sich mit Literaten, Philosophen und anderen Geistesriesen auskennt, macht Luftsprünge, weil man mir den »Premio Ortega y Gasset« für besondere journalistische Leistungen verliehen hat. Und die Bloggerin Yoani verspürt Genugtuung, weil der ganze Aufwand mit dem komplizierten Internetzugang und das Hin-und-Her-Gerenne mit den Speichersticks nun doch etwas gebracht hat.

Zunächst wollte ich nur mein Schweigen und alle Verstellungen beenden, denn nichts lähmt uns mehr und zwingt uns, täglich eine Maske zu tragen. Kurz darauf überkam mich jedoch Apathie, diese Einstellung, dass man doch nichts verändern könne. Mitte August kämpfte ich dann Enttäuschung und Hoffnungslosigkeit erfolgreich nieder, obwohl damals noch jeder Eintrag auch von Zweifeln durchdrungen war.

So war dieses Blog für mich zunächst einmal so etwas wie eine persönliche Therapie, in der ich all das verarbeiten konnte, was mich schmerzte und hemmte. Mit der Zeit jedoch entwickelte es sich dann mehr und mehr zu diesem Raum, den viele Leute nutzen, die – nicht zufällig – die gleichen Dämonen austreiben wollen wie ich.

Reisen oder ausreisen

Ich bin in einem neuen Studienfach eingeschrieben, das mir ein Diplom in »Umgehung der Bürokratie« verschaffen wird. Die im Studium behandelten Themen sind vor allem die Verfahren und Dokumente, die für eine Reise außerhalb Kubas nötig sind. Studienvoraussetzungen sind Geduld, Sanftmut und Verstellung. Schon recht gut vorbereitet bin ich für den Intensivkurs »Verfahren«, denn seit mindestens zehn Jahren übe ich mich schon im Kampf mit den Formalitäten. Zudem kann ich eine ganze Reihe von Auseinandersetzungen mit Funktionären vorweisen, obwohl mich schnell eine sanftmütige Resignation überkommt, sobald mich der typische Geruch ihrer Büros umweht.

Meine langen Erfahrungen im Umgang mit Bürokraten, für die immer noch irgendetwas fehlt – ein Nachweis, ein Stempel oder eine Unterschrift –, lässt mich auf Höchstnoten in allen Fächern hoffen. Ich muss nur noch eine gewisse Impulsivität ablegen, eine meinem Anliegen abträgliche Wut, wenn ich Erklärungen wie diese zu hören bekomme: »Ihre Papiere sind nicht fristgerecht eingegangen« oder »darüber muss noch an höherer Stelle befunden werden«.

Am Ende meines Studiums wird mir hoffentlich ein Papier überreicht, das mich dazu berechtigt, aus Kuba auszureisen, um den »Premio Ortega y Gasset« in Empfang zu nehmen. »Auszureisen« wohlgemerkt, denn kein Kubaner spricht nur von »reisen«, wenn es um Fahrten ins Ausland geht. Wir »durchqueren«, »fliegen nach« oder »verlassen«, denn das Wort »reisen« ist für die Überwindung unserer Inselgrenzen zu schwach. Selbst die so heiß ersehnte, unumgängliche Genehmigung ist als »Ausreiseerlaubnis«

bekannt und mit dem Klang sich öffnender Schlösser verknüpft. Ich weiß nicht, ob die vielen in der Schlange verbrachten Stunden, all die beglaubigten Papiere und Urkunden etwas nützen, oder meine Angewohnheit, mehr Dokumente mitzubringen als eigentlich gefordert sind, wie die Impfbescheinigung oder die letzte Stromrechnung. Ich weiß es wirklich nicht, aber ich ahne, dass die Entscheidung über meinen Antrag bereits gefallen ist und das entsprechende Papier irgendwo in einer Schublade liegt. Und nichts von dem, was ich jetzt noch tue, hat Einfluss darauf, ob sich das Tor öffnen oder geschlossen bleiben wird.

Während ich darauf warte, versuche ich mir vorzustellen, dass »ausreisen« durchaus möglich ist.

Männersache

Im Centro Habana, meinem Geburtsviertel, wimmelt es nur so von *guapos*[15] und Raufbolden. Dort lernt man, dass es angeblich Grenzen gibt, die eine Frau nicht überschreiten sollte. Nun habe ich auf diese lächerlichen *Machismo*-Regeln noch nie viel gegeben, aber heute, und wirklich nur heute, will ich eine von ihnen beherzigen. Es ist sogar eine, die mir ganz besonders aufstößt, denn sie lautet: Eine Frau braucht einen Mann an ihrer Seite, der sich für sie einsetzt und sie verteidigt, wenn sie angegriffen oder verleumdet wird. Da ich nun aber von einem Mann attackiert werde, der unendlich mächtiger und um vieles älter ist als ich selbst, und darüber hinaus ein – wie meine Freundinnen aus Kindertagen sagen würden – »starker, männlicher, maskuliner Typ«, habe ich beschlossen, an dieser Stelle meinen Mann, den Journalisten Reinaldo Escobar, für mich antworten zu lassen.

Hier geht es um die herabsetzenden Bemerkungen, die Fidel Castro im Vorwort seines Buches *Fidel, Bolivia y algo más* (Fidel, Bolivien und noch mehr)[16] zu meiner Person glaubte äußern zu müssen. Trotz dieses Angriffs von allerhöchster Stelle werde ich jedoch meinem Vorsatz treu bleiben, mich nicht in einen Streit, in einen Teufelskreis von Widerspruch und Selbstrechtfertigung hineinziehen zu lassen. Auch wenn man es gern anders sähe, ich konzentriere mich weiter nur auf mein Thema: Kuba.

Sollen Reinaldo und Fidel diesen Streit austragen. Während um mich herum die Fetzen fliegen, bleibe ich brav bei meiner typisch weiblichen Arbeit und versuche weiter, den ausgefransten Teppich unserer Gesellschaft neu zu weben.

Die *guapos* aus meinem Viertel wird es freuen, dass ich wenigstens »etwas« von ihnen übernommen habe.

Im Glashaus von Reinaldo Escobar

Unser Expräsident Fidel Castro hat im Vorwort zu seinem Buch *Fidel, Bolivia y algo más* (Fidel, Bolivien und noch mehr) das Blog, das meine Frau Yoani Sánchez im Internet unterhält, in Verruf gebracht. Dabei hat meine Frau von Anfang an offen unter ihrem Namen publiziert (was er unerwähnt lässt) und sogar für jeden Leser unübersehbar Fotos ins Netz gestellt, um die volle Verantwortung für die Texte zu übernehmen und lediglich, wie sie es nennt, einfach »auszukotzen«, was ihr in unserem kubanischen Alltag schwer im Magen liegt. Der Expräsident missbilligt, dass meine Frau den »Premio Ortega y Gasset« für Online-Journalismus, der ihr zugesprochen wurde, nicht abgelehnt hat, und argumentiert, es handele sich dabei um ein »Manöver imperialistischer Kräfte mit der klaren Absicht, die Publikationen der jungen Kubanerin als Wasser auf den eigenen Mühlen zu nutzen«. Ich respektiere das Recht dieses Herrn, seine Meinung frei zu äußern, erlaube mir aber einzuwenden, dass mit der Verleihung einer Ehrung eine sehr viel größere Verantwortung verbunden ist als mit der bloßen Annahme einer solchen. Und soweit ich weiß, hat Yoani niemals die Brust eines Diktators, korrupten Politikers, Verräters oder Mörders mit irgendeiner Auszeichnung geschmückt.

Der Autor des Vorworts hat den kubanischen José-Martí-Orden zahlreichen Personen verliehen, die ihn durch nichts verdient hatten. Beispielsweise an Leonid Breschnew, Nicolae Ceaușescu, Todor Schiwkow, Gustáv Husák, János Kádár, Mengistu Haile Mariam, Robert Mugabe, Heng Samrin, Erich Honecker und viele mehr, an deren Namen ich mich jetzt nicht erinnere. Gerne würde ich, aus aktuellem Anlass, ein paar Gedanken dazu lesen, wie diese unverdienten Auszeichnungen zu rechtfertigen sind, die ganz sicher als Wasser auf bestimmte Mühlen gedacht waren. Der Preis von damals ist, dass der Name unseres Nationalhelden in den Schmutz gezogen wurde. Dem Philosophen Ortega y Gasset war elitäres und durchaus auch reaktionäres Gedankengut nicht fremd. Aber im Unterschied zu den vom Autor des Vorworts Dekorierten hat von den Ortega-y-Gasset-Preisträgern niemand Panzer gegen die Bevölkerung befreundeter Nachbarländer anrücken lassen, hat niemand Menschen wegen abweichender Meinungen ins Gefängnis gesteckt, niemand deren Anhänger ausgebürgert. Niemand hat vom Volk erwirtschaftetes Kapital auf die Seite geschafft, niemand sich abgeschottete Paläste bauen lassen, keiner hat Vernichtungslager errichtet oder befohlen, auf Menschen zu schießen, die auf der Flucht waren und versuchten, Mauern zu überwinden.

Säuglinge mit Schnuller

Als Kind hat man es nicht leicht. Für alles muss man um Erlaubnis fragen. Leider setzt sich das bei uns auf Kuba auch noch bis ins Erwachsenenalter fort. Früher passten meine Eltern auf, dass ich keine Schraube verschluckte oder den Finger in die Steckdose steckte. Heute ist es der Staat, der sich als Überwacher aufspielt. Unter dem »Schutz« des gestrengen Erziehers bleibt mir nicht viel, um mich zu amüsieren, geschweige denn, alleine »fortzugehen«. Während ich auf die Genehmigung warte, nach Madrid reisen zu dürfen, um den Medienpreis »Ortega y Gasset« in Empfang zu nehmen, fühle ich mich wie ein Säugling mit einem Schnuller. Die Genehmigung, am morgigen 3. Mai 2008 – am Tag der Pressefreiheit – ins Flugzeug zu steigen, liegt jetzt bei der Einwanderungsbehörde, und von dort lässt man mir keine Erklärungen zukommen. Für die Beamten dieser bedeutenden Institution bin ich immer noch ein kleines Kind, dem man nicht verrät, dass man ihm eine bittere Arznei verabreichen muss. Ich sehne mich danach, groß zu werden ... erwachsen, und ohne Erlaubnis kommen und gehen zu dürfen, wann und wie ich will.

Ich sammele Ablehnungsbescheide

Manche Leute haben ihre Wände mit Diplomen tapeziert, andere finden vor Orden und Medaillen keinen freien Fleck mehr an der Brust. Und wie Helden, die Narben sammeln, gibt es auch Bürger, die Frust anhäufen. Um nicht hinter solch weit verbreiteter Sammelleidenschaft zurückzustehen, bin ich damit beschäftigt, eine ganz persönliche

Kollektion zu erstellen. Und zwar sammele ich Schreiben, die mich davon in Kenntnis setzen, dass ich »zurzeit« nicht ausreisen darf. Dazu kommen verfallene Flugtickets. Was mich treibt, ist echte Sammelwut, so wie andere besessen Getränkeetiketten oder Keramikfigürchen zusammentragen.

Dickköpfig wie ich nun mal bin, habe ich alle Dokumente für den Besuch in Europa ein zweites Mal eingereicht. Das »Nein« vom Mai habe ich also überhört und mich noch einmal zur Einwanderungsbehörde begeben. Dann hieß es wieder: Tagelang warten, weil zudem auch noch ein kaputtes Etikettiergerät den Bescheid verzögerte. Und dabei ahnte ich bereits, wie die Antwort ausfallen würde. Schließlich erklärte mir ein Mann in Olivgrün tatsächlich, dass ich meine Strafe noch nicht ganz verbüßt hätte. Besteht für andere die »Erziehungsmaßnahme« darin, stundenlang auf Reis knien zu müssen, so ist es mir strikt verboten, diese Insel zu verlassen.[17] Vater Staat hat noch nicht begriffen, wie unausstehlich Kinder werden können, die man zu Hause einsperrt.

Narrenfreiheit

Mitten auf der Calzada de Ayestarán tritt ein kräftiger Mann gegen Autos. Seine Kleidung ist abgerissen und an den Armen sieht man die »Antworten«, die er wohl von einigen Wagenbesitzern erhalten hat. Ein anderer marschiert durch Centro Habana und beleidigt den Präsidenten und dessen Bruder, während eine Frau brüllend und spuckend drei unerschrockenen Polizisten ihre oppositionelle Haltung demonstriert. Ich sehne mich danach, die gleiche Narrenfreiheit wie diese Übergeschnappten zu genießen.

Ich bekomme Lust, mich an einer Straßenecke aufzubauen und wie ein Kind zu rufen: »Der Kaiser ist nackt!« Doch als Erwachsener, der noch alle fünf Sinne beisammen hat, kommt man in solch einem Fall an einer Strafe nicht vorbei. Vielleicht bleibt einem tatsächlich nichts anderes übrig, als zum Narren oder wieder zum Kind zu werden.

Sprachwissenschaft und Rhetorik

Aussterbende Worte

Mir ist aufgefallen, dass man seit einigen Jahren Ausdrücke wie »Entschuldigung«, »Verzeihung« oder »Tut mir leid« kaum noch hört.

Unterläuft uns ein Missgeschick, rechtfertigen wir lieber vehement den Fehler, als zuzugeben, etwas falsch gemacht zu haben. In dem absurden Kodex »nationaler Männlichkeit«, in dem lächerliche Grundsätze wie »Ein echter Mann isst keine Süßigkeiten« existieren, wurde scheinbar auch die Maxime: »Ein echter Kubaner entschuldigt sich nicht« aufgenommen.

Dazu fällt mir eine lustige Geschichte ein, die mir ein Freund erzählt hat. In der Stadt trat ihm eine Dame im Vorbeigehen auf den Fuß. Als sie sich nicht entschuldigte, rief mein Freund ihr nach: »Verzeihung, Señora, dass ich Ihre Schuhsohle beschmutzt habe.« Die Frau konnte mit der Ironie nichts anfangen, regte sich auf und schien kurz davor, sich gleich noch einmal an den Zehen ihres »Opfers« vergehen zu wollen. Und das nur, um die magischen Worte nicht auszusprechen, die ihr Bedauern gezeigt hätten.

Schon oft bin ich von einem Kellner schlecht bedient, übergangen oder ignoriert worden, der dann noch nicht einmal die zwei Worte »Verzeihen Sie« über die Lippen brachte. Die lösen das Problem zwar auch nicht, zeigen aber immerhin, dass hinter dem schlechten Service keine böse Absicht steckt.

Den Rekord an Entschuldigungen, die noch auf sich warten lassen, halten bei uns aber die Bürokraten und Politiker, die scheinbar alle einen Intensivkurs im Fach »Nur nichts bedauern« absolviert haben.

Und wir sind die gelehrigen Schüler einer Regierung, die trotz aller »Alleingänge« seit fast fünfzig Jahren noch nie daran gedacht hat, für etwas um Verzeihung zu bitten. Vergeblich warten wir auf ein dringend angebrachtes *mea culpa* für die »Revolutionäre Offensive« von 1968 (s. dazu Anmerkung 3 im Kapitel »Die Kunst des Überlebens«), für die Grausamkeiten der organisierten Missfallenskundgebungen, für die totale Abhängigkeit von der Sowjetunion und die nachfolgenden katastrophalen Wirtschaftspläne, die die Produktion fast zum Erliegen brachten. Diese Liste ist derart lang, dass ein einfaches »Tut uns leid« eigentlich nicht mehr ausreicht, sondern ein Akt öffentlicher Selbstgeißelung angebracht wäre.

Aber Politiker entschuldigen sich nie. Und wir, ihre kleinen Kopien, die ihre Parolen und Losungen nachbeten, eifern ihnen auch darin nach.

Denn es mag ja sein, so würde die Señora argumentieren, dass wir jemandem aus Versehen auf den Fuß treten, aber weiter oben sitzen Leute, die noch nicht einmal zugeben, wie viel Dreck ihnen dabei auch noch unter den Schuhsohlen klebt.

Macht und Ewigkeit

Wörter wie »ewig«, »immer« oder »nie« versuche ich zu vermeiden. Alles Definitive macht mir Angst, und was nicht vergehen will, stinkt. Wenn ich also eine politische Rede höre, in der die Flamme einer Fackel als Bild herangezogen und erklärt wird: »Ihr Feuer wird so ewig sein wie diese Revolution«, greife ich rasch zu einem Wörterbuch und dämpfe meine Wut, indem ich mir die unmissverständliche Bedeutung solcher Wörter wie »vorübergehend«, »vergänglich« oder »temporär« anschaue. Denn »ewig« meint ja nicht nur das, was immer, *ad infinitum*, währt, sondern auch Dinge, die keinen Anfang haben und schon immer da waren. Seltsam. Niemand bezweifelt die befristete Brenndauer einer Friedhofskerze, denn ihre Flamme war ja nicht immer da und verbreitet nur kurz ihr Licht. Was also soll dieser absurde Vergleich, der nicht standhält und eine Ähnlichkeit beschwört, die es so nicht gibt. Man vergleicht zwei Erscheinungen, die zeitlich begrenzt sind, behauptet gleichzeitig aber, beide seien unvergänglich.

Aussagen, die die Ewigkeit bemühen, bedrücken mich, und am besten komme ich gegen sie an, indem ich mir die Zukunft ausmale. Dann sehe ich mich als alte Frau, die versucht, ihren Enkelkindern von Verhältnissen zu erzählen, die heute ewig scheinen. Und glücklicherweise antworten sie mir mit der typisch jugendlichen Ungeduld angesichts der Geschichten von früher: »Ach, Oma, nicht schon wieder diese ollen Kamellen ... Wer will das denn noch wissen? Das ist doch schon so lange vorbei.«

Es ist tröstlich, dass alles auf der Welt seine Zeit hat.

Parlament kommt von parlieren

Seit einigen Tagen gibt es ein neues Parlament. Ich schreibe ganz bewusst nicht »wir haben«, sondern benutze die distanziertere unpersönliche Form. Auf diese sechshundertvierzehn Abgeordneten, die sich einen Platz in der Nationalversammlung gesichert haben, wird in den kommenden fünf Jahren die langweilige Aufgabe zukommen, jeder Gesetzesvorlage zuzustimmen – und das einstimmig. Einen Großteil ihrer Sitzungszeit werden sie damit verbringen, Linientreue zu beweisen, indem sie die Hand heben. Und dabei wird der Maulkorb, der ihnen durch die Verfassungsreform 2002 verpasst wurde, sie daran erinnern, dass der sozialistische Weg unumkehrbar sei.[1]

Die diszipliniert, gesittet und merkwürdig ruhig auf ihren Bänken sitzenden Abgeordneten geben ein seltsames Bild ab: Sie wirken wie eine Schar erschreckend gleichförmiger Zuschauer, wie ein Parlament, das nicht parliert. Ich kann mich an keine einzige Diskussion, keine einzige Debatte erinnern, die sich an irgendeinem Thema während einer dieser monotonen Sitzungen im Kongresszentrum entzündet hätte. Nie habe ich einen Parlamentarier gesehen, dem die Halsschlagader angeschwollen wäre oder der erregt »nicht mit mir!« gebrüllt hätte. Nie musste eine Sitzung vertagt werden, weil man sich nicht einigen konnte. Dabei ist es in unserem Land häufig schon im kleinsten Kreis schwierig, sich vernünftig zu unterhalten und eine gemeinsame Lösung zu finden. So ist es sehr verdächtig, wenn über sechshundert Leute offenbar bei allem einer Meinung sind.

Bekanntermaßen lege ich großen Wert auf die richtige Verwendung von Worten (die Berufskrankheit einer Sprachwissenschaftlerin). Deshalb schlage ich vor, diese Versammlung fortan nicht mehr »Parlament« zu nennen. Bezeichnen wir diese vielen, andächtig lauschenden Leute doch als das, was sie wirklich sind: ein streng selektiertes, gehorsames »Publikum«.

Wortfallen

Im Herzen von Cayo Hueso, einem schillernden Viertel in Centro Habana, bin ich zur Welt gekommen, und daher kann ich, wenn ich rede und meine Meinung äußere, die unterschiedlichsten verbalen Register ziehen. Denn gerade dort ist der Volksmund besonders kreativ und scharfsinnig. Dieser sprachliche Einfallsreichtum hat mich immer schon in Erstaunen versetzt. Mich faszinieren Ausdrücke wie *ese es tu maletín* (das ist dein Köfferchen, also dein Problem) oder der Ausruf, wie ich ihn neulich von meinem Sohn gehört habe: »¡Qué toqueta!« – eine Weiterentwicklung von »¡Qué tocao!«, das wir in den neunziger Jahren für etwas »Tolles« oder »Angesagtes« verwendet haben.[2]

Leere Phrasen, lange theoretische Erklärungen, um die Dinge nicht beim Namen zu nennen, Wortspiele, die nur den Sinn haben, die Realität zu verschleiern, hingegen verabscheue ich. Der Begriff »duale Währung« schließt kaum die deprimierende Erfahrung mit ein, von seinem Lohn noch nicht einmal die lebensnotwendigsten Dinge kaufen zu können. Und Beschönigungen wie »dem Tourismus bei der Nutzung der Ressourcen des Landes Priorität einräumen« widersprechen der knallharten Realität, die es Kubanern verbietet, ein Auto zu mieten oder in einem Hotel abzusteigen.[3]

Anstatt sich mit einer hoch komplizierten Floskel wie »die systemimmanente Unmöglichkeit, das Projekt eines sozialistischen Kubas zu vollenden« abzumühen, sollte man doch lieber die einfache, allseits bekannte Feststellung treffen: »Die Idee des Sozialismus ist den Bach runtergegangen!« Lassen wir es nicht zu, dass Akademiker und Bürokraten die Begriffe für unsere Lebenserfahrungen prägen. Verhindern wir, dass sie mit ihrem theoretischen Kauderwelsch unseren Alltag verschleiern. Stellen wir sie bloß, wenn sie mit Formulierungen wie »System eingeschränkter Verteilung«, »Volkswille« oder »Wirtschaftsflüchtling« das zu kaschieren versuchen, was bei uns als »Das steht dir nicht zu!«, »Wag es ja nicht!« oder »Wenn's dir nicht passt, kannst du ja gehen« ankommt.

Aufforderungen zur Tatenlosigkeit

Wer Dinge zur Sprache bringen will, die nicht in Ordnung sind, bekommt in letzter Zeit immer öfter Sätze wie »Lass gut sein«, »Vergiss es einfach« und Ähnliches zu hören. Phrasen wie »Du bekommst nur einen Herzinfarkt«, »Mach dir doch nichts daraus« oder »So erreichst du überhaupt nichts« scheinen bei den Leuten heutzutage sehr in Mode. Die allgemeine Mahnung, sich nur nicht aufzuregen und lieber alles über sich ergehen zu lassen, wird gerne mit dem Erhalt seelischer Ausgeglichenheit begründet, die sich so aber nicht einstellen will. Wer sich beschwert und auf seine Rechte pocht, gilt schnell als wunderlich. Aber hinter dem Schweigen der Allgemeinheit verbirgt sich nichts anderes als die Angst, sich in Schwierigkeiten zu bringen. Mit jemandem, der in einer Warteschlange seinem Unmut Luft macht, zeigt man sich – wenn überhaupt – nur zögerlich solidarisch, denn sogleich fürchten die anderen, sich um die Ware oder die Dienstleistung zu bringen, für die man vielleicht Stunden angestanden hat. Wer andere am Protest hindert, möchte häufig gleichzeitig zeigen, dass er eigentlich auf derselben Seite steht. So habe ich es kürzlich erst erlebt, als ich von einem Büro der Telefongesellschaft ETECSA in der Calle Obispo aus ins Internet gehen wollte und der Wachmann mich zurückwies: »Aber Schätzchen«, meinte er von oben herab, »du weißt doch genau, dass ich das nicht zulassen kann. Reg dich nicht auf, aber dieser Service ist für Touristen reserviert.« Diesmal kam die Stimme des Opportunismus aus dem Mund einer Dame, die ihre Telefonrechnung bezahlen wollte: »Mach dich nicht unglücklich, mein Kind. Auch wenn es ungerecht ist, du kannst es nicht ändern.«

Wir Kubaner werden so häufig aufgefordert, uns nicht aufzuregen, dass wir mittlerweile davon überzeugt sind, das Eintreten für seine Rechte und ein gesundes Herz schlössen einander aus und ein blutleeres Hirn sei unabdingbare Voraussetzung dafür, anständig bedient zu werden. Ich stelle mir bereits große Plakate am Straßenrand vor, die uns warnen: »Kritisieren, Fordern, Verlangen gefährdet Ihre Gesundheit.«

So viel Tragik ist ungesund

Ich stehe auf und versuche den Tag zu organisieren. Währenddessen berieselt mich das Radio mit Satzfetzen, die von anrückenden »Erschießungskommandos« sprechen und von dem Schwur, »in vorderster Front« und bis »zum letzten Blutstropfen« zu kämpfen. Bei solch einem Soundtrack ist ein normaler Tagesablauf kaum möglich. Doch trotz dieses Pathos kehre ich schnell zu den aktuellen Problemen und dem damit verbundenen Ärger zurück, nämlich etwas zu essen auf den Tisch zu bringen, ein Transportmittel aufzutreiben und dergleichen mehr. Denn diese Alarmglocken, die da unablässig schrillen, versetzen mich schon lange nicht mehr in Aufregung. Mittlerweile kann ich ziemlich gut abschalten oder sie ganz ausblenden. Dabei bekümmert mich diese Abstumpfung, diese Wand, die mich von der ständigen Berieselung abschottet. Bei einem echten Notfall wäre mein Alarmsystem außer Betrieb, denn meine Instinkte sind durch die vielen Aufrufe zu Krieg, Kampf und Schlacht abgestorben. Nach der jahrelangen Kriegsagitation sollten wir uns nicht länger Parolen wie »Kampfesmut« und »Heldentum« auf die Fahnen schreiben, sondern lieber Ziele wie »Wohlstand« und »Glück«. Und meine Familie sollte ihren Wert nicht mehr beweisen müssen, weil sie bereit ist, für eine Idee zu sterben. Ich wünsche mir, dass die Appelle, Opferbereitschaft zu zeigen und dem Feind Widerstand zu leisten, vom Streben nach friedlichen Werten abgelöst werden, nach Versöhnung und Harmonie. Wäre das wirklich so schwer?

Der grüne Knopf

Heute werden in der UNO Delegierte in tadellos geschnittenen Anzügen den roten, grünen oder gelben Knopf drücken und so ihre Haltung zur Frage eines Embargos/einer Blockade* kundtun. In den vergangenen Wochen hat uns das Fernsehen wieder mit Zahlen und Statistiken bombardiert, mit Betroffenenberichten und Schadensanalysen, die aus den Handelsbeschränkungen resultieren. Unsere Politiker haben die Maßnahmen der US-Regierung derart ausgeweidet, dass mittlerweile viele Kubaner bei dem Thema gelangweilt ausschalten. Anstatt über das Abstimmungsergebnis in der UNO zu mutmaßen, äußere auch ich mich lieber weiterhin zu der anderen Blockade, nämlich der, die wir Kubaner täglich erleben. Die verhindert, dass ich frei aus meinem Land aus- und wieder einreisen kann, die mir verwehrt, mich einer politischen Gruppe anzuschließen oder ein kleines Familienunternehmen zu gründen. Diese Blockade hat mit ihren Werkzeugen – Beschränkungen, Überwachung, Zensur – den Kubanern im Laufe der Jahrzehnte erhebliche materielle und geistige Verluste zugefügt. Dennoch nehme ich die *Granma* zur Hand, versuche, ihrer Argumentation zu folgen und dem Thema, das in der UNO-Vollversammlung verhandelt wird, allergrößte Bedeutung beizumessen. Als ich dann aber wenig später durch die Straßen unseres Viertels laufe, bin ich sofort wieder mit all den Beschränkungen konfrontiert, die unsere Politiker uns auferlegen: ein Sperrring, gegen den sich heute in der UNO niemand aussprechen wird.

Könnten wir doch den Knopf drücken! Könnten wir doch dafür stimmen, dass man die Blockade aufhebt, die uns hier auf der Insel gefangen hält. Ich würde wahrscheinlich ein paar Tage lang meinen Finger nicht mehr von dem grünen Knopf nehmen.

Fehlender Briefverkehr

Seit ich – vor mittlerweile fünfzehn Jahren – in diesen wuchtigen Wohnblock im sozialistischen Einheitsstil gezogen bin, wurde mir noch kein einziger Brief durch die kubanische Post zugestellt. Nicht, dass meine Freunde mich

---

* Eigentlich hüte ich mich, diese beiden Bezeichnungen zu verwenden. Linguisten wissen, dass man Menschen ihre Sprache nicht vorschreiben kann. In meinem täglichen Sprachgebrauch rede ich statt von Blockade nur von dem »Vorwand« oder der »billigen Rechtfertigung«, die gerade den Leuten sehr nützt, die die Menschen hier von innen blockieren.

vergessen hätten oder der E-Mail-Verkehr die traditionelleren Kommunikationswege überflüssig gemacht hätte. Wir Kubaner vertrauen dieser »Dienstleistung« einfach nicht. Zahlreiche Anträge, Vorgänge oder Zahlungen könnten per Post zu den Empfängern gelangen. Doch die Absender stecken noch in einer früheren Phase und begeben sich selbstverständlich aufs Amt, reihen sich dort in die Warteschlange ein und tragen dann ihr Anliegen vor. Der Tag, da wir die Rechnungen für Strom, Wasser oder Gas über die Post zugestellt bekommen, scheint in fernster Zukunft zu liegen, und noch nicht einmal ein Science-Fiction-Autor wie Isaac Asimov persönlich könnte uns davon überzeugen, dass ein Paket uns tatsächlich ungeöffnet erreichen kann.

Während ich mich noch frage, wieso mein Briefkasten so leer ist, publiziert die *Granma* am 28. Mai 2008 einen Artikel über die Unverletzlichkeit des Postgeheimnisses, wie es in der Verfassung der Republik festgeschrieben ist. Die Autorin erklärt da: »Allerdings legt das nationale Verteidigungsgesetz fest, dass unter bestimmten außergewöhnlichen Bedingungen – Krieg, allgemeine Mobilmachung oder Notstand – gewisse von der Verfassung garantierte Rechte und Ansprüche, wie etwa das Briefgeheimnis, abweichend gehandhabt werden können.«

Die Erfahrungen der letzten Jahrzehnte haben uns gelehrt, dass sich vor dem Staat nichts geheim halten lässt. Und nur wenige Bereiche des Privatlebens waren davon so stark betroffen wie der persönliche Briefverkehr. In unzähligen Fällen haben Behörden Briefe geöffnet, gelesen und gegen den Absender verwendet, ohne dass man dies mit einem bewaffneten Konflikt hätte rechtfertigen können. Eine Freundin, die einer in die USA geflohenen früheren Kollegin schrieb, wurde von ihren Chefs abgestraft, nachdem ein indiskreter Nachbar einen dieser Briefe abgefangen und umgehend der Staatssicherheit an seinem Arbeitsplatz ausgehändigt hatte.

Es wird Jahre dauern, eine für den Staat völlig unzugängliche Privatsphäre wiederherzustellen, einen Bereich, der allein dem einzelnen Bürger gehört. Wir verlangen nicht nur, dass ein abgeschickter Brief ungeöffnet beim Empfänger ankommt, sondern brauchen auch die Gewissheit, dass dessen Inhalt ausschließlich Eigentum des Absenders beziehungsweise des Empfängers ist. Doch eines Tages wird der Briefverkehr wieder wie ein Geheimnis sein, das man einander vertraulich ins Ohr flüstert, und die Post wird dafür sorgen, dass dieses »Flüstern« von niemandem mehr belauscht werden kann.

Gestörte Kommunikation

Graffiti der Gruppe Omni-Zona-Franca in Alamar

Die Jungs von Omni-Zona-Franca haben das Problem mit den ständig defekten Telefonapparaten gelöst, den überlasteten Leitungen, den falschen Anschlüssen – wenn uns eine monotone Stimme erklärt: »Die gewählte Nummer ist nicht erreichbar, das Netz ist überlastet« – und den öffentlichen Fernsprechern, die gnadenlos unsere Münzen verschlingen. Ihr wollt Telefone? Da habt ihr sie: bunt gemalt, zweidimensional, unberührbar und verlockend wie ein Tortenstück im Schaufenster. Ähnlich wie bei Höhlenzeichnungen aus der Steinzeit, bei denen der gemalte Hirsch den echten draußen auf der Lichtung beschwört, versorgen uns diese Graffitis mit dem, was wir vermissen. Telefone zu zeichnen, bringt sie uns näher, macht sie gefügig, mit anderen Worten, ermöglicht uns, »das Wildpferd der Technologie zu fangen und zu zähmen«.

Das Glas Milch

Nach Raúl Castros Rede vom 26. Juli 2007 erwähnten Freunde von mir schon bei der Begrüßung das Glas Milch, das uns der neue Regierungschef vor laufenden Fernsehkameras versprochen hatte. Fast sechzig Minuten dauerte Raúls Lobgesang, doch beeindruckt hat die Leute davon nur das Versprechen, dass jeder Kubaner demnächst täglich sein Glas Milch erhalten wird. Für meine Generation, die mit Orangenschalenaufguss großgezogen wurde, hat die Nachricht etwas Unglaubliches. Aber wahrscheinlich werden wir eher einen Kubaner auf den Mond schicken, bei der nächsten Olympiade alle anderen Nationen hinter uns lassen oder einen Impfstoff gegen Aids entdecken, bevor jeder Bewohner dieser Insel in den Genuss seines mittlerweile vergessenen morgendlichen Milchkaffees kommt.

Zugegeben, ich bin immer sehr skeptisch, aber in diesem Fall auch nicht mehr als die Journalisten, die Raúls Rede vor dem Nachdruck in der *Granma* bearbeitet haben. Sowohl auf Papier, als auch in der digitalen Version fiel das Versprechen, Milch wieder zu einem für alle Kubaner verfügbaren Grundnahrungsmittel zu machen, glatt unter den Tisch.

Am Freitag, den 27. Juli, habe ich mich vor den Fernseher gesetzt, um mir die Wiederholung der langen Rede anzuschauen und noch einmal den Satz zu hören, der für so viel Wirbel gesorgt hatte. Doch zu meinem Erstaunen war die denkwürdige Bemerkung zu dem Glas Milch der Schneidemaschine zum Opfer gefallen und stattdessen eine Aufnahme vom Flaggenmeer auf der Plaza Ignacio Agramonte in Camagüey eingefügt worden. Mittlerweile könnte ich gar nicht mehr sagen, ob von diesem Glas Milch wirklich die Rede war oder ob es sich nur um einen Traum gehandelt hat, der mir vom Heißhunger auf verschwundene Lebensmittel eingegeben wurde.

Mit Null multiplizieren

Die jüngsten Äußerungen Fidel Castros haben mich wirklich auf die Palme gebracht. Nicht nur die Rehabilitierung eines Mannes wie Milošević, über den die Geschichte genauso wie die Weltgemeinschaft ihr Urteil bereits gefällt hat, erbost mich, sondern seine vollkommene Gleichgültigkeit gegenüber unseren Problemen. Denn in seinem egozentrischen Geltungsdrang waren für ihn wieder einmal nur internationale Themen es wert, kommentiert zu werden. Warum macht er sich nicht einmal Gedanken über die Mutlosigkeit und Unzufriedenheit, die in der kubanischen Gesellschaft Tag für Tag offensichtlicher werden? Warum lässt er die Sorgen und Nöte nicht an sich heran, die das Land immer tiefer spalten? Warum berührt ihn das nicht? Da er einerseits so gerne den Ruhm genießt, der ihm für den kleinsten Erfolg zugesprochen wird, müsste er andererseits auch die Verantwortung für all die Fehlschläge und Misserfolge übernehmen. Er ist doch schließlich der Hauptverantwortliche für unsere schwierige Lage. Wenn man den wirklich wichtigen Themen und unseren Problemen ausweicht, indem man Theorien zu Ereignissen aufstellt, die viele Jahre zurückliegen oder sich in weit entfernten Ländern zutragen, kommt das einer Multiplikation mit Null gleich. Man multipliziert all die Fragen und Zweifel einer Bevölkerung, die mit ihren Kräften am Ende ist und endlich Maßnahmen braucht, die der täglichen Not entgegenwirken, mit Null. Was schert uns da ein endloser Briefwechsel zwischen Staatschefs, der acht Jahre zurückliegt, wenn im Hier und Heute unser Lohn noch nicht einmal zum Überleben reicht. Wenn die Korruption uns fest im Griff hat, wenn das Land monatlich Tausende von Menschen durch Flucht verliert, wenn das Gesundheitssystem zusammenbricht und unsere Kinder in den Schulen nicht mehr von Lehrern, sondern von Bildschirmen unterrichtet werden? Da ist es geradezu schamlos, sich über irgendwelche diplomatischen Briefwechsel und Politikerbiografien auszulassen und Betrachtungen über ferne Staatschefs anzustellen. Unser Alltag schreit nach Freiräumen, damit wir unsere Meinung so äußern können, dass sie auch Gehör findet. Wie lange noch sollen die ohnehin schon wenigen Seiten unserer Presse noch zweckentfremdet werden, die Eitelkeit eines Politikers zu befriedigen, der uns gar nicht mehr repräsentiert, der sich nicht zum Sprachrohr unserer Anliegen macht, der uns noch nicht einmal erwähnt?[4]

Neue Mathematik

Wie sollen wir Kubaner bloß das ungeheure Wachstum des Bruttoinlandsprodukts verarbeiten, das man am Ende des Jahres sicherlich verkünden wird? Darauf sind wir nicht vorbereitet. Wir fürchten erschlagen zu werden, von der für Dezember erwarteten »Wahnsinnszahl«, nicht zuletzt weil wir die 12,5 Prozent noch nicht verdaut haben, die Ende letzten Jahres veröffentlicht wurden (wenn sie es dieses Mal tatsächlich auf die tückische 13 bringen, gibt das genügend Stoff für eine Flut von Witzen für das ganze nächste Jahr).

Noch suchen wir aber nach den Fakten, die den überraschenden Verlauf der wirtschaftlichen Entwicklung im letzten Jahr bestätigen könnten. Ich habe in meiner Geldbörse nachgesehen, in der Küche und vor allem im Kühlschrank, aber leider keinerlei Hinweis auf einen ökonomischen Fortschritt entdecken können. Aber auch im Handel und bei den Dienstleistungen ist weit und breit nichts davon zu erblicken, denn das Angebot sinkt, während die Preise weiter steigen. Noch nicht einmal auf dem Sektor des Bauwesens spüre ich etwas von einem Aufschwung und natürlich erst recht nicht bei der daniederliegenden Landwirtschaft. Selbst wenn ich hier ein Krankenhaus oder die Schule im Viertel betrete, verbergen sich hartnäckig alle Anzeichen für eine wirtschaftliche Erholung.

Aber davon lasse ich mich nicht entmutigen und konzentriere meine Nachforschungen auf den Warenkorb, in dem alle Produkte des rationierten Marktes zusammengestellt sind. Doch selbst in ihm ist von segensreichen Auswirkungen unseres aufgeblasenen Bruttoinlandsprodukts nichts zu erkennen. Der Markt für subventionierte Waren zeichnet sich weiter verlässlich durch seine miese Qualität und seine trostlos leeren Regale aus.

Wo steckt bloß dieser sagenhafte Aufschwung, den uns diese Wirtschaftsstatistik weismachen will? Welch komplizierten Rechenweg sind die Experten gegangen, dem die Laien mit dem Blick für die Realität nicht folgen können? Das ist jedenfalls eine eigenartige Mathematik, und ich fürchte, Ende des Jahres werden sie wieder mit ihrem trügerischen Rechenbrett verordneter Siegesgewissheit die kärgliche Wirtschaftsentwicklung Kubas messen.

Coming-out

Mein schwuler und alles andere als angepasster Freund Miguel hofft, dass es ihm die neuen, von Mariela Castro eingeführten Bestimmungen ermöglichen, sich einer chirurgischen Geschlechtsumwandlung zu unterziehen. Er träumt von einem Personalausweis, in dem unter Geschlecht nicht mehr »männlich«, sondern »weiblich« steht, denn er möchte sich nicht länger nur als Frau fühlen, sondern auch so behandelt werden. Doch auf sein Recht, legal einer Sozialdemokratischen Partei beizutreten, für sein Recht auf Arbeit zu demonstrieren oder einen Staatspräsidenten frei wählen zu können, wird er noch sehr viel länger warten müssen.

Auch unter seinem neuen Namen Olivia, für den er sich vor einiger Zeit entschieden hat, wird Miguel noch Intoleranz zu spüren bekommen. Sein Anderssein wird man vielleicht akzeptieren, aber nur solange es sich nicht um eine »ideologische Richtung«, sondern lediglich um eine »sexuelle Neigung« handelt. Der Weg zu einem Coming-out seiner politischen Vorstellungen ist viel weiter, und wird besonders steinig, wenn sie ihn im rechten Moment daran erinnern, dass die Revolution ihm ermöglichte, seinen Traum einer Geschlechtsumwandlung wahrzumachen.

Was hat solche eingeschränkte Toleranz für einen Sinn? Wie lässt sich das vereinbaren? Auf der einen Seite zeigt man sich fortschrittlich beim Thema Ehe zwischen Gleichgeschlechtlichen, auf der anderen Seite lässt man aber nicht zu, dass sich die Bürger mit abweichenden politischen Anschauungen und Vorstellungen von einer besseren Gesellschaft »vermählen«. Unzählige Kubaner verstecken sich weiterhin, trauen sich nicht hinter dem Vorhang der Doppelmoral hervor und verleugnen ihre wahre Gesinnung, so als sei eine aufrichtigere Haltung irgendwie »unmännlich«. Wir warten darauf, dass Mariela Castro öffentlich erklärt: »Auch Menschen mit abweichenden Anschauungen müssen wir akzeptieren.« Erst dann wird Miguels Wunsch sich ganz erfüllen, und er kann zu einer sozialdemokratischen Frau werden.

Neujahrswunsch

Zurzeit kriegt man in Havannas Straßen kaum Luft, und ich spüre so etwas wie eine kollektive Atemnot.

Es ist ein merkwürdiger Dezember. Niemand wagt Prognosen für das neue Jahr, nicht einmal die schüchterne Vorhersage, dass sich etwas »zum Besseren« wenden werde. All unsere Erwartungen haben wir beim letzten Jahreswechsel erschöpft, als wir darauf bauten, 2007 würden die erhofften wirtschaftlichen Freiheiten gewährt und die so notwendigen politischen Veränderungen eingeleitet.

Bereits Ende Juli war aber klar, dass das alles sehr viel langsamer vonstatten gehen würde als geglaubt. Und diese letzten Dezemberwochen bestärken unsere Überzeugung, dass »die da oben« nur »Zeit verlieren«. Das Repertoire der Versprechen umfasst Trinkwasser rund um die Uhr, Instandsetzung der Straßen und neue Buslinien für die Stadt. Ziele, die an die herbeigesehnten Erfolge von vor vierzig oder fünfzig Jahren erinnern, heutzutage aber zu bescheiden wirken, überholt und irgendwie verkehrt.

Da uns momentan gemeinsame Hoffnungen und Vorsätze fehlen, stelle ich mir meine persönliche Wunschliste zusammen, eine einfache Aufzählung von Zielen für das Schaltjahr, das morgen beginnt. Ganz oben steht die Hoffnung, der nächste Dezember möge für uns nicht das gleiche Gefühl wie dieser bringen, das Gefühl, dass »ein weiteres Jahr vorüber ist, ohne dass sich unsere sehnlichsten Wünsche erfüllt hätten«.

Vom Haus zur Nation

Die Wahlen am 24. Februar 2008 rücken näher, und auf den Straßen Havannas fragen sich nur wenige, wer wohl unser neuer Präsident sein wird. So überflüssig es auch sein mag, möchte ich hier einmal festhalten, wie ich mir die Person vorstelle, die uns Kubaner repräsentieren sollte.

1. Ich will keinen Offizier an der Spitze unseres Landes (bekanntermaßen bin ich gegen olivgrün allergisch). Von einem Zivilisten, der nicht von Waffen redet, dafür aber die Sorgen und Nöte unseres Alltags kennt, erwarte ich mir mehr.
2. Ich will nicht schon wieder einen »charismatischen« Führer (der würde zu leicht zu einem beliebten Fotomotiv und Idol stilisiert), sondern ich wünsche mir einen Treuhänder, der die Reichtümer unseres Landes verwal-

tet und bewahrt, der sich in unseren Dienst stellt und darauf verzichtet, uns mit aller Gewalt anzuführen.
3. Ich wünsche mir eine Person, die am Ende ihrer Amtszeit den Platz für das neu gewählte Staatsoberhaupt frei macht oder die wir selbst absetzen können, falls sie uns als Volk nicht mehr repräsentiert.
4. Ich träume (und das ist vielleicht Ausdruck meiner feministischen Seite) von einer Art Hausfrau, die sich an oberster Stelle darum kümmert, dass wir genug in den Kochtöpfen haben, und es als ihre Aufgabe ansieht, ihre »zerstrittenen Kinder« zu versöhnen.
5. Ich hoffe, nicht wieder einen großen Redner ertragen zu müssen, sondern einen Politiker jener seltenen Spezies zu erleben, der die Kunst des Zuhörens beherrscht.
6. Ich wünsche mir, dass keine allmächtige und allgegenwärtige Vaterfigur gewählt wird, sondern einfach nur ein Präsident, über den ich mich ganz frei öffentlich beklagen kann.

Schlaflos

Seit drei Uhr in der Frühe habe ich kein Auge mehr zugemacht. Auf der Website der *Granma* wurden die neuesten »Reflexionen« von Fidel Castro veröffentlicht. Seitdem steht mein Telefon nicht mehr still, und die Nacht war für mich vorüber. Alle wollen wissen, was ich davon halte. Unausgeschlafen kann ich kaum einen klaren Gedanken fassen, und muss mich öfter mal kneifen, ob ich auch tatsächlich wach bin. Meine Freunde helfen mir auch nicht, klarer zu sehen; sie wecken mich immer wieder auf und bestürmen mich mit Fragen, so als könnte irgendjemand auf dieser Insel tatsächlich Antworten geben.

Mein ganzes Leben lang kannte ich nur einen Präsidenten. Selbst mein Vater und meine Mutter, die in den fünfziger Jahren zur Welt kamen, können sich an keinen anderen Staatschef erinnern als an den, der heute zurückgetreten ist. Mehrere Generationen von Kubanern haben sich nie gefragt, wer sie denn demnächst regieren wird. Jetzt ist ziemlich klar, wer an die Spitze aufrücken wird, und immerhin scheint damit ein Mann definitiv aus dem Spiel.

Wie bei manchen Hitchcock-Filmen haben wir lange im Dunkeln getappt und erst fünf Tage vor der Wahl erfahren, dass unseren braven Abgeordneten diesmal ein leicht geänderter Wahlschein vorliegen würde. Diesmal können sie ihr Kreuzchen nicht bei dem »üblichen« Kandidaten machen.

Obwohl ich fast im Stehen einschlafe, wird mir klar, dass heute eine Epoche zu Ende geht.

Die Frage ist nur, ob in dieser neuen Ära, die nun beginnt, auch wir in Erscheinung treten werden, ob sie unseren Bedürfnissen entsprechen wird oder ob wir noch einmal fünfzig Jahre lang warten müssen.

Doch jetzt schließe ich einfach nur die Augen und fühle mich bereits ein wenig erleichtert.

Auf der Suche nach dem Rosetta-Stein

Raúl Castros Rede bei seiner Amtseinführung als Chef des Staats- und Ministerrates hat meine mittlerweile chronischen Zweifel nicht zerstreuen können. Er hat zwar mehrmals die Notwendigkeit von Veränderungen betont, sie aber nicht beim Namen genannt. Zudem hat er davon gesprochen, Verbote zurückzunehmen, ist aber dabei auch nicht ins Detail gegangen. Was soll ich davon halten? Auch die Zeiträume, in denen diese Versprechen umgesetzt werden sollen – von »innerhalb einer Woche« bis zu »im Laufe des nächsten Jahres« –, erinnern mich doch allzu sehr an das ersehnte tägliche Glas Milch, das uns am 26. Juli letzten Jahres in Aussicht gestellt wurde und auf meinem karg gedeckten Frühstückstisch bisher noch nicht aufgetaucht ist.

Gestern kam ich mir wie der französische Ägyptologe Champollion vor, als ich mühselig versuchte, jedes Wort von Raúls Rede genau zu entschlüsseln, jede Person, die der neuen Regierung angehören soll, richtig einzuschätzen. Das alles kann ich noch nicht lückenlos deuten, habe aber einige Indizien gefunden, die für einen bestimmten Verlauf sprechen. So schließe ich aus der Ernennung von José Ramón Machado Ventura zum Vizepräsidenten, dass die nächsten Beschlüsse der Regierung wahrscheinlich keine größere Offenheit bringen und die Vorstellungen der jungen Generation nicht berücksichtigt werden. Dogmatisch, autoritär, extrem linientreu, so könnte man den Mann beschreiben, der vor gut zehn Jahren einen berüchtigten Erlass unterzeichnete, der Weihnachtsbäume auf öffentlichen Plätzen in Havanna verbot. Obwohl er weniger Stimmen als alle anderen erhielt (601 von 609), entmutigt dieser neue Vizepräsident viele Kubaner, die mit der Regierung Raúl Castros große Hoffnungen verbanden.

Während ich die Inhalte von Raúls Rede an meinem Alltag messe, stößt mir die Formulierung »Abschaffung nicht zu vertretender Gratisleistungen« auf. Daher möchte ich einen bescheidenen Vorschlag machen: Ich biete meine anderthalb Kilo braunen und weißen Zucker, die drei Kilogramm Reis im Monat und das Päckchen Kaffee, die mir auf dem rationierten Markt zustehen, gegen eine ordentliche Portion Meinungsfreiheit. Wahrscheinlich wird der Verkäufer einen Schreck bekommen, wenn ich ihm meine Einkaufstüte hinhalte und ein paar hundert Gramm »Versammlungsfreiheit« verlange, einige Löffel »Meinungsfreiheit« und dann sogar noch ein ganz klein wenig »Wahlfreiheit«. Vielleicht liege ich ja falsch, aber genauso würde ich die Rede von gestern gerne interpretieren.

Die ägyptischen Hieroglyphen sind auf jeden Fall sehr viel leichter zu enträtseln als die langweiligen, starren Rituale der kubanischen Politik.

Weitere Preiserhöhungen

Vor wenigen Wochen wurde Martas karge Rente um fünfunddreißig kubanische Pesos angehoben. In der Schlange vor dem Bankschalter, wo sie sich den Betrag auszahlen ließ, sagte eine Freundin zu ihr: »Mach dich drauf gefasst, die nächste Preiserhöhung steht ins Haus!« Diese alarmierende Vorhersage wollte Marta nicht glauben, denn schließlich wimmelt es in Havanna von Pessimisten und Schwarzsehern. Aber da hat sie sich schwer getäuscht! Denn als sie am Samstag einkaufen ging, reichte ihr Geld nicht mehr für die Grundnahrungsmittel, die nur gegen konvertible Pesos zu haben sind. Marta ist sechsundsechzig und wundert sich eigentlich so leicht über nichts mehr. Als sie aber das Schildchen auf der Ölflasche sah, die zuvor noch 1,90 CUC – ungefähr fünfundvierzig kubanische Pesos – kostete, und jetzt 2,30 CUC las, hat sie sich ziemlich erschrocken. An irgendeine offizielle Ankündigung von Preiserhöhungen konnte sie sich nicht erinnern, und zudem hätte sie schwören können, dass die Bevölkerung doch genau das Gegenteil erwartet hätte. Nun bekam sie für ihre »großzügige« Rentenerhöhung also gerade einmal ein kleines Päckchen Suppenwürfel und eine 300-Gramm-Packung Waschmittel. Das Waschmittel fand sie allerdings auch nur für 1,30 CUC, also ein Prozent teurer als noch in der Woche zuvor. Wenn Marta das nächste Mal ihre Freundin trifft, wird sie zähneknirschend bestätigen: Seit einiger Zeit werden die Lohn- und Rentenerhöhungen von den Preissteigerungen bei den wichtigsten Waren wieder aufgefressen.

Wechselt das Schild aus

Manche Definitionen, Slogans und Redensarten benutzt man aus reiner Gewohnheit hartnäckig weiter, selbst wenn die Realität sie längst überholt hat. So redet man auf Kuba immer noch von sozialer Gleichheit, obwohl sie nirgends zu entdecken ist, von nationaler Souveränität, die im Kontrast steht zu unserer Abhängigkeit von ausländischen Märkten und einer Ideologie, deren Grundsätze sich als Pseudokapitalismus des Staates herausstellen.

Auch wenn wir weiterhin das alte Schild über dem Eingang hängen lassen, entspricht der Alltag damit immer noch nicht den Proklamationen. Auf dem Foto sieht man einen Baum, der einen Teil der »numantinischen«[5] Losung *Socialismo o Muerte* (Sozialismus oder Tod) verdeckt. Das Leben selbst hat die extreme Haltung, zu der die Parole aufruft, ins Lächerliche gezogen. Einige dicke Äste und dichtes Laub verdecken den Teil, in dem der Tod angesprochen wird. Und so hat sich diese dramatische Alternative verflüchtigt, die wir in den schlimmsten Jahren des *Período Especial* vom Podium zu brüllen hatten. Ein kleiner Trieb bedroht nun auch schon das Wort Sozialismus. Wäre es nicht endlich Zeit, das ganze Schild auszutauschen?

Das Y an die Macht

Ich mache mal eine einfache Rechnung auf: Wie viele Leute aus der *Generación Y* bekleiden heute wichtige Posten in unserer Gesellschaft?

Mir scheint, dass alle Yunieskys, Yordankas und Yusimís irgendwo im Verborgenen leben.

Auf der Straße drehe ich mich häufig um, weil jemand einen Namen ruft, der meinem ähnlich ist. Aber auf den Posten, auf denen über den Kurs unseres Landes bestimmt wird, herrscht nicht annähernd die gleiche »Y-Dichte«.

So ist auf der Liste der Abgeordneten, die in wenigen Wochen zur Nationalversammlung zusammentreten werden, dieser beschwingte Buchstabe kaum zu entdecken. Und auch unter den Funktionären, hohen Beamten und Betriebsleitern ist das kapriziöse Y äußerst rar.

Aber vielleicht lassen wir eines Tages von unserem zweitletzten Platz im Alphabet, von diesem extravaganten, so selten vorkommenden Buchstaben aus, einen Ruf erschallen, der bis zu den mächtigen Vokalen und Konsonanten in der ersten Reihe dringt.

»Das Zeitalter des Ypsilons ist angebrochen«, werden wir skandieren. »Es wird Zeit, das Alphabet von hinten beginnen zu lassen!«

Das Y und die Zuversicht

Ich mag die Leute, die ich *Generación Y* getauft habe. Denn Parolen wie »Es lebe Yunisleidis!« oder »Ewiger Ruhm für Yusimí!« werden wir vermutlich nie zu hören bekommen.

Chevrolet-Demokratie

Dieser Tage findet wieder eine Sitzung der Nationalversammlung statt. Dennoch weckt das, was dort im Kongresszentrum besprochen und beschlossen wird, keine großen Hoffnungen bei der kubanischen Bevölkerung. So verspüren wir eine gewisse Genugtuung durch das öffentliche Eingeständnis, dass in unseren Grund- und Mittelschulen ungenügend ausgebildete Lehrkräfte arbeiten. Aber wirklich repräsentiert fühlen wir uns dadurch noch nicht. Seit Jahren schon beklagen die Eltern – erfolglos – diesen Bildungsnotstand, dessen Ursache in der zu kurzen Studiendauer der sehr jungen Lehrer und Lehrerinnen liegt. Nur der zuständige Parlamentsausschuss will erst jetzt etwas davon gemerkt haben.

Auch die Versprechen, mehr Baumaterial heranzuschaffen, Autobesitzern Taxi-Lizenzen für ihr Fahrzeug auszustellen und mehr Babyartikel auf den rationierten Mark zu bringen, kommen zu spät. Andere Ankündigungen haben wir wie Dürstende, denen man ein Glas Wasser reicht, registriert. Und wir sind nicht nur enttäuscht, weil wir zu viel von dem Parlament erwartet haben, das heute zusammentritt. Würde die Nationalversammlung in irgendeinem dieser vielen Chevrolets tagen, die in den Straßen Havannas unterwegs sind, würde man dort vielleicht mutig die Dinge zur Sprache zu bringen, die uns wirklich auf den Nägeln brennen. Denn was uns nicht passt, äußern Kubaner nur, wenn sie im Schutz von Anonymität und Fahrtgeschwindigkeit in ihren klapprigen Straßenkreuzern sitzen. Und dort wird sicher nicht bloß gemurrt, weil wieder kein Sand oder Mörtel zu bekommen oder die Babywindeln aus sind. Begleitet vom Tuckern der Motoren und dem Ächzen der Karosserie, finden hier richtige Parlamentsdebatten statt: im kleineren Rahmen, mit weniger Machtfülle, aber unbestreitbar näher an der Realität.

Im Schatten eines alten Autos

»Musst du nach Havanna?«, ruft mir der Autofahrer zu, so als gehöre die Kreuzung Avenida Boyeros und Tulipán, an der ich stehe, nicht mehr zu der Stadt, in der ich lebe und zur Welt gekommen bin. Ich deute mit dem Finger nach links und nicke: »Ja, nach Fraternidad.« Tatsächlich gehe ich so oft wie möglich in diesen Park mit dem mächtigen *Ceiba*-Baum[6], unter dem Gerardo Machado[7] einst den Kessel vergrub, der Kuba zu ewigem Unglück verurteilt haben soll. Ich steige also in das klapprige Gefährt und finde Platz zwischen weiteren Passagieren. Die zehn Pesos, die mich die Taxifahrt kosten wird, bedrücken mich schon. Doch wenn ich an die Busse in Havanna denke, die *camellos*[8] (»Kamele«) mit den winzigen Fenstern, habe ich richtig gehandelt. Das Auto ist mit offizieller Lizenz unterwegs und darf acht Personen befördern, zwei neben dem Fahrer, drei in der Mitte, und drei weitere ganz hinten, wo sich früher einmal der Kofferraum befand. Ich habe den schlechtesten Platz erwischt, und muss jedes Mal aufstehen, damit die Rückenlehne umgeklappt werden kann, wenn ein Fahrgast aussteigt. Egal, nichts ist schlimmer, als die Enge in den Bussen, wo sich Männer auch gerne mal an Frauenkörpern reiben. Wir fahren an einem Kontrollposten der Polizei vorbei, die zurzeit besonders den privaten Taxifahrern das Leben schwer macht. Aber wir haben Glück und werden nicht herausgewunken. Der Fahrer erzählt daraufhin von seiner letzten Begegnung mit der Polizei, die ihn teuer – nämlich zehn *Chavitos* – zu stehen kam. Wir kommen ins Gespräch, die Fahrgäste berichten von ähnlichen Erlebnissen, und kurz darauf sind wir bei dem Thema, bei dem alle mitreden können. Das Ganze wirkt fast wie ein Treffen »anonymer Neurotiker«, bei dem jeder offenherzig von seinen Macken spricht. Eine vertrauliche Runde hat sich gebildet. Die magische Atmosphäre dieses unverwüstlichen Chevrolets aus den vierziger Jahren entlockt uns die Gründe unserer Unzufriedenheit. Während wir von einem Schlagloch ins nächste schaukeln, reden wir über die Einschränkungen für private Unternehmer, die Bombardierung mit bestimmten Themen im Fernsehen und vieles mehr, bis wir plötzlich verstummen, weil meine Sitznachbarin mir ins Gesicht sagt: »Ja, schon, aber es wehrt sich ja auch niemand!« Mittlerweile sind wir am Capitol angekommen, und die magische Atmosphäre ist verflogen. Der Chevrolet ist wieder bloß ein Fahrzeug, wir steigen aus, und ich höre noch den Fahrer rufen: »Nach Santiago de las

Vegas, nur zwanzig Pesos!« Die Frau, die neben mir gesessen hat, geht grußlos davon, während ich wenig später vor dem umzäumten *Ceiba*-Baum stehe, der vor langer Zeit dort im Park gepflanzt wurde, in eine besondere Erde, die Vertreter aller Länder unseres Kontinents mitgebracht hatten. Und dabei murmele ich an den Baum gewandt: »Ach, wie hast du uns nur verkorkst!«

Im Sherwood Forest

Irgendwann hatte Robin Hood alles, was er zusammengeraubt hat, verteilt. Anfangs freuten sich die Armen im Sherwood Forest noch über die Gaben und jubelten vor Glück. Doch dann wurde ihnen allmählich klar, dass der große Bandit nur verstand, bestehende Schätze aufzuteilen, nicht aber, selber welche hervorzubringen.

Der Wunschbaum

Schon vor sieben Uhr morgens strömen die Leute herbei. Enttäuschte, Träumer, auch Provokateure. Vor dem Zentralkomitee warten sie unter einem Baum. Sie sind gekommen, weil sie ihre Briefe überbringen, ihre Anliegen vortragen möchten, in der Hoffnung, dass ihre Bitten diesmal erhört werden. Einige sind bereits so oft vorstellig geworden, dass sie selbst die kleinsten Gesten des Wachsoldaten, der sie passieren lassen muss, deuten können. Sie geben ihren Ausweis an der Pförtnerloge ab, der Mann hinter dem Panzerglas nimmt ihn entgegen und stellt eine Empfangsbestätigung aus. Dies hier ist die »höchste Instanz« und für alle, die sich an sie wenden, die letzte Hoffnung.

Viele von ihnen haben Hunderte von Kilometern zurückgelegt, um auch dies noch zu versuchen: Sie glauben, wenn die »da ganz oben« von ihrem Problem erfahren, müsste sich etwas machen lassen. Daher hört man unter dem Wunschbaum häufig solche Bemerkungen wie: »Das ist mir nur passiert, weil Fidel nichts von der Sache weiß; wenn er erst informiert ist, kommt sicher wieder alles ins Lot.« Während sie dort warten, vorgelassen zu werden, geben sich die Menschen in ihrer Verzweiflung solchen Utopien hin. Die Frau in der roten Hose ist gekommen, weil sie seit zwölf Jahren in einer Notunterkunft lebt, seit damals ihr Haus eingestürzt ist. Der alte Mann mit der heiseren Stimme will wieder seine Rente bekommen, die er durch eine gnadenlose Bürokratie und eigene Nachlässigkeit verloren hat. Eine junge Frau beteuert, dass ihr Verlobter unschuldig im Gefängnis sitzt. Im Gras unter dem Baum hockt aber auch ein Mann, der – so wie ich – zu den »Ungläubigen« zu zählen scheint. Diese Szene wiederholt sich täglich von Montag bis Freitag. Zum Teil werden die Anliegen auch lautstark vorgetragen. Mütter bringen ihre Kinder mit, um gemeinsam zu jammern, bis irgendjemand es nicht mehr hören kann und sie auffordert: »Jetzt seid endlich still und wartet. So erreicht ihr überhaupt nichts.« Jeden Tag komme ich auf dem Nachhauseweg an diesem Wunschbaum vorbei, und mir fällt auf, wie sich seine Äste unter der Last der Probleme immer tiefer neigen und immer dunklere Schatten werfen auf diese kleine Versammlung, die von Tag zu Tag wächst.

Notlandung

Am nächsten Samstag, dem 26. Juli 2008, wird Raúl Castro in Santiago de Cuba sprechen. Live vom Fernsehen übertragen, wird er sich an ein Land wenden, das sich noch sehr gut an seine letzte Rede vor genau einem Jahr erinnert, in der er von »strukturellen Veränderungen« sprach, von »täglich einem Glas Milch für alle« und dem »Kampf gegen die *Marabú*-Sträucher«. Mehr als auf die Ankündigung neuer Beschlüsse machen wir uns auf die Bestätigung gefasst, wie wenig in den zurückliegenden zwölf Monaten getan wurde.

Die Zeit der großen Versprechungen, der Wunderheilmittel, die uns im Nu aus dem Sumpf der Unterentwicklung herausziehen, ist endgültig vorbei. Der politische Diskurs hat eindeutig zur Landung angesetzt, aber das muss nicht heißen, dass er irgendwann auch auf festem Boden aufsetzen wird. Der Pilot hat weiterhin alle Hebel in der Hand, aber niemand teilt uns mit, ob wir sanft hinabgleiten oder abstürzen, ob der Wind günstig ist oder die Motoren heiß laufen und kurz vor der Explosion stehen. Aus den Bordlautsprechern dieser klapprigen Iljuschin IL-14 dringt ein beunruhigendes Schweigen, unterbrochen nur von Aufforderungen, sich diszipliniert und opferbereit zu verhalten.

Wir erwarten weder Kunststücke am Himmel noch Bonbons, um die Turbulenzen des Fluges leichter zu ertragen. Der Pilot soll einfach vor uns hintreten und uns über das geplante Flugziel informieren. Den Kurs allerdings würden wir dann gerne selbst bestimmen. Hoffentlich wird die Rede am nächsten Samstag nicht wieder eine einzige Selbstbeweihräucherung, mit dem Ziel, uns hinzuhalten, sondern ein offener Bericht, der uns erklärt, wann und wie wir endlich in ein anderes Flugzeug umsteigen.

Er soll die Kerzen allein ausblasen

Am Morgen des 13. August 2001 schaltete ich sehr früh das Radio ein. Mit bebender Stimme verkündete ein Sprecher: »Heute ist der Geburtstag des Vaterlandes« und stimmte dann einen endlosen Lobgesang auf den Máximo Líder an. Noch im Bett überkam mich plötzlich der unbändige Wunsch, mich in eine andere Galaxie zu katapultieren und von dieser Insel zu fliehen, auf der der Geburtstag eines einzelnen Menschen als Gründungstag eines ganzen Landes gefeiert wird.

An diesem Tag beschloss ich, mein Heimatland zu verlassen, und tatsächlich bestieg ich elf Monate später den Flieger, der mich nach Europa brachte.

Über sieben Jahre sind seitdem vergangen. Ich war fort und bin heimgekehrt, aber immer noch höre ich die gleichen Reden wie damals. Wie zuvor ist man darauf bedacht, die fragwürdigen Entscheidungen eines Politikers mit etwas so Unsterblichem wie der Nation zu verbinden. Doch im Unterschied zu früher weckt dieser lächerliche Personenkult bei mir nicht mehr den Wunsch, einfach abzuhauen, sondern zu bleiben. Die Verwirrung über ihn ist der Klarheit gewichen, dass wir in Zukunft nicht mehr zulassen dürfen, dass sich ein Mensch mit unserem Land gleichsetzt. Soll er doch die Kerzen auf seiner Geburtstagstorte ausblasen, aber allein, und nicht mehr im Namen der ganzen Nation.

Ich enthalte mich

Am heutigen Montag, dem 10. September 2008, fand in meinem Viertel die Versammlung statt, auf der die Kandidaten für den Wahlkreis bestimmt werden sollten. Gestern hat man mir die Ankündigung unter der Tür durchgeschoben, und im Flur fand ich einen Zettel, auf dem in bunten Buchstaben die Aufforderung »Mach mit!« stand. Doch allein schon der Gedanke ist mir unangenehm. Für unseren Delegierten und seine Chancen auf einen Sitz in der neuen Nationalversammlung kann ich mich einfach nicht begeistern. Viele erhoffen sich in diesem Jahr einiges von der Wahl, und die kühnsten Träumer sprechen sogar davon, dass sie so etwas wie der Zündfunke großer Veränderungen werden könnte. Ich nicht.

Allerdings erlaubt mir dieses Desinteresse aber nicht, die Dinge ruhig geschehen zu lassen, sondern weckt in mir den Wunsch, mich davonzumachen. Ich möchte den Parolen, den treu gehissten Fahnen, den erhobenen Händen und dem trügerischen Gefühl, aktiv an etwas beteiligt zu sein, aus dem Weg gehen. Dabei ist der Grund meiner Skepsis ganz einfach, denn nie habe ich im Vorfeld dieser Wahlen jemanden sagen hören: »Wenn das Parlament dann zusammentritt, werden wir alle Probleme wirklich angehen und zu lösen versuchen.«

Die Ursünde

August und September 2008 waren eine harte Bewährungsprobe für die so lange herbeigesehnten Wirtschaftsreformen, und jetzt scheint das Schiff schon auf Grund gelaufen, noch bevor die Anker gelichtet wurden. »Du musst Raúl Castros Regierung auch etwas Vertrauen entgegenbringen«, beschwört mich eine Freundin, der meine Skepsis nicht entgangen ist. »Du wirst sehen, bald werden sie neue wichtige Beschlüsse verabschieden«, hatte sie mir aber auch schon vor drei Monaten versichert. Sie gehört eben zu denen, die darauf bauen, ausgerechnet die Führungspersonen könnten unsere aktuellen Probleme lösen, die mit ihren absurden Restriktionen für die heutige Lage verantwortlich sind. Da bin ich sehr skeptisch.

Ich zweifele an der Regierung von Raúl Castro wegen seiner »Ursünde«[9], denn er wurde nicht vom Volk gewählt, sondern durch eine Verwandtschaftsbeziehung wie bei einer dynastischen Erbfolge zum Präsidenten gemacht. Und so eine Nominierung ohne Gegenkandidaten, ohne sich gegen jemanden durchsetzen zu müssen, hat nichts mit einer echten Wahl zu tun.

Der aktuelle Präsident hat kein Programm vorgelegt oder sich irgendwelchen Wählern gegenüber zu irgendetwas verpflichtet. So muss er sich auch niemandem gegenüber für seine Politik verantworten. Die dringend notwendigen und versprochenen Reformen können damit ein Jahr oder auch noch fünf Jahre auf sich warten lassen, denn von deren Umsetzung bleibt Raúl Castros Stuhl im Regierungspalast unberührt. Ohne Kampf ist ihm der verführerische Apfel der Macht in den Schoß gefallen. Und den kann er nun in aller Ruhe verspeisen.

Nicht nur ein Stück Land

Wenn man die vergangenen Monate noch einmal Revue passieren lässt, ist schon die eine oder andere durchaus »innovative« Regierungsentscheidung zu erkennen. Zu den Beschlüssen, die lautstark propagiert werden, zählt die Vergabe von Brachland an Bauern, die es wieder ertragreich machen möchten. Bis vor kurzem noch schlecht oder gar nicht genutzter staatlicher Grund und Boden dürfen sie jetzt für die Dauer von zehn Jahren nutzen. Nachdem Vor- und Nachteile abgewogen und das Gesetz verabschiedet wurde, müssen nun mögliche Interessenten davon überzeugt werden, dass die Nutzungsverträge nicht vorzeitig wieder aufgelöst werden können.

Angeregt durch den Gedanken, nicht oder schlecht Genutztes wieder brauchbar zu machen, habe ich in Havanna nach Brachliegendem Ausschau gehalten. Dabei kam rasch eine erschreckend lange Liste von Fabriken, Institutionen und Dienstleistern zusammen, die um einen »Misswirtschaftspreis« konkurrieren könnten. Würde man hier die gleichen Kriterien wie bei der Landvergabe anwenden, müssten diese Bereiche umgehend Bürgern überlassen werden, die sie privatwirtschaftlich betreiben und auf dieses Weise wieder produktiv machen. Nicht nur die Landwirtschaft, sondern auch unsere übrige, zentral gelenkte Wirtschaft schreit unüberhörbar danach, genauso wie die vielen Hektar Brachland behandelt zu werden, die jetzt von kleinen Bauern wieder fruchtbar gemacht werden.

Auf meiner Ineffizienzliste stehen Restaurants, in denen die Zahl der Fliegen weit größer ist als das Angebot, baufällige Villen im Stadtteil Vedado, die im Besitz irgendwelcher Verbände ungenutzt verrotten, und Hotels wie das Capri, das New York oder das Isla de Cuba, die durch einen desinteressierten und nachlässigen Staat ruiniert wurden. Auch hier müsste gelten: Überlasst das alles einzelnen Bürgern, Familien oder Gruppen, die sich mächtig ins Zeug legen werden, um diese heruntergekommenen Unternehmen wieder flottzumachen.

Aber ich sollte lieber aufhören, nach weiteren Beispielen für unproduktives Wirtschaften zu suchen, sonst fallen mir noch die Parlamentssitze, politischen Ämter und Ministerien mit ihrem gesamten Personal ein. Und ich könnte womöglich noch fordern, sie endlich mit Leuten zu besetzen, die sie besser nutzen würden.

Vielleicht kommt was ins Rollen

Die Straße wirkt ungewohnt, und selbst die Nachbarinnen, die wie sonst zwischen den Marktständen zusammenstehen, tratschen heute nicht über das Übliche. Sie heben den Blick und schauen nach Norden, während sie Vorhersagen darüber wagen, welcher Kandidat aus der Präsidentschaftswahl in den USA wohl als Sieger hervorgehen wird. Bei keiner Wahl habe ich schon einmal ein ähnliches Fieber in der Stadt verspürt, nicht einmal, als wir auf den Ausgang der kubanischen Präsidentschaftswahlen im Februar 2008 gewartet haben.

Der Schuster in meinem Wohnblock drückt einem der beiden Kandidaten fest die Daumen, und die alte Blumenverkäuferin hat sich einen Obama-Sticker an die Bluse geheftet. Verglichen mit demokratischen Amtszeiten in anderen Ländern nehmen sich unsere gerade mal zwei Präsidenten in fünfzig Jahren noch absonderlicher aus. Natürlich wird die Entscheidung der amerikanischen Wähler auch Folgen für unser Land haben, und das nicht nur im metaphorischen Sinne, wie der Flügelschlag eines Schmetterlings am Amazonas. Die Pakete, die vielen Kubanern helfen, bis zum Monatsende über die Runden zu kommen, erreichen uns vor allem von der gegenüberliegenden Küste im Norden. Die dort lebenden Kubaner ließen sich nicht durch die Verleumdungen als »Würmer«, »Vaterlandsverräter« oder »Mafiosi« davon abhalten, ihre Angehörigen in der Heimat zu unterstützen. Die politischen Parolen unserer Führung verlören an Gewicht, wenn die USA nicht mehr als bequemes Feindbild zur Verfügung stünden.

Noch nie war das Schicksal Kubas so getrennt und gleichzeitig so abhängig von dem, was in nur hundertfünfzig Kilometern Entfernung passiert. Deswegen warten wir alle so gebannt darauf, wer als Sieger aus dieser Wahl am heutigen 4. November 2008 hervorgehen wird. Exil-Kubaner, die nur alle drei Jahre ihre Eltern in der Heimat besuchen dürfen, bauen darauf, dass der demokratische Präsidentschaftskandidat die Reisebeschränkungen nach Kuba lockern wird. Andere erhoffen sich, dass die harte Hand der Republikaner die seit Jahrzehnten geforderten Öffnungen erzwingen wird. Die Politiker unseres Landes äußern sich lieber nicht, doch viele glauben, dass es sich jetzt entscheide: Das Ergebnis der amerikanischen Wahl werde den kubanischen Reformzug endlich in Fahrt bringen oder endgültig entgleisen lassen. Mir wäre es lieber, wir selbst könnten dem Zug Dampf machen. Doch leider betätigen sich hier zu viele lieber als Propheten, anstatt sich der schwierigen Aufgabe zu stellen, die Dinge selbst in die Hand zu nehmen. Während ich diese Zeilen schreibe, steht der Zug der Veränderungen noch wartend am Gleis. Und ich weiß nicht, ob die Ereignisse dieses Dienstags ihn tatsächlich ins Rollen bringen.

Die Kunst des Überlebens

Argumente versus Geschrei

Er bereitete sich gewissenhaft vor. Überprüfte noch einmal, ob er nichts übersehen hatte. Feilte für diese Diskussion ein letztes Mal an den Änderungsvorschlägen, die er durch genaues Beobachten des kubanischen Alltags über Jahre erarbeitet hatte. Er machte sich darauf gefasst, dass sein Gegner ihn an die Erfolge der Revolution erinnern und ihn einen Defätisten schimpfen würde, der nach Flecken auf der Sonne suche. Um die Vergleiche mit anderen Ländern zu parieren – der beliebteste rhetorische Kunstgriff, um Kritiker zum Schweigen zu bringen –, hatte er sorgfältig alle Details und Zahlen studiert. Er war darauf vorbereitet, Beleidigungen zurückzuweisen, wie die, seine Forderungen dienten den Interessen der USA oder seine Schuhe sähen nicht so aus, als hätten sie vom Lohn eines Arbeiters gekauft werden können.

Der leidenschaftliche Baseballfan wärmte den Schlagarm seiner Beweisführung besonders gut auf, um wie ein *Batter* seinen Gegner, dem keine Argumente mehr einfallen, mit einem *Home Run* aus dem Feld zu schlagen.

Seit Jahren wartete er auf die Chance zu einem solchen Streitgespräch. Nur machte er den Fehler zu glauben, dass man ihm auch zuhören wolle. Tatsächlich verfolgte sein Gegenüber nur das Ziel, ihn mundtot zu machen. Und sein fragiles Gebäude aus Argumenten und Beweisen war schutzlos den Aggressionen und dem Geschrei des anderen ausgesetzt. Bei jedem Punkt, den er vortrug, ballte der andere die Fäuste, schimpfte und zeterte, während seine geschwollenen Adern an den Schläfen zu platzen drohten. Es gehe ihm doch einzig und allein um das Wohl des Landes, wollte er den Schäumenden beruhigen, doch schon brüllte dieser »Söldner des US-Imperialismus« dazwischen, und er kam nicht dazu, seinen Satz zu beenden.

Unfähig, die Schläge des anderen zu kontern und selbst auszuteilen, schwieg er irgendwann nur noch. Er hatte sich auf eine geistige Auseinandersetzung vorbereitet und war in einem Steinhagel untergegangen. Wieder zu Hause, nahm er sich seine Unterlagen vor. Er zerriss seine Statistiken, warf seine Erläuterungen zur Ineffizienz des ökonomischen Systems in den Papierkorb und verbannte die dicke Streitschrift gegen eine Revolution, die glaubt, sich nie anpassen zu müssen, in die hinterste Ecke im Regal. Dann ging er in die Küche und griff zu der schweren Eisenstange, die er gegen Einbrecher im Haus hatte. Der Widersacher hatte sein Ziel erreicht: Nun war dieser Mann überzeugt, zu Gewalt greifen zu müssen, um sich Gehör zu verschaffen.

Glückliche Herzen

Eigentlich wollte ich mich nicht über die Ergebnisse einer Untersuchung ärgern, die von amerikanischen Wissenschaftlern und einigen Professoren der Universität Cienfuegos veröffentlicht wurde. Diese hatten die positiven Auswirkungen des *Período Especial* (Sonderperiode) auf die Gesundheit der Kubaner analysiert. Mit Statistiken lassen sich bekanntlich die seltsamsten Theorien stützen, deswegen lohnt es sich gar nicht, auf den angeblich so niedrigen Cholesterinspiegel in kubanischen Adern einzugehen. Wütend werde ich allerdings, wenn ich in den Spiegel schaue und auf den ersten Blick erkenne, wie sich die »mageren Jahre« auf mein Gewicht und meine Kleidergröße ausgewirkt haben.

Meine Generation ist mit dem Satz »das ist aus« aufgewachsen und träumte von Kondensmilch und bulgarischen Konservenbüchsen, die es in den idyllischen achtziger Jahren noch gab. Sobald wir zusammensaßen, wurde nur übers Essen geredet, und dabei verschlangen wir löffelweise Zucker oder irgendeinen Mischmasch zweifelhafter Herkunft, den sich unsere Eltern vom Munde abgespart hatten. Essen zu beschaffen, wurde damals zu dieser Wahnidee, die uns auch heute noch prägt.

Und nun kommt diese Studie daher und lobt die niedrigen Fettwerte in unseren Körpern. Hat denn schon mal jemand statistisch ausgewertet, zu welchen psychischen Störungen die Entbehrungen damals geführt haben? Wie viele Selbstmorde begangen wurden? Oder wie viele Menschen auf provisorisch zusammengezimmerten Flößen geflohen sind, nur um diesem stets halbleeren Teller zu entkommen, private und berufliche Lebenspläne zurückblieben und auf Kinder verzichtet wurde? Hat schon mal jemand die Resignation in Zahlen gefasst, die sich im Land ausgebreitet hat? Oder diesen Trieb untersucht, sich nichts Essbares entgehen zu lassen und alles, was uns noch geblieben ist, fest an sich zu raffen?

Dennoch würde ich diese Studie gerne einmal ganz durchsehen und prüfen, ob dort irgendwo neben »Blutdruck«

und »Cholesterin« auch von »Glück«, »seelischem Frieden« oder »Träumen« zu lesen ist.

Nichts ist umsonst

Zurzeit suche ich nach Augentropfen, da mich seit ein paar Tagen eine Entzündung im rechten Auge plagt. Nach zwei Stunden im Wartezimmer beim Hausarzt bin ich über den neuesten Tratsch im Viertel informiert, dank Nachbarinnen, die dort ebenfalls die Zeit totschlagen. Die Ärztin beklagt die Arbeitsüberlastung – eine Reihe von Kollegen sind momentan in offiziellem Auftrag in Venezuela tätig – und knabbert an einer Pizza zu sechs Pesos, während sie mir die Überweisung an einen Facharzt schreibt.

Im Krankenhaus, wohin sie mich überwiesen hat, sieht es ähnlich aus. Aber da ich mich um mein Auge sorge, warte ich geduldig, bis ich an der Reihe bin. Ein Herr mit einer ramponierten Sonnenbrille auf der Nase erzählt mir, er warte bereits seit sechs Uhr früh. In der Zeit, die ich hier verplempern werde, könnte ich wahrscheinlich einen ganzen Roman lesen. Obwohl ich mir jede Bemerkung verkneife, meint eine ältere Dame spöttisch: »Das kommt davon, weil es umsonst ist. Müssten wir dafür bezahlen, sähe es ganz anders aus.«

Das überrascht mich nicht. Ähnliches kann man bei uns überall hören. Aber während ich warte, mache ich mir doch so meine Gedanken über dieses merkwürdige System der »Gratisleistungen«. Bei dem Wort »gratis« stellt man sich im ersten Moment Aladins Wunderlampe vor, an der elf Millionen Kubaner reiben und die uns dann mit Kliniken, Schulen und anderen »Sozialleistungen« versorgt. Aber die Illusion, der Geist aus Aladins Wunderlampe sei am Werk, verflüchtigt sich schnell: All das sind nur die Früchte eines Kreislaufs, für den wir täglich einen hohen Preis zahlen.

Das Geld stammt eben nicht aus den großzügig geöffneten Geldbeuteln der Regierenden, sondern aus ganz anderen Quellen. Aus den Steuern auf jeden Artikel nämlich, den wir in teuren Devisenläden für konvertible Pesos kaufen, aus den Unsummen, die wir für Reiseanträge aufbringen, aus der demütigenden Überbewertung fremder Währungen auf unserer Insel, und nicht zuletzt aus der Missachtung und Unterbezahlung aller kubanischen Arbeitskräfte. Wir bezahlen für diese Sozialleistungen, aber weil sie angeblich »gratis« sind, dürfen wir uns über ihre Mängel nicht beschweren.

Wir bezahlen nicht nur die gigantische militärische Infrastruktur, diesen säbelrasselnden Wahnsinn, der einen Großteil unseres Staatshaushalts verschlingt, sondern auch die politischen Kampagnen, die Solidaritätsmärsche sowie die Geltungssucht, mit der unsere Regierung in aller Welt auftritt, gehen auf unsere Rechnung. Wir selbst finanzieren die Zensur, die uns an der freien Entfaltung hindert, die Wanzen, mit denen wir belauscht werden, die Denunzianten, die uns bespitzeln, und nicht zuletzt auch unsere Vertreter im Parlament, die der Bevölkerung Sparsamkeit verordnen.

Nichts ist umsonst. Tagtäglich bezahlen wir einen hohen Preis für dieses System, nicht nur mit Geld, Zeit und Energie, sondern auch mit unserer Freiheit. Wir selbst finanzieren den Käfig, in dem wir gefangen sind, und die Scheren, mit denen man uns die Flügel stutzt.

Die (verborgenen?) Energien des Volkes

Als 1994 die Vorschriften zur Eröffnung eines *paladar*[1] oder eines Cafés gelockert wurden, schossen überall in Havanna diese kleinen, provisorisch eingerichteten Läden aus dem Boden, die uns mit vergessenen, schmerzlich vermissten Düften und Gerichten versorgten. Unter Hunderten bunter Sonnenschirme, an wackligen Tischen unter irgendwelchen Arkaden, aber auch an feineren Orten, konnte man plötzlich wieder einen *Mamey*-Cocktail[2] oder ein Guaventörtchen genießen – überall entfaltete sich in wenigen Monaten eine lang unterdrückte Kreativität. Die brachliegenden Energien unzähliger Kubaner brachten Produkte und Dienstleistungen von einer Qualität und Effizienz hervor, die meiner Generation fremd waren.

Glücklich bestaunten wir die Wiedergeburt der kleinen Privatbetriebe. 1968 hatten unsere Eltern erleben müssen, wie die sogenannte »Revolutionäre Offensive« ihnen den Garaus gemacht hatte.[3] Die früheren Engpässe in meinem Viertel, Centro Habana, gingen auf die rigide Überwachung des Staates und das Abwürgen jeglicher Privatinitiative zurück. Von diesem Kreativitätsboom mussten wir uns dann allerdings wieder verabschieden. Denn auf »höherer Ebene« begriff man irgendwann, dass die ökonomischen Freiheiten unausweichlich auch zu größerer politischer Unabhängigkeit führen würden. Als Cuco, der den bekanntesten *paladar* in meinem Viertel betrieb, seinen Gewinn für eine Reise nach Paris verwendete, sich ein modernes Auto kaufte und eine Gastronomie-Zeitschrift herausgab, zeigten sich unsere Funktionäre doch sehr besorgt. Um solche »kleinbürgerlichen Allüren« zu unterbinden, traktierte man die Kleinstbetriebe von da an mit hohen Steuern, ständigen Kontrollen und kleinlichen Verboten. Cuco musste sein Restaurant schließen, und der Karneval der Aromen, den wir neu entdeckt hatten, verschwand wieder in der Versenkung.

Die kleinen Privatbetriebe aber, die diese Maßnahmen überlebt haben, warten mit ihren produktiven Energien nur darauf, sich wieder entfalten zu können, sobald die rigiden staatlichen Vorschriften zumindest ein wenig gelockert werden. Dann werden sie die Straßen und Arkaden Havannas zurückerobern. Cuco streicht derweil sanft über das Rezeptbuch, das er in den Jahren des Wartens noch beträchtlich erweitert hat, und erzählt von seinen Plänen für ein neues Restaurant auf der Terrasse seines Hauses. Das Design für die Website und auch die Speisekarte sind bereits fertig. Selbst die Farbe der Servietten steht fest. Er steht in den Startlöchern und wartet nur auf den Startschuss, um sich in den Wettkampf zu stürzen und sich seinen Traum zu erfüllen.

Ausflug nach Soroa

Reisebüros, über die ein Kubaner Fahrten innerhalb des Landes mit nationalen Pesos buchen könnte, gibt es nicht. Diese Marktlücke haben nun Privatleute für sich entdeckt.

Im Juli und August werben mittlerweile Plakate für Fahrten nach Varadero, Ciénaga de Zapata oder zu den Cuevas de Bellamar (Tropfsteinhöhlen bei Matanzas). Die Organisatoren mieten ihre Busse bei staatlichen Betrieben und verkaufen die Fahrkarten dann für fünfzig bis hundert kubanische Pesos. Morgens fahren die Busse sehr früh los, wenn die Sonne noch nicht brennt und noch keine staatlichen Kontrollen stattfinden. Am späten Nachmittag vor Einbruch der Dunkelheit geht es zurück.

Obwohl es sich hier um eine sogenannte »illegale wirtschaftliche Betätigung« handelt, drückt die Polizei ein Auge zu. Denn wenn der Druck im Topf sehr hoch ist, legt man am besten den Deckel nicht ganz auf. So verdienen sich einige Leute schon seit Jahren mit solchen »alternativen« Reiseveranstaltungen den Lebensunterhalt. Die Verwegensten werben für ihre Fahrten sogar im Internet und über E-Mails. Andere verkaufen Pauschalpakete, die neben der Fahrt zusätzlich einen Imbiss oder ein Mittagessen in einem *paladar* an der Strecke anbieten.

Am Wochenende bin ich mit solch einem privaten Reiseveranstalter nach Soroa gefahren. Ich bin zwar schon über dreißig, dennoch gibt es immer noch Gegenden in meinem Land, die ich kaum kenne. Unser Transportwesen ist das reinste Chaos. Nur zweimal habe ich es in die kleinen Bergdörfer geschafft. Das erste Mal war es in den legendären achtziger Jahren, als unser Lohn noch fürs Reisen reichte. Das zweite Mal war jetzt an diesem Wochenende, was dank des Erfindungsgeistes einiger Privatleute und des von ihnen improvisierten Busnetzes möglich wurde. Mögen doch mehr solcher Privatinitiativen die Unzulänglichkeit eines Staates bloßstellen, der sich anmaßt, alles selbst organisieren zu wollen.

Zahnschmerzen

Sich den Kopf über die Probleme anderer Leute zu zerbrechen und dadurch den eigenen aus dem Weg zu gehen, ist momentan ziemlich angesagt. Daher sollte ich zukünftig auch mehr Themen ansprechen, die über die engen Grenzen meines häuslichen und städtischen Umfelds hinausgehen. Ich könnte beispielsweise über die Diskriminierung der australischen Ureinwohner schreiben, die Schwierigkeiten beim Wiederaufbau von New Orleans oder über die dramatischen Lebensumstände der Obdachlosen in Brasilien. Gerade als ich mich zu diesen weit entfernten Problemen äußern will, hält mich etwas sehr Naheliegendes davon ab: Ich habe Zahnweh.

Ein heftiger Schmerz, der sich vom Unterkiefer bis zum Ohr zieht, raubt mir die Konzentration, so dass ich nicht über Dinge nachdenken kann, die mich selbst nicht betreffen. Das Land der Kängurus rückt wieder in weite Ferne, der Superdome in New Orleans verblasst und die Forderungen der brasilianischen Obdachlosen entschwinden im Urwald. Der Schmerz ruft mich in meine Realität zurück.

Der Schmerz verschlimmert sich noch, wenn ich an die vielen Stunden denke, die ich in den vergangenen Tagen sinnlos beim Zahnarzt vertrödelt habe. Mal konnte man mich nicht behandeln, weil das Wasser abgestellt war, Mal, weil ein Gebläse nicht funktionierte, ein weiteres Mal, weil das Papier für die zu sterilisierenden Instrumente ausgegangen war. Schließlich machte eine Sprechstundenhilfe meine letzten Hoffnungen zunichte: »Bis Ende nächsten Monats vergeben wir keine Termine mehr.« All dies erlebte ich in einer Poliklinik, die ausländischen Delegationen immer wieder gern als Musterbeispiel für das hervorragende kubanische Gesundheitssystem vorgeführt wird. Vielleicht sind darunter ja auch mal Abordnungen aus dem fernen Australien, aus den Tiefebenen der südlichen USA oder den Urwäldern Brasiliens.

Ich könnte mich dann einfach mit meinen Zahnschmerzen vor den Eingang hocken und mit einer solchen Delegation hineinhuschen. Oder ich versuche mein Glück in der anderen Klinik ganz in der Nähe. Die wird ebenfalls des Öfteren Gästen vorgeführt, weil dort angeblich alles funktioniert und die Patienten so zufrieden lächeln.

Vielleicht bräuchten unsere Leute an der Spitze einmal langanhaltende, heftige Zahnschmerzen, um die kubanische Realität wieder klar und deutlich zu sehen und um endlich die Zustände zu ändern. Denn da gibt es keine Schmerztabletten und keinen persönlichen Zahnarzt, der sofort mit frisch importiertem Amalgam für Linderung sorgt, sondern nur einen Zahnarzt, dem der Strom für die Lampe am Behandlungsstuhl und die Betäubungscreme fehlen, die so angenehm nach Pfefferminzbonbon schmeckt. Unter genau diesen Umständen, wie ich sie zu ertragen habe, sollten diese Herren mal Zahnschmerzen haben.

Abbruch

»Ich bin dreiundzwanzig und hab schon viermal abgetrieben«, erzählt sie so laut, dass alle es hören können. Eine Schwangerschaft würde ihre Linie ruinieren, erklärt sie mir, während sie ihren extrem kurzen Minirock zurechtrückt. Viele Jahre lang haben kubanische Frauen Schwangerschaftsabbrüche wie eine empfängnisverhütende Methode eingesetzt. Denn in den achtziger Jahren waren Kondome nicht erhältlich, und als es sie später in allen Apotheken gab, weigerten sich viele Männer beharrlich, sie auch zu benutzen.

Während einer Fahrt in die Provinz lerne ich in einem Bus dieses fast magersüchtige Mädchen aus Villa Clara kennen. Über eine Stunde unterhalten wir uns über alles Mögliche, und ich erfahre dabei alle Einzelheiten ihrer Abtreibungen. »So weh tut das gar nicht«, meint sie, während sie dem Busfahrer zuzwinkert, der ihr über den Rückspiegel auf die Beine stiert. Und dann rechtfertigt sie sich fast vierzig Minuten lang, wobei ich all ihre Gründe schon unzählige Male gehört habe. Sie lebe noch bei ihren Eltern und teile sich ein Zimmer mit ihrer Schwester. Viele Männer, mit denen sie zusammen war, seien verheiratet gewesen, andere hätten kein Kind haben wollen, außerdem wolle sie irgendwann mal das Land verlassen, und mit einem Kind sei das doch noch komplizierter ... Und schließlich sagt sie: »Ich habe eine Freundin in der gynäkologischen Abteilung einer Klinik. Die brauche ich nur anzusprechen, und die Sache ist geritzt.«

Allerdings bekommt ihr Glaube, auch künftig alle die mit einer Schwangerschaft verbundenen Wohnungs-, Beziehungs- oder Auswanderungsprobleme im Operationssaal lösen zu können, einen schweren Dämpfer. Denn neuerdings dürfen in den Krankenhäusern keine Abtreibungen mehr vorgenommen werden. Die Presse hat davon nichts erwähnt, genauso wie sie auch die hohe Zahl der Schwangerschaftsabbrüche immer verschwiegen hat. Aber seit einigen Monaten gibt es einen Erlass, der die Zahl der Abtreibungen einschränken soll. Die rückläufige Geburtenrate soll unbedingt wieder angehoben werden, auch wenn man dazu die Frauen zum Gebären zwingen muss. Das Mädchen beißt sich auf die Lippen und will mir nicht so recht glauben, aber nach einer Weile erwidert sie dann patzig: »Ach, deswegen mache ich mir keine Sorgen. Ein schönes Geschenk für den Arzt, und glaub mir, im Nu ist meine Gebärmutter wieder so gut wie neu.«

Ein Schlagloch rüttelt den Bus durch. Der Fahrer starrt immer noch verzückt auf die Oberschenkel meiner Reisebegleiterin. Ich fürchte, er könnte einen Unfall bauen und unsere Reise ähnlich abrupt enden wie die Folgen ihrer Affären.

Im Krankenhaus: Hast du alles?

Mit Eimer, Kissen und Ventilator beladen, betrete ich die onkologische Abteilung des Krankenhauses. Der Rucksack, der hinter einer Schulter aufragt, verbirgt mein Gesicht vor dem Pförtner. Aber der kümmert sich ohnehin nicht um mich. Schließlich ist er es gewöhnt, dass die Angehörigen der Patienten alles Notwendige von zu Hause herbeischaffen müssen, und lässt sich nicht aus der Ruhe bringen. Ich habe ihm sogar ein Ei-Brötchen mitgebracht, damit er mich über die Besuchszeit hinaus dableiben lässt.

Als ich das Krankenzimmer betrete, hält Mónica die Hand ihrer Mutter, die immer abgezehrter aussieht. Sie hat einen Tumor in der Speiseröhre, und es besteht kaum noch Hoffnung. Nur ihr hat es noch niemand gesagt. Warum bloß hüten sich manche Ärzte, todkranke Patienten darüber aufzuklären, dass ihnen nur noch wenig Zeit bleibt? Natürlich respektiere ich die Haltung der Angehörigen, aber Worte wie »dir wird's sicher bald bessergehen« bringe ich nicht über die Lippen.

Trübes Licht erhellt das Zimmer, und das Leid ist greifbar. Ich packe die mitgebrachten Sachen aus, hole Desinfektionsmittel und Duftreiniger hervor, um das Bad zu putzen, dessen »Düfte« den Raum erfüllen. Weil die Wasserspülung nicht funktioniert, habe ich einen Eimer dabei. So können wir nicht nur die Kloschüssel ausspülen, sondern auch die Patientin besser waschen. Für die große Putzaktion habe ich gelbe Gummihandschuhe parat, damit ich mir keine Krankenhausbazillen einfange. Mónica bittet mich, auch die Lebensmittel und die Dose mit dem Spezialbrei für die Kranke herauszuholen. Glücklicherweise habe ich noch ein Kissen eingesteckt, und mit den sauberen Betttüchern beziehen wir die total verdreckt Matratze.

Am sehnsüchtigsten hat die Kranke aber auf den Ventilator gewartet, den ich an zwei alte Drähte anschließe, die aus der Wand hängen. Dann leere ich weiter alle Taschen, bis ich zu dem Karton mit den Medikamenten komme. Ich habe Nadeln auftreiben können, die für die Infusion geeigneter sein müssten. Die Nadel, die momentan in der Armbeuge von Mónicas Mutter steckt, ist zu dick und tut ihr weh. Auch Mullbinden und Watte habe ich auf dem Schwarzmarkt besorgt. Nach dem Nähfaden, den sie für die morgige Operation braucht, habe ich tagelang gesucht und absurde Tauschgeschäfte dafür abgewickelt. Auch einige kleine Einwegspritzen habe ich mitgebracht, denn sie hat einen Mordsschreck bekommen, als die Krankenschwester mit einer Glasspritze ankam.

Damit die Kranke etwas Abwechslung hat, lasse ich ihr auch ein Radio da. Ihrer Bettnachbarin haben die Angehörigen einen Fernsehapparat vorbeigebracht, und so können meine Freundin und ihre Mutter ihre Lieblingssoap anschauen, während ich den Arzt suche, um ihm ein Geschenk vom Ehemann der Patientin zu übergeben.

Gegenüber von Mónicas Mutter liegt eine alte Dame und schlürft das wässrige Süppchen, das die Schwestern ausgeteilt haben. Ihre Angehörigen haben nichts herbeigeschleppt und sie noch nicht einmal mit einem Kopfkissen versorgt. Ich stelle den Ventilator so ein, dass auch sie etwas Kühlung abbekommt, und berichte von der nächsten Hurrikanwarnung. Später sehe ich eine Kakerlake über die Wand krabbeln, und mir fällt sein, dass ich sogar ein Insektenspray dabei habe. Mein Rucksack ist jetzt fast leer, bis auf einige Medikamente und ein kleines Geschenk für die junge Laborantin. Auch an Geld habe ich gedacht, denn die Krankenwagen sind nur für die schlimmsten Notfälle reserviert, und sollte man die Mutter meiner Freundin nach

Hause entlassen, weil jede weitere Behandlung aussichtslos ist, müssten wir ein Panataxi[4] nehmen. Unbemerkt von den anderen klopfe ich beim Hinausgehen gegen das Holz des Türrahmens, vielleicht um abergläubisch die Angst vor schweren Krankheiten zu vertreiben, oder vor Schreck angesichts der Zustände, die in dieser Klinik herrschen. Im Flur preist eine Frau ihre Schinken-Brötchen für die Besucher an, und ich flüchte mich noch einmal ins Bad, das jetzt immerhin nach Jasmin duftet, nachdem ich es geputzt habe.

Wertlose Zeit

Wetten, dass man in dieser Stadt keine öffentliche Uhr findet, die auch nur annähernd die richtige Zeit anzeigt? Selbst die Zeiger der großen Bahnhofsuhr sind auf zwanzig nach fünf erstarrt. Kubaner haben durchaus nichts gegen Zahnradmechanik oder digitale Anzeigeflächen, sondern Zeit ist hier einfach nichts wert.

Ganz selbstverständlich warten wir eine Stunde, um die Stromrechnung zu bezahlen, oder vergeuden einen halben Tag, weil ein Paar Schuhe repariert werden muss. Und wenn wir am Ende des Tages zumindest eine Aufgabe erledigt haben, können wir stolz sein. Wer sich die Zeit besser einteilt, um mehr zu schaffen, wird auf Kuba schnell als Spinner oder Masochist abgetan.

Unser Alltag ist abenteuerlich. Wir wissen nie genau, wann der Bus kommt, wann eine Aufgabe erledigt oder ein Schalter geöffnet ist. Uns kann es egal sein, ob es nun halb zehn oder Viertel nach zehn ist. Diese lästigen Dinger, die Minuten und Stunden zu messen versuchen, sorgen nur für schlechte Laune und nehmen uns das angenehme Gefühl, Zeit zu vertrödeln.

Die Korruption des Überlebens

Er ist achtundzwanzig und arbeitet in der Bar an einem Hotelpool, weil sein Patenonkel für seinen Job im Tourismus Schmiergeld bezahlt hat. Seine Englischkenntnisse sind mehr als dürftig, doch dank der zweitausend konvertiblen Pesos, die an den zuständigen Beamten geflossen sind, kam er um die eigentlich erforderliche Sprachprüfung herum. Über die Hälfte aller Rum- und Colaflaschen, die er in der Bar verkauft, hat er selbst auf dem rationierten Markt besorgt. Die Kollegen haben ihm gezeigt, wie er das eigene Warenangebot besser ins Blickfeld der Kunden rückt und nicht für das wirbt, was vom Staat für Touristen vorgesehen ist. So wirtschaftet er mit jeder Schicht einen Betrag in die eigene Tasche, der dem Monatsgehalt eines Neurochirurgen entspricht.

Auf diese illegalen Einkünfte ist er ganz angewiesen, um seine eigenen Konsumwünsche zu befriedigen. Daher erfüllt er alle seine »staatsbürgerlichen Pflichten« vorbildhaft und hält sich strikt an die geforderte »ideologische Unbestechlichkeit«. Bei der Parade zum 1. Mai sowie bei allen anderen Aufmärschen, zu denen die Partei aufruft, steht er immer in der ersten Reihe. Zu seiner Garderobe gehören T-Shirts, die entweder an die »fünf kubanischen Helden«[5] in US-Gefangenschaft erinnern, Che Guevara zeigen oder den Schriftzug »Kampf der Ideen« tragen. Lässt sein Chef ihn mal eine Zeit lang nicht aus den Augen, weil er ihn verdächtigt, Staatseigentum beiseite zu schaffen, zieht er eines dieser T-Shirts an, und sofort lockert sich die Überwachung.

Trotz seines jugendlichen Alters hat er schon begriffen, dass man die Grenze zur Illegalität beliebig oft überschreiten kann, wenn man nur immer brav applaudiert[6]. Seinen einträglichen Job sichert er sich, indem er bei politischen Versammlungen im richtigen Moment die richtigen Slogans brüllt und auch schon mal ein »konterrevolutionäres Grüppchen« zur Räson bringt. Heute stiehlt er, betrügt die Gäste und hinterzieht Volkseigentum. Vor fünf, sechs Jahren haben Typen wie er für die Verfassungsänderung gestimmt, die jetzt das politische System als »unumkehrbar« festschreibt. Solange der Sozialismus ihm die Freiheit lässt, sich die Taschen zu füllen, kann dieser seinetwegen ruhig bis in alle Ewigkeit andauern.

Die Hauptstadt der (aller?) Kubaner

In zwanzig Minuten muss ich in einer kleinen Galerie in der Nähe der Plaza Vieja sein, in der ein Freund seine naiven Malereien ausstellt. Laufe ich zu Fuß, verpasse ich den Anfang seiner Rede, und das würde mir der Künstler niemals verzeihen. Deshalb halte ich ein Fahrradtaxi an und biete dem Fahrer zehn Pesos, damit er kräftig in die Pedale tritt. Der lächelt mich an und freut sich scheinbar, dass er nur ein Leichtgewicht zu transportieren hat. Dann trällert er ein Liedchen: »Die Frau des Schmieds liebt seinen Hammer, die Frau des Metzgers liebt sein Fleisch ... und die des Feuerwehrmanns bittet mich um Feuer ...«

Die ganze Fahrt über komme ich mir wie eine hochnäsige feine Dame vor, die sich auf einer Sänfte durch die Stadt chauffieren lässt. Nur der Gedanke, dass der Taxifahrer ein paar fette Touristen hätte kutschieren müssen, die ihm bereits zugewinkt hatten, hätte ich ihn nicht angesprochen, erleichtert mein schlechtes Gewissen ein bisschen. Ich bin immer noch mit meinen Schuldgefühlen beschäftigt, als sich der Fahrer in voller Fahrt zu mir umdreht und fragt: »Bist du aus Havanna?« Ich bestätige meine hauptstädtischen Wurzeln, und plötzlich sagt er mit begierlichem Blick: »Ach ja? Ich bin aus Guantánamo und suche eine Frau zum Heiraten. Dann kann ich mich hier offiziell anmelden. Bist du ledig?«

Dieser unverblümte Vorschlag bringt mich in Bedrängnis. Ich müsste ihm erklären, dass ich einen Mann habe und außerdem keine Immobilie besitze, wo er sich anmelden könnte, um eine Ausweisung zu verhindern. Zudem wohne ich zu dicht am Memorial José Martí, dem Machtzentrum dieses Landes, was es extrem kompliziert macht, eine fremde Person bei sich aufzunehmen. Schließlich aber fasse ich all diese Argumente gegen seinen unvermittelten Heiratsantrag in einem knappen »Nein« zusammen.

Er schaut mich an, als verurteilte ich ihn damit zur Abschiebehaft in ein Gefängnis, von dem aus wöchentlich alle, die sich ohne die notwendigen Papiere in Havanna aufgehalten haben, mit Bussen aus der Stadt gekarrt werden. Bei seinem Blick fühle ich mich schuldig, in dieser heruntergekommenen und doch privilegierten Stadt auf die Welt gekommen zu sein, einer Stadt, die mit den Touristen aus aller Welt flirtet und verächtlich auf die Landsleute aus anderen Provinzen herabschaut.

Fast will ich schon meine Meinung ändern und ihm mein Jawort geben, da erreichen wir glücklicherweise die Galerie. Ich flüchte mich zu meinem Maler-Freund und entgehe dem Ehering.

Von Rindern und Kühen

Dieser unvergleichliche kubanische Alltag ist sehr hilfreich, wenn man schreibt. Jedes noch so kleine Detail steckt voller Fantasie, Komik und Erfindungsgeist. So wird die Lektüre des Erzählbandes *Ternera macho y otros absurdos* (Männliches Kalb und andere Spinnereien) von Ángel Pérez Cuza[7] zu einem Spaziergang durch eine Welt gängiger Täuschungen und Betrügereien. Wir wundern uns überhaupt nicht, wenn eine seiner Hauptfiguren sagt: »Mein Stier Bravo und mein Ochse Preña sind eigentlich Kühe. Ich habe sie nur umgetauft.« Mit diesem Trick umgehen die Bauern die Verpflichtung, Milch an die staatlichen Molkereien abzuliefern.

Das Thema »Kühe« ist im heutigen Kuba besonders surreal. Auf unseren Feldern scheinen diese Nutztiere mittlerweile so heilig wie in Indien zu sein. Sind es dort religiöse Gründe, so haben auf unserer Karibikinsel die Bürokraten mit ihren Bestimmungen und Verboten der Kuh zu Kultstatus verholfen. Bezüglich Wiederkäuern wundert uns mittlerweile gar nichts mehr, auch nicht folgende Geschichte: »Wisst ihr, wie lange ich kein Rindfleisch mehr gegessen habe? Dabei besitze ich Kühe und Kälber. Eigentlich könnte ich Mazorra und Josefina auch decken lassen, aber ich will meine Tiere nicht opfern. Wenn eins krank wird oder sich verletzt, muss ich sofort das zuständige Amt einschalten, und die schicken dann einen Beamten und einen Tierarzt vorbei, die die Schlachtung genehmigen müssen.« – »Ja, sieh dich vor. Schlachten, um das Tier zu essen, ist verboten. Du musst es einäschern, und das geht erst, wenn du alle notwendigen Papiere beisammen hast.« – »Wem sagst du das? Bei Kälbern sind sie noch strenger. Machst du da einen Fehler, ordnen sie sofort eine gründliche Untersuchung an, und du hast die Gutachter von der Polizei am Hals.«

In den achtziger Jahren habe ich was Ähnliches erlebt: Mein Vater war Lokomotivführer und nahm mich manchmal im Führerhaus mit. Ich saß also neben ihm in der Lokomotive, als etwa hundert Meter entfernt eine Kuh auf den Gleisen stand. Sie war dort so festgebunden, dass der Zug nur ihren Kopf treffen würde. Das Tier brüllte und versuchte verzweifelt, sich loszureißen. Aber ohne Erfolg. Unbedarft, wie ich als Zehnjährige eben war, rief ich meinem Vater zu: »Halt an! Halt an! Sieh doch, die Kuh auf den Schienen!« Doch einen Zug mit dreißig Waggons hält man nicht mal eben so an, und erst recht nicht wegen eines Tieres. Mein Vater, der schon Schlimmeres erlebt hatte, ließ sich nicht aus der Ruhe bringen und erklärte mir gelassen: »Mach dir keine Gedanken. Alles ist gut. Die Bauern haben ihre Kuh selbst dort angebunden. Der Zug soll sie überfahren, damit sie das Fleisch auch essen dürfen.« Einige Sekunden später ertönte ein dumpfer Schlag und die Opferung war vollzogen. Ich schaute aus dem Seitenfenster zurück. Ein paar Bauern liefen lachend zum geschlachteten Tier.

Wahrscheinlich binden die kubanischen Bauern heute, zwanzig Jahre später, die Kühe noch geschickter an die Schienen. Und Pérez Cuza geht der Stoff für seine Erzählungen so leicht nicht aus.

Schnell wachsende Anbaukulturen

Frühere Planziele hießen *Zafra de los diez millones*[8], *Cordón de la Habana* oder *Plan alimentario*[9] und waren total illusorisch. Sie wurden durch neue Utopien wie »Energierevolution«, »Betriebswirtschaftliche Optimierung«, »Öl aus dem Golf« oder »Export von Humankapital« abgelöst. Alle diese Ideen entspringen dem gleichen naiven Kinderglauben, mit einer einzigen Medizin der darniederliegenden Wirtschaft auf die Beine helfen zu können.

Eine solche geplatzte Blase war auch der Versuch, eine Hungersnot durch den Anbau von *Microjet*-Bananen zu lindern. 1991 besuchte ich ein Gymnasium auf dem Land, das immer noch den Namen »Volksrepublik Rumänien« trug, obwohl Nicolae Ceaușescu und seine Frau Elena damals schon längst hingerichtet waren. Ich arbeitete in den umliegenden Bananenplantagen, die auch als Liebesnest und Toilette dienten – denn dort war es sauberer als in dem Bad unserer Unterkunft. In den Furchen versprühten unzählige dünne Schläuche zischend ihr Wasser – was den Bananen den Namen *microjet* einbrachte. Die Früchte an den Stauden waren gigantisch, schmeckten aber nur nach Wasser. Zudem platzten wegen des unnatürlichen Wachstums des Fruchtfleisches fast immer die Schalen auf. Diese Bananen konnten unseren Hunger nicht stillen, und noch weniger das Land aus der ökonomischen Krise führen.

Nach den Hurrikans wird jetzt eine neue Idee, ganz in der Tradition der Riesenbananen meiner Jugendzeit, kultiviert: die *cultivos de ciclo corto* (die schnell wachsenden Anbaukulturen). Jetzt werden also vorrangig Zwiebeln, Lauch und Mangold angebaut. Auf anspruchsvolle Gemüsearten wird verzichtet. So glaubt man, rasch die leeren Regale in den Läden wieder auffüllen und die verärgerte kubanische Bevölkerung beruhigen zu können.

Wahrscheinlich wird diese eigentlich vorübergehende Maßnahme nicht so schnell zurückgenommen. So muss eine Ananasstaude, die erst nach vielen Monaten Früchte trägt, dem Chinakohl weichen, der in der gleichen Zeit dreimal geerntet werden kann. Die endlose Liste von Fehlentscheidungen auch in der Agrarpolitik, lässt mich zweifeln, dass die dort oben mit diesem Beschluss ins Schwarze getroffen haben.

Verordnetes Schummerlicht

Vor zwei Jahren standen eines Tages einige *trabajadores sociales*[10] vor der Tür, um meine alten Glühbirnen gegen neue Energiesparlampen auszutauschen. Sie sollten die hochtrabend klingende »Energierevolution« umsetzen. Ich mochte das warme gelbe Licht der Wohnzimmerlampe, doch die jungen Männer hatten die energiefressende Birne schnell aufgespürt und forderten ihre Herausgabe. Sie wurde durch eine seltsam geformte Leuchtröhre ersetzt, die ein blasses Licht abgab und nur drei Wochen hielt. Mir war die kurze Lebensdauer der Energiesparlampe gerade recht, denn im Dunkeln konnte ich bei dem schummrigen Licht alles nur noch verschwommen erkennen.

Um die kaputte wieder zu ersetzen, klapperte ich die Läden ab, in denen mit konvertiblen Pesos bezahlt wird. Doch auch dort gab es keine verrufenen Glühbirnen mehr. So musste ich wohl oder übel auf Energiesparlampen umsteigen oder es mit Kaltlicht-Glühbirnen versuchen, die jedem Wohnzimmer den Charme eines Operationssaals verleihen. Doch seit zwei Monaten gibt es selbst die nicht mehr, denn kein Laden in Havanna verkauft überhaupt noch irgendwelche Leuchtmittel.

Die Verkäufer halten mich hin und behaupten, das Schiff mit der Lieferung aus China sei vielleicht untergegangen. Dann berichten sie, dass in einem kleinen Laden im Viertel Cerro von irgendwoher noch ein paar Lampen aufgetaucht wären, und da sei es sofort zu einem Handgemenge gekommen. In meiner Wohnung gibt es mittlerweile mehr düstere als beleuchtete Ecken. Wenn es nicht bald wieder irgendwo Leuchtmittel zu kaufen gibt, muss ich meinen Tastsinn schulen oder werde mich ständig irgendwo stoßen.

Allerdings – und erzählt es bitte nicht weiter – konnte ich ein Exemplar der verrufenen Glühlampen vor den staatlichen Kontrolleuren verstecken, eine dieser Vierzig-Watt-Energieverschwenderinnen, die mich seit über fünf Jahren mit dem gelb-warmen Licht versorgen. Es macht mir auch keinen Spaß, Energie zu verschwenden, aber ich möchte doch immerhin frei entscheiden können, bei welchem Licht ich lese, zu Abend esse oder fernsehe. So hüte ich diese verfolgte Glühbirne, als könnte sie nicht nur mein Wohnzimmer erhellen, sondern mit ihrem Licht auch die Händler aus ihrer Trägheit reißen und die Verantwortlichen an die »Freiwilligkeit der Energiesparkampagne« erinnern.

Y-Mode

Viele Kubaner der *Generación Y* schneidern ihre Klamotten selbst. Ganz selbstverständlich machen wir Dinge selbst, wenn wieder irgendwelche Produkte vom Markt verschwinden, unerschwinglich werden oder ohnehin noch nie zu haben waren. Schon in den achtziger Jahren habe ich meine Hosen enger genäht, um Jahre später wieder Dreiecke einzusetzen und Schlaghosen draus zu machen. Bis heute fallen fast alle Teile meiner Garderobe meinen nicht immer meisterlichen Nähkünsten zum Opfer.

Neben unzähligen Autodidakten, die als Mechaniker oder Elektriker arbeiten, beweisen viele Kubaner immer wieder ihre Begabung zum Modeschöpfer. Gerade Frauen und Männer um die dreißig, die als Kinder die trostlosen rationierten Märkte und das Aufkommen der Devisenläden erlebten, haben gelernt, das zu kopieren, was in den Geschäften, die nur harte Währung akzeptieren, an Begehrenswertem ausgestellt wird.

Ich folge den ständigen Ermahnungen, Importware durch heimische Produkte zu ersetzen, und habe meine eigene »T-Shirt-Kollektion« entworfen. Dafür habe ich meine Oberteile einfach mit dem zweitletzten Buchstaben des Alphabets dekoriert. Das kostet nicht viel und sieht richtig gut aus.

Ich zeige hier mal kurz, wie man sich so einen Buchstaben selbst aufs T-Shirt sprühen kann.

Ich habe mich nicht verrückt gemacht, sondern einfach die Dinge zusammengetragen, die ich zur Hand hatte: ein schon getragenes T-Shirt, eine Pappschablone und Farbspray für Graffitis.

Die Schablone auszuschneiden war etwas mühsam und hat gedauert, aber jetzt kann ich damit meine T-Shirts in Serie herstellen. Ich befestige sie einfach mit Klebeband auf dem Stoff.

Das Aufsprühen macht am meisten Spaß, auch wenn dabei häufig das Knie, die Wand oder die Schuhspitze etwas abbekommen.
Fertig ist das neue T-Shirt. Natürlich sollte sich jeder seinen eigenen Buchstaben aufsprayen.

Wo kommen die Plakate her?

Am Sonntag kündigte Salvador Valdés Mesa, der Generalsekretär des Gewerkschaftsbundes *Central de Trabajadores de Cuba*, in den Fernsehnachrichten an, dass sich am 1. Mai die »kreative Fantasie« des Volkes wieder voll entfalten werde. Die üblichen Bilder von Menschenmassen, die in kunterbunten Hemden in einem Schilder- und Fahnenmeer über den Aufmarschplatz ziehen, illustrierten seine

Worte. Solche Szenen überschwänglicher Begeisterung machen mich immer leicht misstrauisch. Wo werden all diese farbenfrohen Teile, die unter der Sonne des 1. Mai erstrahlen, bloß angefertigt?

Laut Valdés Mesa opfern die Bürger freiwillig ihre Freizeit, um diese bunte Pracht, die Plakate und Kleider zu entwerfen, zu zeichnen und zu färben. Dabei kann man für kubanische Pesos keine Flaggen kaufen, ebenso wenig Lack- oder Acrylfarbe, und erst recht keine Hemden und Hüte. Wo gibt es denn so einen Drucker, mit dem man die Buchstaben auf den Spruchbändern so perfekt hinbekommt? Nirgendwo. Wo kommen also all die Schilder tatsächlich her, die angeblich der Spontaneität des Volkes entsprungen sind?

Die Antwort hat leider gar nichts mit dem spontanen Engagement eines Arbeiters zu tun, der seine Forderung auf ein Spruchband schreibt. Auch eine freie Gewerkschaft steckt nicht dahinter, die möglicherweise Schilder für ihre Mitglieder anfertigen lässt, damit diese für höhere Löhne und bessere Arbeitsbedingungen demonstrieren können. Nein, die meisten solcher Schriftzüge werden von den Leuten erdacht und in Umlauf gebracht, die dann »hingerissen« auf der Ehrentribüne sitzen. Denn würden sie den Arbeitern die Freiheit gewähren, ihre Schilder selbst zu malen, ständen mit Sicherheit andere Parolen darauf.

Schilder ja, aber nur beim Baseball

Ganz Kuba ist wieder im Baseballfieber. Die letzten Spiele der Playoff-Serie um die nationale Meisterschaft stehen an. Die Anhänger der *Industriales*[11] kleiden sich ganz in Blau, während die »Roten« der Mannschaft von Santiago de Cuba die Daumen drücken. An zahlreichen Balkonen, Türen und

Mauern hängen Anfeuerungsparolen wie »*Industriales Meister!*« oder »Santiago ist stärker!«. Den Parteimitgliedern wurde verboten, während des Spiels im großen Stadion Latinoamericano in die Sprechchöre einzustimmen, die die Anhänger der Gastmannschaft als »Palästinenser«[12] beschimpfen werden. Das Polizeiaufgebot im und um das Stadion herum wird enorm sein, nur vergleichbar mit dem anlässlich des Gipfeltreffens der blockfreien Staaten im September 2006. Eigentlich kann ich mit diesem Sport nichts anfangen, aber ich werde die Spiele vor dem Fernseher verfolgen und jubeln, wenn die *Leones* punkten. Eine kurzfristige Toleranz erlaubt in diesen Tagen, in denen der Baseball das ganze Land in Trance versetzt, selbst entworfene Spruchbänder hochzuhalten. Bei anderen Themen wird man sich darauf nicht berufen können. Ich weiß genau, was geschähe, würde ich irgendwann nach dem Finale ein kleines Pappschild an meinem Balkon befestigen, auf dem »Ja zum Ethanolkraftstoff« oder »Internet für alle« stünde.

Ausgebremst

In diesen Tagen fühle ich mich, als ob ich in die Pedale eines Fahrrads mit verrosteter Kette, verbogenem Zahnkranz und schleifenden Bremsen trete. All meine Energien, meine Kräfte, meine Willenskraft werden ausgebremst. In manchen Augenblicken glaube ich, dass mich die Schwierigkeiten meines Alltags in einem heimtückischen Kreislauf gefangen halten und mich zwingen, bis zur totalen Erschöpfung nur zu treten. Aber dieses Fahrrad kann ich noch nicht einmal selbst lenken (die Steine auf der Straße bestimmen den Kurs), und nur die Bremsen funktionieren. Die Straße ist ein einziger Engpass, und an jeder Kreuzung haben alle anderen Vorfahrt. Eigentlich wäre es einfacher, das Fahrrad in den Graben zu schmeißen und in ein Viertel mit schönen Alleen weit weg von hier zu ziehen. Oder ich könnte die Beine hochlegen und damit aufhören, Dinge anzukurbeln, die mich auslaugen und zu schwer sind für die zerschlissenen Reifen. Doch ich bin stur und hoffe durchaus noch, einmal auf einem funkelnagelneuen Fahrrad durch die Stadt zu flitzen.

Spreche jetzt oder schweige bis zur nächsten Debatte

Manchmal bemerke ich, getrieben von meinem Wunsch nach Veränderung, den Trend einer kollektiven Läuterung. Statt Achselzucken und abgewandten Gesichtern entdecke ich dann Finger, die auf Probleme hinweisen, und sehe Münder, die etwas anderes als vorgestanzte Worte formen. Sei es auf einer Elternversammlung in der Schule oder bei einem Gespräch in der Warteschlange beim Bäcker, es lösen sich die Zungen. Spitze Bemerkungen demontieren das, was die offiziellen Medien uns mühsam glauben lassen wollen.

Momentan erhebt sich auf der ganzen Insel eine wahre Klagemauer. Die ist zum einen durch das Bedürfnis entstanden, Raúl Castros Rede vom 26. Juli 2008 zu kommentieren, zum anderen, weil die »Zeit des Schweigens« scheinbar zu Ende geht. Mehr und mehr reden wir in aller Öffentlichkeit über unsere Probleme. Es macht uns Spaß, die Regierung beim Wort zu nehmen, und die allermeisten Kritiken teilen wir.

Von den Skeptikern haben aber viele bereits andere öffentliche Debatten erlebt, die dann zu keinen einschneidenden

Veränderungen führten. Die immer noch schweigenden Bürger erinnern sich noch zu gut an die Diskussionen, die dem vierten Kongress des *Partido Comunista de Cuba* (PCC, Kommunistische Partei Kubas) vorausgegangen sind – und das verordnete Schweigen im Nachhinein. Trotz allem möchte ich aber glauben, dass ein unaufhaltsamer Wandel eingesetzt hat: Wer jetzt seinen Unmut wegen zu niedriger Löhne, wegen der Korruption oder der gravierenden Mängel des Gesundheitssystems äußert, wird irgendwann auch das ganze politische System infrage stellen, die fehlenden Entscheidungsbefugnisse des Volkes anprangern und sogar die kubanische Außenpolitik kritisieren. Vielleicht mache ich mir nur etwas vor. Aber scheinbar entsteht etwas Neues, das mit einem Flüstern begann, nun anschwillt und zu einem unüberhörbaren Schrei wird.

Saturns Kinder verspeisen den Vater

Ähnlich wie wir damals, können es auch die Jugendlichen heute mit ihren MP3-Playern und in ihren Baggypants kaum erwarten, »Herr im Haus« zu sein, neue Möbel zu kaufen, frisch zu streichen und Freunde einzuladen. Auch ihnen sind die geerbten alten Sachen zuwider, und sie spüren den Reiz des Verbotenen. Den ausgetretenen Pfaden der Alten folgen sie nicht und haben wenig gemeinsam mit dem Bild des »neuen Menschen«, das von oben propagiert wird.

Sie geben sich desinteressiert an allem, während sie eigentlich nur auf den richtigen Zeitpunkt warten, um ein Mikrofon zur Hand zu nehmen oder einen Stift zu zücken. Das gefällt mir. So wie sich diese jungen Leute zur Reggaemusik bewegen, ist es unvorstellbar, dass sie einmal zum Geschmetter eines Militärmarsches marschieren. Auch werden sie sich nicht von einem Führer hypnotisieren lassen, für den sie sich dann in blinder Gefolgschaft aufopfern. Ihr Hedonismus schützt sie vor bedingungsloser Hingabe, und ihre Leichtfertigkeit schützt sie vor ideologischer Intoleranz. In Anlehnung an ein Wort des Dichters Eliseo Diego könnte man sagen: Diese Jugendlichen haben alle Zeit der Welt. Und so lassen sie die Alten in dem Glauben, das Bestehende garantiert zu erhalten. Aber eines Tages werden sie sogar die Türschlösser auswechseln.

Halbstark

Die Unbefangenheit der Jüngeren ist manchen Alten ein Dorn im Auge. Denn vermutlich werden die neuen Generationen vieles von dem hinwegfegen, was ihnen selbst »heilig« ist. Und damit haben sie Recht. Nichts müssen sie mehr fürchten, als einen jungen Menschen ohne Zeitdruck, der irgendwann einmal »alles verändern« will. So rechnet manch Älterer den Enkeln bei jeder Gelegenheit die gewaschenen Windeln, die ermöglichte Schulbildung, die Mahlzeiten, die auf den Tisch kamen, und sogar die Medikamente vor.

Der gleiche Groll ist auch in den kürzlich erschienenen *Reflexionen*[13] Fidel Castros spürbar, in denen sich der frühere Staatschef herablassend gegenüber der Jugend äußert. Der Anlass, mahnend an die »schmutzigen Windeln« zu erinnern, war das Interview einer ausländischen Nachrichtenagentur mit einem jungen Kubaner, der vom Sozialismus nichts mehr hören wollte. Seine für die Jugend typische Bestimmtheit forderte den Revolutionsführer zu einer donnernden Antwort heraus, die fast eine ganze Seite einnimmt.

Diese Geschichte vom trotzigen Jugendlichen und dem tadelnden Großvater erinnerte an den Halbstarken, der in den Jahren von Glasnost der Riege der Sechzigjährigen, die die notwendigen Veränderungen blockierten, in der Zeitschrift *Novedades de Moscú* vorhielt: »Ihr habt die Macht – wir haben Zeit«. Natürlich hört sich dieser Satz heute auch eine Nuance anders an, da auch für Yuniesky und Yohandry die Zeit nicht stehen bleibt und ihnen immer weniger Jahre bleiben.

Als alte Frau werde ich es den Jugendlichen von 2050 hoffentlich nicht übel nehmen, wenn sie sich über meine alten Fotos und meine seit dreißig Jahren unveränderte Frisur lustig machen. Sollen sie ruhig alles zerschlagen, was mir heute als »unantastbar« gilt. Das macht mir nichts aus. Denn sie haben nicht nur die Zeit auf ihrer Seite, sondern können auch selbst entscheiden, ob sie »abwarten oder aktiv werden wollen«.

Eine Mutter für jeden Tag

Mein Sohn wird erwachsen und verlangt sein eigenes Reich. Im Moment herrscht in seinem engen Zimmer das typische Chaos eines Jungen, der mit der lästigen Ordnung nichts anfangen kann und nach dem anarchistischen Grundsatz lebt: »Ich will tun, was mir gefällt.« Sobald er jedoch seinen Freiraum auf die Stadt und das Land ausdehnt, wird es unweigerlich zu Auseinandersetzungen kommen. Er wird sich nicht mehr damit zufrieden geben, seine eigenen Bilder aufhängen zu dürfen, sondern wird auch »unliebsame Präferenzen« äußern wollen.

Eines Tages werden ihm Frisur, Mode und Musik nicht mehr genügen, um sich von anderen abzugrenzen. Und dann wird er, mit meinem ausdrücklichen Segen, vielleicht Agitator werden, Reaktionär oder Extremist. Ich werde ihn nicht hinauswerfen, werde ihn nicht verraten oder seine Taten verleugnen und auch nicht empört erklären: »Zu so etwas haben wir ihn wirklich nicht erzogen«, um mich so meiner Verantwortung zu entziehen.

Schließlich muss er bislang mit mir zusammenleben und mich ertragen. Er kann werden, was er will: wunderlich, pyroman, streitsüchtig oder sogar gleichgültig – ich werde immer auf seiner Seite stehen. Allerdings bin ich mir nicht so sicher, ob er sich mir gegenüber ebenso verhalten wird, falls dieses Blog, meine Geschichte und meine Unverfrorenheiten ihn und sein Leben eines Tages schwer belasten sollten.

Abgesang auf den »neuen Menschen«

Die unter vierzigjährigen Kubaner hätten eigentlich wie der junge Mann auf dem Gemälde von Raúl Martínez[14] werden sollen – halb Mensch, halb soziales Vorbild. Mit der Hand am Kinn sollten wir inmitten von leuchtenden Farben eine fortschrittliche und gerechte Gegenwart bewundern. Leider ist das Gemälde vergilbt und die einst optimistische Geste drückt nun Verzweiflung aus.

Als Teenager schickte man uns in Schulen auf dem Land, um dort zu lernen und zu arbeiten. Die damals Fünfzigjährigen hatten das pubertäre Hormonchaos bereits vergessen und nicht bedacht, dass unbeaufsichtigte Heranwachsende ihre Energien nicht nur beim Arbeitseinsatz auf dem Feld »vergeuden« würden. Bei dieser intensiven Ausbildung erforschten wir unsere Körper gründlich, lernten aber auch, dass die Jasager immer einen Weg finden, sich vor harter Arbeit zu drücken. Damals wurde uns zum ersten Mal deutlich, dass das zukünftige Reich, das man uns versprach, einer Kaste von Profiteuren gehören würde.

In den neunziger Jahren haben unsere Eltern dann in Rekordzeit die Altäre der Revolution in den Wohnzimmern abgebaut. Sie fluchten plötzlich auf die Regierung und suchten mit dem Radio hektisch in der Wohnung die Stelle, von der aus die verbotenen Sender aus dem Norden[15] am besten zu empfangen waren. Die rasche Verwandlung lehrte uns den nötigen Zynismus, um ähnliche Rückschläge zu verkraften. Der Mix aus Unglaube und Pragmatismus machte uns gegen Enttäuschungen immun, ließ aber auch keine Auflehnung gedeihen.

Einst sagten wir patriotische Gedichte beim Fahnenhissen[16] auf, dann zimmerten wir Flöße aus geplatzten Illusionen zusammen, um fortzukommen, weit weg, irgendwohin. Nach den unzähligen engagierten »Jugendversammlungen« und Aufmärschen mit Parolen und Fähnchen haben wir schließlich eine ganz eigene Haltung entwickelt. Sie ist weit verbreitet und lautet: »Na wenn schon? Was geht mich das an?«

Mit dem jungen Mann auf dem Bild von Raúl Martínez verbindet mich nur eins: Wir schauen beide in die Zukunft und bauen darauf, dass bessere Zeiten kommen werden.

Mellas Zukunft

Dieser sinnlich wirkende junge Mann, den ein Foto von Tina Modotti[17] unsterblich gemacht hat, sagte einmal: »Die Zukunft kann nur besser werden.« Dieser Satz von Julio Antonio Mella[18] gilt irgendwie nicht für mein Leben. So viel ich mich auch umschaue und vergleiche, ich kann nichts erkennen, was seine Aussage verheißungsvoll bestätigen könnte. Scheinbar will das Leben jenem Mann partout Unrecht geben, der einmal den Studentenverband *Federación Estudiantil Universitaria* führte. So als hätten wir uns alle vorgenommen, seinen Worten zu widersprechen und zu beweisen, dass es nicht vorwärts-, sondern rasch und unaufhörlich rückwärtsgeht.

Die Straße, in der ich zur Welt kam, widerlegt Mellas Zukunftsoptimismus ganz ausgezeichnet. Wo sich früher eine Asphaltdecke ausdehnte, gibt es heute nur noch Löcher, Staub und Steine. An den rostigen Fleischerhaken der Metzgerei an der Ecke hing schon lange kein Stück Fleisch mehr. Im Lebensmittelladen wurde eine ganze Familie untergebracht, nachdem der Hurrikan ihr Haus fortgerissen hatte. Und zwischen den verbogenen Eisenstangen des Spielplatzes wuchert nur noch das Unkraut.

In solch einer von Gleichgültigkeit und Verfall geprägten Wirklichkeit ist es verlockender, umzukehren und sich von Träumen, Werten und Plänen zu verabschieden, während die Zeit unaufhaltsam vorwärtsschreitet. Die Zukunft präsentiert sich in einem unvorstellbar schäbigen Gewand und hat schon lange bewiesen, wie falsch Mella mit seiner Prophezeiung lag.

Ich gestehe

Man teilt mir mit, dass auf dem Schreibtisch irgendeines Büros »mein Fall« liege. Diese Akte quillt angeblich von Beweisen für Verstöße über, die ich begangen habe, und ist über Jahre zu einem dicken Dossier all meiner rechtswidrigen Aktivitäten angewachsen. Die Nachbarn raten mir, mich mit einer Sonnenbrille zu tarnen und am Telefon keine vertraulichen Dinge zu besprechen. Es sehe sehr schlecht aus, jederzeit müsse ich damit rechnen, dass sie eines Morgens vor der Tür stehen.

Bis es so weit ist, möchte ich schon mal klarstellen, dass ich keine Waffen unter meinem Bett versteckt habe. Einen Verstoß allerdings gestehe ich, eine verabscheuungswürdige Straftat, die ich ständig wiederhole und die andere Vergehen nach sich zieht: Ich glaube, ein freier Mensch zu sein. Wie unser Land zu verändern wäre, weiß ich nicht, aber dass es so nicht weitergehen kann, ist sicher. Und das ist bestimmt eine strafwürdige Behauptung. Ich habe niemanden geohrfeigt, aber ich weigere mich schon lange, die systematische Kränkung meines »staatsbürgerlichen Ichs« klaglos hinzunehmen. Und das ist nun wirklich in höchstem Maß verwerflich. Ich habe auch noch nie gestohlen, wünsche mir aber des Öfteren, mir das »zurückzuholen«, was auch mir gehört: diese Insel, ihre Träume, ihr kulturelles Erbe.

Man sollte mir also nicht trauen. Denn unschuldig bin ich tatsächlich nicht. Zahlreiche Missetaten habe ich begangen: Ich habe regelmäßig auf dem Schwarzmarkt eingekauft, habe die Entscheidungen unserer Führung kritisiert, den Politikern Spitznamen gegeben und mich wiederholt des Pessimismus schuldig gemacht. Darüber hinaus habe ich mir das unerhörte Vergehen erlaubt, an eine Zukunft ohne »sie« zu glauben und an ein Geschichtsbild, das von den offiziellen Lehren abweicht. Ich habe ihre Parolen ohne Überzeugung gerufen, habe in aller Öffentlichkeit schmutzige Wäsche gewaschen und als Krönung des Ganzen habe ich ohne ihre Erlaubnis Sätze gebildet und Worte aneinandergereiht.

Ich hätte nicht überlebt, wenn ich mich gleichzeitig an all ihre Gesetze gehalten hätte – und dafür akzeptiere ich ihre Strafe.

Erste Runde

Ich bin wirklich nicht bei Rot über die Ampel gegangen, kaufe schon seit über zwei Monaten keinen Käse auf dem Schwarzmarkt mehr und habe in den Läden immer bezahlt. Ich kann mich wirklich nicht erinnern, in letzter Zeit groß gegen unsere Gesetze verstoßen zu haben. Ich habe mich noch nicht einmal als Ausländerin ausgegeben, um in irgendeinem Hotel den Internetzugang nutzen zu können.

Dennoch hat man mich vorgeladen, zusammen mit Reinaldo, und morgen muss ich auf dem Polizeirevier an der Ecke Calle 21 und Calle C in Vedado erscheinen. Ob ich wohl eine Zahnbürste einpacken sollte oder ob man mir nur die Ohren langziehen will? Morgen um neun Uhr erfahre ich, was sie vorhaben.[19]

Anmerkungen

Einführung

1 Der sogenannte *Período Especial en Tiempo de Paz*, die Sonderperiode in Friedenszeiten, wurde von Fidel Castro im August 1990 verkündet. Nach dem Fall der Berliner Mauer war die Wirtschaftshilfe aus der Sowjetunion immer mehr ins Stocken geraten und der Handel mit den anderen Ostblockländern brach ein. Die Folge war eine dramatische Wirtschaftskrise in Kuba. Die Landwirtschaft brach zusammen, weil die Öllieferungen aus Russland ausblieben, und es kam zu Nahrungsmittelknappheit und Hunger. Als Sondermaßnahmen rationierte die kubanische Regierung die Lebensmittel, lockerte den Handel auf Basis des US-Dollars und erschloss neue Devisenquellen, insbesondere im Tourismus.
2 Olivgrün ist die Farbe des Militärs, der Beamten im Staatsapparat und allgemein der Kubanischen Revolution.
3 In den neunziger Jahren wurde auf Kuba ein doppeltes Währungssystem eingeführt, das das Leben der Bevölkerung schwierig macht. Die Gehälter, die sich zwischen zweihundert und vierhundert Pesos bewegen, sowie die Renten werden in kubanischen Pesos ausgezahlt, während alle Waren, die nicht rationiert oder staatlich subventioniert sind, mit sogenannten konvertiblen Pesos (CUC) zu bezahlen sind. Dieser Peso (der Wert entspricht zurzeit 1,08 Dollar, ungefähr 0,75 Euro) ist die Währung für Touristen. Beim Umtausch braucht man für einen konvertiblen Peso etwa fünfundzwanzig kubanische Pesos. Diese

nationale Währung besitzt nur geringe Kaufkraft. In den Läden, in denen sie, zusammen mit speziellen Bezugsscheinen, verwendet werden kann, ist das Angebot stark eingeschränkt.
4 *Ley Mordaza* (Knebelgesetz) nennt man das »Gesetz 88 zur Sicherung der nationalen Unabhängigkeit und Wirtschaft Kubas« von 1999. Aufgrund dieses Gesetzes verurteilt die kubanische Regierung häufig Dissidenten. Es erlaubt die willkürliche Ausübung von Repressionen, einschließlich der Todesstrafe, so etwa für die Zusammenarbeit mit Presseorganen, die auf Kuba nicht offiziell zugelassen sind.
5 Der kubanische Schriftsteller und Journalist Carlos Alberto Montaner wurde in der Exilgemeinde von Miami lange als Führer einer Exilregierung gehandelt. Im Dezember 1960 war er in Havanna zusammen mit siebzehn weiteren Personen verhaftet worden. Die Anklage warf ihm vor, mit Unterstützung der CIA eine Reihe terroristischer Gewaltakte in der Hauptstadt verübt zu haben.
6 *Fantômas* ist Titel und Hauptfigur einer französischen Kriminalromanreihe von Marcel Allain und Pierre Souvestre, deren erster Band 1911 erschien.
Zur polizeilichen Vorladung von Yoani Sánchez siehe auch den Eintrag »Erste Runde« im Kapitel »Die Kunst des Überlebens«.

Die zwei Seelen Kubas

1 Das System der *microbrigadistas* (Kleinstbrigadiere) wurde 1971 auf Kuba ins Leben gerufen. Dabei bilden Arbeiter bestimmter Betriebe Minibrigaden, die Häuser und Wohnungen für Betriebsangehörige bauen, während andere Arbeiter im Betrieb solange ihre Aufgaben mit übernehmen, damit es nicht zu Produktionsausfällen kommt.
2 Der Gesteinsname leitete sich von seiner Herkunftsgegend Jaimanitas, westlich von Havanna, ab. Das Gestein ist maritimen Ursprungs, cremefarben, dem Tuffstein ähnlich, aber fester, kompakter und schwerer. Dieser Stein wurde unter anderem für

die Fassade der Klinik Ameijeiras, den Obelisken auf der Plaza Finlay in Marianao und den Palacio de la Revolución verwendet.

3 Der Begriff *solar* ist eigentlich nicht übersetzbar. Es handelt sich dabei um ärmliche städtische Behausungen, die häufig nur aus einem Raum bestehen und üblicherweise eine Gemeinschaftstoilette haben.

4 *Titán de Bronce* ist der Beiname des kubanischen Nationalhelden Antonio Maceo (1845–1896). Zusammen mit Máximo Gomez gilt der Mulatte Maceo als der wichtigste militärische Führer der kubanischen Unabhängigkeitskriege zwischen 1868–1898 gegen die spanische Kolonialmacht. Nach der Niederlage im ersten Krieg, dem sogenannten »Zehnjährigen«, widersetzte er sich dem Friedensabkommen mit Spanien, weil er den Kampf bis zur Erfüllung der wichtigsten sozialen Ziele, wie der Abschaffung der Sklaverei, weiterführen wollte. Er starb während des dritten Guerillakrieges (1895–1898), in dem Spanien entscheidend geschwächt wurde. Maceo fügte den Unabhängigkeitsbestrebungen, die von Großgrundbesitzern im Osten initiiert wurden, den Kampf für soziale Gerechtigkeit hinzu.

5 Will ein kubanischer Staatsbürger als Tourist ins Ausland reisen, braucht er dazu die Einladung eines Angehörigen einer anderen Nation, eines Verwandten oder Freundes, der im Ausland wohnt und für ihn bürgt. Vor allem aber wird ein Ausreisevisum verlangt, das nur schwer zu bekommen ist. Hält sich ein Kubaner länger als elf Monate außerhalb seines Landes auf, verliert er alle Rechte, die er auf der Insel »genießt«.

6 *Malanga* ist eine tropische Knolle, die gerne zu Brei verarbeitet und als Babynahrung verwendet wird.

7 *Marabú* ist ein Dornenstrauch, der auf brachliegenden Feldern wuchert. Er behindert die Bestellung der Felder und die Aussaat, weil seine Wurzeln kaum zu tilgen sind. Das macht ihn zu einer echten Katastrophe für die Landwirtschaft. So wurde der *marabú* auf Kuba zu einer Metapher für schlimme Plagen. Eine gebräuchliche Redensart ist beispielsweise: »Die Korruption breitet sich wie der *marabú* aus.«

Zu den von Raúl Castro angekündigten Maßnahmen zählt auch der Kampf gegen die Ausbreitung des *Marabú*-Strauches. Brachliegende Felder sollen kleinen Bauern zur Bewirtschaftung überlassen und so der Landwirtschaft zu größer Produktivität verholfen werden.

8 Dieser Boulevard, der schon immer diesen französischen Namen trug, ist eine Fußgängerpromenade im Herzen Havannas zwischen der Plaza de Armas und dem Parque Central.

9 Die »Schwarzen Wespen« *(avispas negras)* und »Rotmützen« *(boinas rojas)* sind besonders ausgebildete Spezialeinheiten der Stadtpolizei, die ursprünglich nur in Ausnahmesituationen eingesetzt werden sollten. Heute sieht man sie überall in den großen Städten, etwas seltener im Inselinneren. Der Spitzname *avispas* kam während der Sonderperiode in den neunziger Jahren auf, als diese Polizeikräfte durch die Straßen zu patrouillieren begannen und dann beim Einsatz wie Wespen aus ihren Mannschaftswagen ausschwärmten. Darüber hinaus werden auch die Baseballspieler von Santiago de Cuba *Las Avispas* (»Wespen«) genannt.

10 Das Lied »Somos lo que hay« des kubanischen Musiker Manolín, auch *El médico de la salsa* (der Salsadoktor) genannt, wurde Ende der neunziger Jahre zum Hit.

11 *Aguardiente* wird der weiße, nicht abgelagerte Rum genannt. Von geringerer Qualität, aber weit verbreitet ist auch der *cispes de trén* (»Zugfunken«), ein weißer Rum, der nur wenige Pesos kostet und häufig zu Hause gebrannt wird. Diesen hochprozentigen Alkohol trinken viele Kubaner zu jeder Tageszeit.

12 *Auras tiñosas* sind kubanische Kondore, die sich von Tier-Aas ernähren.

13 »Überempfindliche Asturierin« und »Kanarienvogel« sind auf Kuba weit verbreitete Bezeichnungen für Spanier, die aus Asturien oder von den Kanarischen Inseln stammen.

14 *Matancera* bedeutet »die Frau aus Matanzas«, einem Städtchen östlich von Havanna.

15 UNEAC (Unión de Escritores y Artistas de Cuba) ist der kubanische Schriftsteller- und Künstlerverband, der natürlich linientreu ausgerichtet ist.

16 Nach den schweren Zerstörungen durch die Hurrikans Gustav und Ike im Osten Kubas war die Lebensmittelversorgung stark beeinträchtigt.

17 Die kubanischen Ausreisebestimmungen, genauer die »Bestimmungen zum Einwanderungsgesetz«, legen fest, dass sich ein kubanischer Staatsbürger nicht länger als elf Monate im Ausland aufhalten darf. Ist er bis zu diesem Zeitpunkt nicht zurückgekehrt, können ihm auf Kuba alle staatsbürgerlichen Rechte aberkannt werden.

18 Bezugsscheine für Nahrungsmittel wurden 1962 nach der Verhängung des Embargos der amerikanischen Regierung gegen Kuba eingeführt. Bis in die achtziger Jahre bekam man auf Bezugsscheine alles Lebensnotwendige, sowie auch einige weniger wichtige Produkte, die – um Verschwendungen zu vermeiden – ebenfalls nun durch dieses System verteilt wurden. Der Zerfall des Ostblocks und das Ausbleiben der sowjetischen Hilfsleistungen führten zur Ausrufung der sogenannten »Sonderperiode in Friedenszeiten« (s. dazu auch Anmerkung 1 der »Einführung«). Was ab diesem Moment noch auf Bezugsschein zu bekommen war, reichte noch nicht einmal zum Überleben. Heute stehen kubanischen Bürgern folgende Lebensmittel zu: Reis, Zucker, Salz, Bohnen, Kaffee, Hühner- und Schweinefleisch (häufig ist jedoch nur Soja zu haben), Tomatensauce, Essig, Speiseöl, Kartoffeln, Bananen, Tomaten, Blumenkohl, Salat, Zitrusfrüchte. Da die vorgeschriebenen Mengen für die Ernährung einer durchschnittlichen Familie nicht ausreichen, sind Kubaner häufig gezwungen, sich auf dem Schwarzmarkt einzudecken.

Die Kultur

1 Girón-Stil bezeichnet eine Fertigbauweise, die auf Kuba bei Schul-, Fabrik- und Klinikbauten weit verbreitet ist. Der historische Bezug ist die berühmte Invasion am 17. April 1961 in der Schweinebucht mit den Stränden Playa Girón und Playa Larga.
2 ETECSA (Empresa de Telecomunicaciones de Cuba S.A.) ist ein kubanisches Telekommunikationsunternehmen.
3 *Chavitos* sind konvertible Pesos (CUC). Dieser Peso ist nicht frei konvertierbar. Er wurde als einheimische Alternative zum Dollar

eingeführt und dient heute als Verrechnungseinheit zwischen kubanischen Unternehmen sowie als Zahlungsmittel in Geschäften für Konsumartikel. Der Begriff *chavito* stammt aus dem Mexikanischen und leitet sich von dem spanischen Wort *chaval* ab, das wörtlich übersetzt »Junge« oder »junger Mann« bedeutet. In der Umgangssprache südamerikanischer Emigranten in den USA wird *chavito* aber häufig abwertend für eine Person gebraucht, die als Versager gilt. Als Bezeichnung für den Peso ist dieser Name allerdings auch eine Anspielung auf den venezolanischen Präsidenten Hugo Chávez, der mit seinen Öllieferungen die kubanische Wirtschaft am Leben halte. Von 1994 bis 2004 waren Dollar und konvertibler Peso gleichwertig im Umlauf, bis dieser Peso den Dollar als Zahlungsmittel ganz ersetzte.

4 Am 24. Februar 2008 wurde Raúl Castro vom kubanischen Parlament zum Staats- und Ministerpräsidenten gewählt.

5 Piragua heißt der Platz beim Malecón, gleich neben dem Hotel Nacional.

6 Die mitreißenden Rhythmen der *congas habaneras* bilden die typische Musikkulisse des Karnevals in Havanna.

7 1994 wurde der Aufruhr am Malecón von Fidel Castro allein durch sein persönliches Erscheinen zum Verstummen gebracht.

8 Unter dem Namen Cachita verehrt das Volk die *Virgen de la Caridad del Cobre*, die Schutzpatronin Kubas. Im Santería-Kult wird sie als Ochún angebetet.

9 Im August 2008 wurde der kubanische Rocksängers Gorki Águila, Leadsängers der Punkband Porno Para Ricardo verhaftet. Bereits 2003 war der Musiker wegen angeblichen Drogenbesitzes zu vier Jahren Haft verurteilt worden, wurde aber 2005 vorzeitig entlassen. Zu den populärsten satirischen Liedern der Band zählen »El Comandante« (2006) und das Raúl Castro gewidmete »El General« (2007). Im Refrain dieses Liedes fordert Gorki den neuen Staatschef dazu auf, die »Panzer zurückzuziehen, damit das Volk aufatmen kann«. Kurze Zeit nach diesem Blogeintrag wurde Gorki wieder auf freien Fuß gesetzt.

10 Der sogenannte *Schwarze Frühling* 2003 war durch massive Repressalien gegen Dissidenten gekennzeichnet. Von den zahl-

reichen Festgenommenen wurden fünfundsiebzig Personen verurteilt, fast alle waren Journalisten, Gewerkschafter und Menschenrechtsaktivisten. Grundlage der Urteile war das sogenannte *Ley Mordaza* (»Knebelgesetz«) von 1999, das den Gerichten einen großen Ermessensspielraum im Strafmaß zubilligt (s. dazu auch Anmerkung 4 der »Einführung«). Die Dissidenten waren angeklagt, an staatsfeindlichen Aktivitäten der »Interessenvertretung der USA auf Kuba« teilgenommen zu haben.

Schwarzmarkt

1 Mit »Apostel« ist der kubanische Dichter und Nationalheld José Martí (1853–1895) gemeint. Der äußerst gebildete Denker war ein literarischer Vorreiter des Modernismus. Er gründete die Kubanische Revolutionspartei (Partido Revolucionario Cubano). Nach der Niederlage im ersten Unabhängigkeitskrieg gegen Spanien (1878) wurde Martí verbannt und zog 1881 nach New York. Von dort aus organisierte er den politischen und militärischen Kampf gegen die Kolonialmacht und brachte die wichtigsten Generäle des Guerillakrieges, Máximo Gómez und Antonio Maceo, dazu, den Kampf gegen Spanien wieder aufzunehmen. 1895 kehrte er nach Kuba zurück und starb dort im selben Jahr in Kämpfen bei Dos Rios. Im US-amerikanischen Exil hatte er allerdings in der revolutionären Zeitschrift *Pátria* auch geschrieben: »Ich lebe im Ungeheuer und kenne seine Eingeweide.« Damit wollte er vor den USA als eigentlichem Feind warnen, den es zu bekämpfen gelte. José Martí ist auf dem Ein-Peso-Schein abgebildet.
2 Der *Titán de Bronce* (»Bronzetitan«) ziert den Fünf-Peso-Schein (s. auch Anmerkung 4, Kapitel »Die zwei Seelen Kubas«).
3 Máximo Gómez (1836–1905) war neben Antonio Maceo der wichtigste militärische Führer der Unabhängigkeitskriege gegen Spanien. Bereits im Zehnjährigen Krieg (1868–1878) war er General, später dann der Oberkommandierende der aufständischen Truppen in den Kämpfen zwischen 1895 und 1898, die Spanien

entscheidend schwächten. Sein Kopf ziert die Zehn-Peso-Banknoten.
4 Guaven sind runde bis birnenförmige Früchte, die in der Karibik an kleinen Sträuchern wachsen. Ihre blassgrüne bis gelbe, bei manchen Sorten auch rosafarbene oder rote Schale, ist dünn und zart. Das Fruchtfleisch ist cremeweiß oder lachsfarben, enthält viele Kerne und schmeckt sehr süß. Guaven sind reich an den Vitaminen A, B und C; man isst sie zu Käse und macht Marmelade daraus.
5 *Maní* sind tropische Nüsse, die Erdnüssen ähneln.
6 *Guanábana* (Ochsenherzapfel), *caimito* und *canistel* sind tropische Früchte.
7 *Buzos* (Taucher) werden in Havanna Menschen genannt, die im Müll nach Essbarem oder noch verwertbaren Dingen suchen. Besonders häufig sieht man diese Ärmsten der Armen in den zentralen Vierteln der Stadt, wo die Abfälle der Touristenrestaurants besonders lukrativ erscheinen. Sie heißen *buzos*, weil sie förmlich in den Unrat »eintauchen«.
8 ONAT (Oficina Nacional de Administración Tributaria) ist eine nationale Steuerbehörde, die Lizenzen für Gewerbetreibende vergibt und die Steuern von Selbstständigen einzieht.
9 In Devisenläden bezahlte man früher mit Dollar. Heute braucht man dort konvertible Pesos. Dort kaufen also nur Touristen und die Kubaner, die solche begehrten Pesos besitzen.
10 Milch steht nach dem Bezugsscheinheft nur Kindern bis sieben Jahre und Erwachsenen ab fünfundsechzig zu.

Information und Gegeninformation

1 1958 entführte eine Gruppe kubanischer Rebellen den argentinischen Formel-1-Piloten, ließ ihn aber nach zehn Tagen Gefangenschaft unversehrt wieder frei. »Es war eine nette Entführung. Man hat mich gut behandelt«, stellte Fangio später fest.
2 »Coral« sind die Auszeichnungen, die alljährlich im Dezember auf dem lateinamerikanischen Filmfestival auf Kuba verliehen werden.

3 *Noticiero Nacional* ist die Hauptnachrichtensendung. In der Sendung *Mesa Redonda* (»Runder Tisch«) sollen hingegen politische, historische, wirtschaftliche und gesellschaftliche Themen vertieft werden. Allerdings entwickeln sich hier keine echten Diskussionen, weil sich die sorgfältig ausgesuchten Gäste stets gegenseitig bestärken. Das Studiopublikum verhält sich leise und applaudiert nur auf Anordnung. Als Fidel Castro gesundheitlich noch auf der Höhe war, nutzte er *Mesa Redonda* häufig als Plattform für endlos lange Ansprachen, mit den Moderatoren als Stichwortgebern.

4 Die *Opción Zero* (»Nulloption«) meinte die hundertprozentige Blockade Kubas vonseiten der USA und wurde von Ronald Reagan vorgeschlagen. In den neunziger Jahren griff Georg Bush senior diese Möglichkeit wieder auf, die zu einer weiteren Dramatisierung der Sonderperiode hätte führen können.

5 Solche »Missfallenskundgebungen« gegen Regimegegner begannen während der Massenflucht von dem Küstenstädtchen Mariel aus, bei der sich zwischen dem 15. April und dem 31. Oktober 1980 125 000 Kubaner in Richtung Miami aufs offene Meer wagten. Bei diesen Veranstaltungen blieb es nicht nur bei Spruchbändern, Gebrüll und Beleidigungen gegen die Kubaner, die die Insel verließen, sondern es gab gewaltsame Übergriffe. Eier und Steine flogen. Diese nur dem Anschein nach spontanen Kundgebungen waren häufig von »Komitees zur Verteidigung der Revolution« organisiert. Auch die kubanische Regierung heizte die Pogromstimmung an.

6 Cubacel ist eine kubanische Telefongesellschaft.

7 Viele Länder kennen solche Witzfiguren, in Deutschland heißen sie Fritzchen oder Klein Erna.

8 Das »Varela-Projekt« ist der Vorschlag zu einer Verfassungsreform, der von einer Gruppe von Dissidenten unter der Führung von Oswaldo Payá Sardiñas, dem Gründer der »Christlichen Befreiungsbewegung« (1987), gemacht wurde. Zehntausend Bürger unterzeichneten das Projekt, das nach Félix Varela benannt ist, einem katholischen Geistlichen, der in der ersten Hälfte des 19. Jahrhunderts lebte und zur Symbolfigur für Freiheit und Unabhängigkeit wurde. Die fünf Forderungen des Varela-Projekts

sind Versammlungsfreiheit, Meinungs- und Pressefreiheit, Amnestie für die politischen Gefangenen, das Recht, private Unternehmen zu gründen, sowie freie Wahlen innerhalb eines Jahres nach der Verabschiedung der Reformen. Die kubanische Regierung hat das Varela-Projekt stets als Teil einer von den USA entwickelten und finanzierten Kampagne gegen Kuba verunglimpft, obwohl tatsächlich zehntausend Unterschriften auf der ganzen Insel gesammelt wurden. Als Erwiderung auf diesen Protest inszenierte das Regime pompöse Massenveranstaltungen (als Höhepunkt den »Großen Marsch des Kämpfenden Volkes«) und nahm am 28. Juni 2002 den neuen Artikel in die Verfassung auf: »Kuba wird niemals ein kapitalistisches System übernehmen.« Im März 2003 wurden einige Aktivisten des Varela-Projekts verhaftet. Man warf ihnen vor, Gelder von ausländischen Regierungen, vor allem von der »Interessenvertretung der USA auf Kuba« unter James Cason angenommen zu haben. Das Europäische Parlament verlieh Oswaldo Payá Sardiñas 2002 den Sacharow-Preis für seinen Einsatz für die Meinungsfreiheit.

9 Am 2. Dezember 2007 fand in Venezuela ein Referendum über die von Hugo Chávez initiierte Verfassungsreform statt, die dem Staatspräsidenten noch größere Macht einräumen und den Linkskurs in der Wirtschaftspolitik stärken sollte. 69 der 350 Artikel der venezolanischen Verfassung sollten geändert werden, die seit 1999 in Kraft ist. Die Reformgegner gewannen knapp, mit 50,7 Prozent der Stimmen.
Bei einem zweiten Referendum zur Verfassungsänderung am 15. Februar 2009 gewann Chávez jedoch mit 54,4 Prozent der Stimmen. Mit dieser Entscheidung kann der Staatschef über die bisherige Begrenzung von zwei Amtszeiten hinaus Ende 2012 erneut als Präsidentschaftskandidat antreten.

10 Als *Maleconazo* ging der erste große Volksaufstand gegen die kubanische Regierung am 5. August 1994 am Malecón, der Strandpromenade Havannas, in die Geschichte ein. Die schwere Wirtschaftskrise, Aufrufe von Radio Martí in Miami, sich gegen das Regime zu erheben, sowie die Empörung über das Schiffsunglück vom 13. Juli 1994, bei dem 35 Menschen ums Leben kamen, weil ihr Schleppkahn *13 de Marzo* von anderen Booten, die offensicht-

lich auf offizielle Anweisung handelten, gerammt worden war, führten zu dem Aufruhr.

11 Am 19. Januar 2008 traf der kubanische Parlamentspräsident Ricardo Alarcón mit Studenten der Informatikhochschule UCI zusammen, die ihm eine Reihe peinlicher Fragen stellten. So fragte der Student Alejandro Hernandez: »Wer genau sind die Kandidaten, die wir gewählt haben? Und was bedeutet ›Einheitsstimme‹ konkret?« Eliécer Ávila wollte wissen: »Warum wird der Binnenhandel auf Kuba in konvertiblen Pesos abgewickelt, während die Löhne der Bauern und Arbeiter in der nationalen Währung ausgezahlt werden, deren Kaufkraft fünfundzwanzigmal geringer ist?« Außerdem fragte er: »Warum können wir nicht ungehindert in Länder außerhalb Kubas reisen?« Alarcón war nicht darauf vorbereitet, zu ökonomischen Fragen Stellung zu beziehen, und bemerkte verlegen, dass das aber ein schönes Chaos gebe, wenn alle Menschen auf der Welt frei reisen würden. Als junger Mann habe er weder die Strände von Varadero gekannt, fügte Alarcón hinzu, noch das Tropicana (einen berühmten Nachtclub) in Havanna. Die Studenten kritisierten außerdem den komplizierten Internetzugang außerhalb kontrollierter Kanäle. Die Begegnung wurde von der BBC aufgezeichnet und war auch über YouTube im Internet zu sehen.

12 UNITA (União Nacional para a Independência Total de Angola) ist die »Union für die vollkommene Unabhängigkeit Angolas«.

13 *Behique* heißen die hoch angesehenen Priester der Taínos-Indios, einem der Stämme der kubanischen Urbevölkerung. Christoph Kolumbus schrieb über sie: »Sie sind sehr sanft und kennen weder Niedertracht noch Mord oder Diebstahl und sollten bald zum Christentum bekehrt werden.« Was die Spanier den Taínos und deren Kultur antaten, würde man heute als ethnische Säuberung bezeichnen. Die Sanftheit der Eingeborenen schlug in manchen Fällen aber auch in Widerstand um, und es kam zu Aufständen, die von legendären Häuptlingen wie dem Haitianer Hatuey oder dem Kaziken Guamá angeführt wurden.

14 Damit sind die Jahre von 1971 bis 1976 gemeint, als unter der Federführung des Parteifunktionärs Luis Pavón die Zensur auf Kuba deutlich verschärft wurde.

15 Ein kubanischer *guapo* ist ein Schlägertyp.
16 Das Buch *Fidel, Bolivia y algo más* (Fidel, Bolivien und noch mehr) erschien 2008 auf Kuba und sorgte auch in Europa für Gesprächsstoff, wegen der Angriffe des Revolutionsführers auf die junge Bloggerin.
17 Yoani Sánchez war von der italienischen Zeitschrift *Internazionale* im Oktober 2008 zu einem Medienfestival nach Ferrara eingeladen worden. Nach der Ausreiseverweigerung konnte die Bloggerin immerhin über eine Liveschaltung an der Veranstaltung teilnehmen.

Sprachwissenschaft und Rhetorik

1 Die Verfassungsreform von 2002 war zum einen eine Replik auf das Varela-Projekt (s. dazu auch Anmerkung 8, Kapitel »Information und Gegeninformation«), zum anderen eine Reaktion auf Äußerungen von US-Präsidenten Georg W. Bush. Der entscheidende Punkt ist dabei, dass der Sozialismus als »unumkehrbar« festgeschrieben wurde.
2 »¡Qué toqueta!« und »¡Qué tocao!« sind kaum zu übersetzende Wendungen. *Tocao* meint etwas Ausgezeichnetes, Makelloses. Häufig sind in der Jugendsprache Ausdrücke wie »*Jeans tocao*« oder »*Stereo tocao*« zu hören, aber auch »*Miguel es un tocao*«, wenn dieser Miguel cool ist. *Tocao* leitet sich ab von *tocado*: »sorgfältig«, »exakt in Handarbeit hergestellt«.
3 Dieser Eintrag wurde vor der Verabschiedung der Regelung verfasst, die kubanischen Staatsbürgern nun den Zugang zu Hotels ermöglicht. Praktisch kann sich aber weiterhin kaum ein Kubaner mit einem ehrlich verdienten staatlichen Gehalt ein Zimmer in einem Hotel leisten.
4 Gemeint sind die *Reflexionen* Fidel Castros, die am 1., 2. und 4. Oktober 2007 in der Tageszeitung *Granma* zum Thema »Die ungerechtfertigten Kriege des Imperiums« abgedruckt wurden.
5 Das Adjektiv leitete sich von der antiken spanischen Stadt Numantia ab, deren Bewohner bei einer Belagerung durch die

Römer lieber alles niederbrannten und sich dann gegenseitig töteten, anstatt sich den feindlichen Truppen zu ergeben. Im Unabhängigkeitskrieg im 19. Jahrhundert wurde auf Kuba die Stadt Bayamo von den eigenen Leuten in Schutt und Asche gelegt, bevor man sie den Spaniern überließ. Numantia symbolisiert die extreme Haltung aus Stolz heraus lieber zu zerstören als dem Feind sein Leben und Gut zu überlassen.

6 Im Volksglauben wird die *ceiba* als heiliger Baum verehrt. Sie hat eine dichtbelaubte Krone und einen Stamm, der so dick werden kann, dass fünf Männer nicht reichen, um ihn zu umarmen. Die *ceiba* auf dem Platz El Templete in Centro Habana besuchen Menschen in der Hoffnung, dass sich ein bestimmter Traum erfüllt. Dazu müssen sie den Baum dreimal umrunden und dabei mit lauter Stimme der Wunsch äußern. Die *ceiba* soll auch die Liebe beschützen, zu diesem Zweck ritzen Pärchen ihre Namen in den Stamm. Die *ceiba*, von der Yoani Sánchez hier erzählt, steht im Parque de la Fraternidad, in der Nähe des Capitols.

7 Als Diktator Gerardo Machado den Baum pflanzen ließ, soll dabei auch ein Kessel, eine sogenannte *prenda*, neben der Wurzel vergraben worden sein. Solche Kessel gehören zum auf Kuba weit verbreiteten afrokaribischen Santería-Kult. Durch ihn schließen die Lebenden einen Pakt mit den Geistern der Toten, die unter anderem auch für deren persönlichen Schutz sorgen sollen. Der Kessel wird mit Erde, Steinen und Federn gefüllt, aber auch mit menschlichen Knochen, vor allem mit Schienbeinen, Zeigefingern, Kieferknochen und Schädeln.

8 Die Busse in Havanna werden *camellos* (»Kamele«) genannt. Ihre charakteristische dreigeteilt Form mit zwei höheren und einer niedrigeren Ebene dazwischen erinnert an Kamelhöcker. Die *camellos* sind nur mit wenigen Sitzplätzen ausgestattet und stets überfüllt. Die Luft ist stickig und von Schweißgestank durchsetzt. Häufig scherzen die Leute in Havanna, dass es in einem *camello* zugeht wie in einem Pornofilm. Denn Sex, Gewalt und obszönes Gerede sind an der Tagesordnung. Die Passagiere stehen so dicht gedrängt, dass manche Männer die Frauen unsittlich berühren. Oft gibt es Streitereien zwischen Fahrgästen, wenn jemand betrunken ist, man sich gegenseitig

auf die Füße tritt, wenn jemand geschubst oder einer beim Klauen erwischt wurde. Oder es kommt zum Handgemenge, weil es ein eifersüchtiger Mann nicht erträgt, dass jemand seine Freundin begrabscht, oder irgendeine Nervensäge keine Ruhe gibt. Flüche und Verwünschungen begleiten jede Busfahrt.

9 Diese Formulierung stammt aus einer berühmten Rede Che Guevaras aus den Anfängen der Revolution. Danach seien alle Intellektuellen mit einer »Ursünde« behaftet.

Die Kunst des Überlebens

1 Unter *paladar* versteht man ein kleines Familienrestaurant mit höchstens zwölf Gedecken. Die eigentlich brasilianische Bezeichnung gelangte über eine seinerzeit sehr populäre Telenovela nach Kuba.

2 *Mamey* ist eine schmackhafte tropische Frucht, die roh verzehrt wird oder aus der Süßspeisen oder Getränken zubereitet werden.

3 »Revolutionäre Offensive« bezeichnet die Reaktion der kubanischen Regierung auf die Protestbewegung, die seinerzeit von den USA und Europa auch nach Lateinamerika überschwappte und dort den Ruf nach Veränderungen aufkommen ließ. Die kubanische Regierung ließ spontane Proteste und nicht konforme Verhaltensweisen niederschlagen. Lange Haare, eins der Symbole der Protestbewegung, in der Schule oder am Arbeitsplatz wurden verboten. Zusätzlich wurden Umerziehungsanstalten oder auch Arbeitslager, die UMAP (Unidades Militares de Ayuda a la Producción), eingerichtet, in die all jene gesteckt wurden, die nicht mit den politischen und gesellschaftlichen Vorstellungen der Regierung übereinstimmten: Schwule, Hippies, Geistliche, Santería-Priester ... Über dem Eingangstor jener Lager prangte der Schriftzug:»Arbeit macht Männer aus euch.«

4 Panataxi ist ein staatliches Taxiunternehmen, das allerdings höhere Preise verlangt, weil es nur konvertible Pesos akzeptiert.

5 *Miami Five* (auch: *Cuban Five – Die kubanischen Fünf*) bezeichnet eine Gruppe von Kubanern, die im Auftrag der kubanischen Regierung Informationen über Aktivitäten in exilkubanischen Organisationen in Miami (USA) sammelten. Nach ihrer dortigen Verhaftung 1998 wurden sie zu hohen Strafen verurteilt. In der kubanischen Presse werden sie meist *Los Cinco* (die Fünf) genannt.

6 Überdeutlich spielt die Autorin hier auf das Gedicht »Instrucciones para ingresar en una nueva sociedad« (»Anleitung zum Übergang in eine neue Gesellschaft«) von Heberto Padilla an. Es erschien in dem bekannten Werk *Fuera del juego* (Aus dem Spiel, 1968), für das der Dichter mit Haft, öffentlichem Schuldeingeständnis, sozialer Ächtung und Verbannung bezahlte. Padilla hatte als eine Eigenschaft des »neuen Menschen«, seine Bereitschaft, ständig zu applaudieren, genannt.

7 Ángel Pérez Cuza, *Ternera macho y otros absurdos (Männliches Kalb und andere Spinnereien)*, Ediciones Espuela de Plata, Sevilla 2007 (Blog des Autors: http://delitomayor.blogspot.com).

8 »Die-zehn-Millionen-Tonnen-Zuckerrohrernte«: 1970 war das ausgegebene Planziel, zehn Millionen Tonnen Zuckerrohr zu ernten, um die wirtschaftliche Lage der Insel zu verbessern.

9 *Cordón de la Habana* war der 1967 ausgerufene Plan, das agrarische Umland der Hauptstadt besser zu nutzen.
Plan alimentario: Mit diesem Plan sollten die Lebensmittelimporte gesenkt und die Selbstversorgung der Großstädte Havanna und Santiago de Cuba nach dem Zusammenbruch des Ostblocks gewährleistet werden.

10 Solche *trabajadores sociales* (»Gemeidearbeiter«) sollen staatlich verordnete Kampagnen in die Praxis umsetzen, etwa Gesundheitsmaßnahmen, aber auch die Energiesparkampagne (Austausch der Glühbirnen, Prüfung der Notwendigkeit eines neuen Kühlschranks etc.).

11 *Industriales* heißen die Spieler der Baseballmannschaft von Havanna. Man nennt sie auch *Leones*, weil das Mannschaftslogo einen Löwen zeigt.

12 Die Anhänger der Baseballmannschaft von Santiago werden auch verächtlich »Palästinenser« genannt. Wegen ihrer »orien-

talischen« Hautfarbe und weil viele von ihnen unter schwierigsten persönlichen Umständen nach Havanna kamen.
13 Die *Reflexionen* Fidel Castros wurden am 26. Januar 2008 in der Tageszeitung *Granma* publiziert. Darin schreibt der frühere Staatschef über eine Begegnung mit dem brasilianischen Präsidenten Lula, analysiert die wirtschaftliche Lage Kubas und verteidigt unermüdlich den Sozialismus.
14 Raúl Martínez, 1927 in Ciego de Ávila geboren und 1995 in Havanna gestorben, war Maler, Designer und Fotograf. Mit seinen Werken hat er die Entwicklung der kubanischen Revolution begleitet. Er zählte zu den Mitbegründern des »Instituts für kubanische Filmkunst und -produktion«, der Casas de las Américas und des »Kubanischen Buchinstituts«. Er brachte zahlreiche Theater- und Filmprojekte auf den Weg und entwarf Plakate für kubanische Filme.
15 Es gibt viele solcher Rundfunkstationen, die bekannteste ist aber Radio Martí, die von Miami aus sendet.
16 Jeden Morgen vor Unterrichtsbeginn kommen die Schüler zusammen; die Fahne wird aufgezogen, es werden Neuigkeiten bekanntgegeben und Probleme angesprochen. Dabei sind eigene kulturelle oder politische Beiträge der Schüler erlaubt – natürlich nur unter der Aufsicht ihrer Lehrer oder der Schulleitung.
17 Assunta Adelaide Luigia Modotti (1896–1942) war italienische Fotografin. Sie wurde in Udine geboren und starb in Mexico City. Als Mitglied der mexikanischen Kommunistischen Partei unterstützte sie den Kampf von Augusto César Sandino, lernte den jungen kubanischen Kommunisten Julio Antonio Mella kennen und wurde Zeugin seines Todes. Man nennt sie auch die »Fotografin der Revolution«.
18 Julio Antonio Mella (1903–1929) war der Gründer der Kommunistischen Partei Kubas (PCC). Er wurde am 10. Januar 1929 im Exil in Mexiko während eines Spaziergangs mit Tina Modotti erschossen. Bis heute ist nicht geklärt, ob der kubanische Diktator Gerardo Machado einen Killer beauftragt hat, oder ob der Mord von dem italienischen Revolutionär und Kominternmitglied Vittorio Vidali begangen wurde.

19 Die polizeiliche Vernehmung endet damit, dass man Yoani Sánchez verbot, ein geplantes Bloggertreffen zu organisieren. Wie man ihr mitteilte, habe sie mit ihren konterrevolutionären Äußerungen die Grenze des Hinnehmbaren weit überschritten. Offenbar ging es darum, die Bloggerin einzuschüchtern. Ein offizielles Schreibverbot erteilte man ihr allerdings nicht.